Alexandra Berger

Liebe aus dem Koffer

Alexandra Berger

Liebe aus dem Koffer

Lust und Frust in der Wochenendbeziehung

Kreuz

Inhaltsverzeichnis

Vorwort

Herrlich, einen Menschen zu haben, mit dem man am liebsten jede Stunde des Tages verbringen würde. Bedauerlich, wenn dieser Mensch mehrere hundert Kilometer von einem entfernt wohnt. Unserem Idealbild einer glücklichen Liebe entspricht eine Fernbeziehung sicher nicht. Als ich im Freundes- und Kollegenkreis verkündete, dass mein Herzensmann einen Job in Hamburg angenommen hat und ich vorhabe, in München zu bleiben, waren die Reaktionen Furcht einflößend. Mitleid von allen Seiten, besorgte Mienen, tröstende Worte und massenhaft Angebote, in schweren Stunden für mich da zu sein. Und alle betonten sie, keinesfalls mit mir tauschen zu wollen. Nach fast zwei Jahren Distanzliebe kann ich sagen: Ideal ist dieses Lebensmodell wirklich nicht, aber man kann es sich für eine Weile ganz gut darin einrichten.

Ein Paar – zwei Städte. Kaum jemand entscheidet sich freiwillig für eine Fernbeziehung. Trotzdem verbringt eine stetig steigende Zahl von fest Gebundenen die Arbeitswoche als Single und kommt nur noch an den Wochenenden und im Urlaub zusammen. Im ersten Teil dieses Buches erfahren Sie, warum immer mehr Paare eine Distanzbeziehung führen, was sie zu diesem Schritt bewegt und wie sie sich ihre Zukunft vorstellen.

Im zweiten, umfangreicheren Teil dreht sich alles um das Leben mit und in einer Fernbeziehung. Long-Distance-Paare und alle, die es demnächst sein werden, erfahren, was die Liebe auf Distanz so schwierig macht, wie sie das Beste aus dieser Lebensphase machen können, wo Stolpersteine lauern und wie sich typische Fernbeziehungsprobleme lösen lassen. In zehn Kapiteln werden alle relevanten Themen angesprochen, mit denen Paare im Lauf einer Distanzbeziehung vom Auseinanderziehen bis zum wieder Zusammenziehen konfrontiert sind. Sie können die Kapitel hintereinanderweg lesen oder sich die Themen herauspicken, die in Ihrer Partnerschaft gerade brandaktuell sind. Die einen interessiert vielleicht mehr, wie sie ihre Liebeswochenenden und den Urlaub stressfrei und zufrieden genießen können, wie ihr Sexleben trotz räumlicher Trennung befriedigend bleibt oder wie sie mit Eifersucht richtig umgehen und Untreue bewältigen. Andere wollen vielleicht lieber wissen, wie man streitet, ohne dass die Liebe einen Kratzer abbekommt, wie man sich richtig entschuldigt und warum Verzeihen gerade jetzt so wichtig ist. Oder wie sie besser mit Einsamkeitsattacken und brennender Sehnsucht klarkommen und den Teilzeitsingle-Blues abschütteln können.

In einem Test am Ende des Buches können Sie herausfinden, wie glücklich Sie zurzeit mit ihrer Beziehung sind und wo eventuell ein paar Renovierungsarbeiten fällig sind – für die Sie in den einzelnen Kapiteln viele Anregungen finden.

Ob ein Paar eine Fernbeziehung als gute oder bittere Erfahrung erlebt, hängt vor allem von drei Dingen ab: ob die Partner in der Lage sind, sich mit den Nachteilen dieses Lebensmodells klug auseinanderzusetzen, ob sie die Vorteile für sich zu nutzen wissen und ob sie sich Konflikten rechtzeitig stellen können. Dabei will dieses Buch helfen. Es erhebt nicht den Anspruch, für jedes Problem und jede verzwickte Situation die ultimative Patentlösung parat zu haben, aber es bietet hilfreiche Faustregeln, Tipps und Tricks für den Liebesalltag und lenkt den Blick auf die schönen Seiten des Distanzbeziehungslebens. Welche Rat- und Vorschläge Sie in Ihrem ganz persönlichen Liebesglück weiterbringen, müssen Sie für sich selbst herausfinden. Doch wenn Sie bewusst etwas für Ihre Beziehung tun, steigen die Chancen auf ein Happy End Ihrer Fernliebesgeschichte.

Anmerkung: Für dieses Buch wurden viele Interviews mit Fernliebenden geführt. Die Namen der Personen, die in den folgenden Kapiteln über ihre Erfahrungen berichten, wurden auf ihren Wunsch hin geändert.

Liebe im Zeitalter der Mobilität

1. Der Trend zur Fernbeziehung

In anderen Erdteilen ziehen Nomaden ihren Herden auf der Suche nach guten Weideplätzen hinterher. In unseren Breitengraden lockt ein guter Job in der Ferne. Immer mehr Deutsche werden zu Nomaden in Sachen Beruf. Für das Traineeprogramm von Fürth nach Frankfurt, für die Lehrstelle von Ludwigslust nach Ludwigsburg, für den Karrieresprung zwei Jahre Singapur oder für einen dreimonatigen Beraterjob von München nach Mannheim, und hinterher geht's weiter nach Mailand. Ein Leben lang am gleichen Ort wohnen, in einem Unternehmen ein-, dann auf- und im Rentenalter schließlich wieder aussteigen, das ist in der heutigen Arbeitswelt kaum mehr vorstellbar. Wir leben in einer mobilen Gesellschaft. Alles ist in Bewegung. Unser Privatleben bleibt davon natürlich nicht unberührt. Paare werden immer häufiger durch den Beruf auseinander gerissen. Sie arbeitet in Hamburg, er in Rosenheim, zum Liebespaar vereint ist man nur an den Wochenenden. Fast jeder kennt solche Beziehungen oder ist im Lauf seines Arbeitslebens selbst davon betroffen. Die Liebe auf Distanz ist als Lebensmodell zwar noch nicht mehrheitsfähig, aber das Reisen von A(rbeit) nach B(eziehung) und zurück gehört für immer mehr Berufstätige zum ganz normalen Alltag.

Willkommen in der mobilen Arbeitswelt

Früher waren nur Angehörige bestimmter Wirtschaftszweige wie Seeleute, Fernfahrer, Vertreter oder Flugpersonal ständig unterwegs. Heute hängt Mobilität nicht mehr ausschließlich von der Berufswahl ab. Es kann fast jeden von uns treffen. Wer einen Job will, muss immer häufiger bereit sein, dafür seinen Wohnort zu wechseln. Das bestätigen die Daten des Instituts für Arbeitsmarkt- und Berufsforschung (IAB) in Nürnberg und die Personalberater führender Unternehmen. Verantwortlich für diesen Trend zum Nomadenleben sind verschiedene Entwicklungen in der Arbeitswelt: Der Arbeitsplatz auf Lebenszeit ist in vielen Branchen zum Auslaufmodell geworden. Arbeitnehmer, die heute noch einen unbefristeten Anstellungsvertrag unterschreiben dürfen, können sich glücklich schätzen. Die dauerhafte Festanstellung bei einem Unternehmen betrifft schon jetzt nur noch zwei Drittel der sozialversicherungspflichtigen Beschäftigten. Stattdessen werden Jobsuchenden zunehmend befristete Stellen angeboten: Zwei Jahre als Pressereferentin, Redakteur, Ensemblemitglied an einem Theater oder Marketingmanagerin, danach steht man wieder auf der Straße und die Suche beginnt von neuem. Sie endet häufig mit dem Umzug in eine andere Stadt – weil nur dort ein neuer Vertrag zu ergattern war.

Auch wer eine hoch spezialisierte Ausbildung absolviert hat, kann sich nicht aussuchen, wo er arbeiten und leben möchte. Stellen für Archäologen, Molekularbiologen, Berufspolitiker oder Luft- und Raumfahrtingenieure sind rar gesät und nicht an jedem Ort zu haben.

In immer mehr Branchen wird außerdem projektbezogen gearbeitet. Vier Monate den Bau eines Bürokomplexes in Weimar überwachen, dann wartet in Wuppertal schon die nächste Baustelle. Sechs Wochen ein neues Computersystem in einer Dortmunder Firma einführen, danach steht Dresden auf dem Tourplan. Tausende Arbeitnehmer tingeln so durch die Lande.

Wer im Beruf Großes vorhat, hoppt freiwillig von einem Unternehmen, d.h. einer Stadt zur nächsten. In Stellenausschreibungen signalisieren Begriffe wie »mobil«, »flexibel« und »international einsetzbar«, was vom Arbeitnehmer erwartet wird, der Erfolg haben will. Vom Lehrling zum Vorstandsmitglied, solche Karrieren sind heute in vielen Betrieben nicht mehr drin. Also bloß nicht zu lang an einem Ort und bei einer Firma bleiben – das könnte einen den nächsten Karriereschritt kosten. Auch innerhalb eines Unternehmens werden für den Aufstieg die Umzugskartons gepackt. Viele Konzerne koppeln das Eintrittsticket für die Chefetage an einen Standortwechsel oder Auslandsaufenthalt. Zwei, drei Jahre in einer Dependance in Euroland, Amerika oder Asien gehören hier mindestens in den Lebenslauf eines künftigen Mitglieds der Führungsriege.

Doch längst zählen nicht mehr nur gut bezahlte Führungskräfte und Spezialisten zu den Jobnomaden. Wer dieser Tage seine Stelle als Versicherungskauffrau oder Fernmeldetechniker verliert, findet unter Umständen nur in hunderten Kilometern Entfernung einen neuen Arbeitgeber. Die traurige Lage auf dem Arbeitsmarkt erlaubt meist kein Zögern und Zaudern. Der nächste Kandidat wartet schon. Viele produzierende Betriebe verlegen ihren Standort außerdem aus Kostengründen ins billigere Ausland – und mancher Angestellte muss mit, wenn er nicht seinen Job verlieren will. Andere werden in Tochterunternehmen versetzt oder müssen nach der Fusion mit einem anderen Konzern umziehen.

Mobiles Leben: Privatsache oder Politikum?

Wie sich die Mobilität des modernen Arbeitnehmers auf das Privatleben auswirkt, interessiert bislang meist niemanden außer die Betroffenen selbst. Fernbeziehungen werden, obwohl längst keine Ausnahmeerscheinung mehr, immer noch als individuelles und nicht als gesellschaftliches Problem gesehen, sagt der Soziologieprofessor und Mobilitätsexperte Norbert Schneider. Weder die Politik noch die Arbeitgeber nehmen die besonderen Belastungen von Distanzpaaren zur Kenntnis und bieten kaum Unterstützung an. Mit einer Ausnahme: Werben Unternehmen einen hoch qualifizierten Mitarbeiter von auswärts an, lassen sie sich die Rundumversorgung ihres Neuzugangs meist einiges kosten. Sie finanzieren den Umzug, zahlen zumindest für das erste halbe Jahr alle zwei Wochen einen Heimflug, mieten ein Hotelzimmer an, bis der oder die Neue eine Wohnung gefunden hat und lassen sogar ein geeignetes Objekt auf Firmenkosten suchen. Sieht sich hingegen ein durchschnittlich bezahlter Arbeitnehmer mit einem Allerweltsjob gezwungen, aus beruflichen Gründen einen Zweitwohnsitz zu gründen, wird er mit seinen finanziellen und persönlichen Belastungen allein gelassen.

Natürlich ist nicht einzusehen, warum Unternehmen einen Angestellten, der das Pech hatte, in seinem Heimatort keine geeignete Stelle zu finden, mit besonderen finanziellen Privilegien ausstatten sollen, indem sie sich zum Beispiel an den monatlichen Heimreisekosten beteiligen. Sie könnten die freie Stelle schließlich genauso gut an einen ortsansässigen Interessenten vergeben. Genauso utopisch ist die gelegentlich hervorgebrachte Anregung, die Arbeitgeber sollten den Partnern mobiler Mitarbeiter ebenfalls vor Ort einen Job beschaffen. In Ausnahmefällen mag das möglich und sinnvoll sein, etwa wenn ein Mitarbeiter für längere Zeit ins Ausland entsendet werden soll und die berufstätige Partnerin mit einem »Veto« droht. Im Normalfall ist einem Unternehmen der zusätzliche Aufwand an Kosten und Organisation jedoch kaum zuzumuten.

Fair wäre allerdings, wenn Unternehmen in bestimmten Bereichen die gleiche Flexibilität an den Tag legen würden, die sie ihren Mitarbeitern abverlangen. Das betrifft vor allem die Arbeitszeiten. Einige Firmen kommen ihren mobilen Angestellten inzwischen mit individuell abgestimmten Arbeitszeitmodellen entgegen. Doch längst nicht alle sind dazu bereit, flexible Lösungen anzubieten. Zu ihrem eigenen Nachteil, wie Studien aus den USA belegen. Unternehmen profitieren grundsätzlich davon, auf die Bedürfnisse ihrer mobilen Mitarbeiter mit kreativen und maßgeschneiderten Angeboten einzugehen. Diese revanchieren sich nämlich mit mehr Loyalität und weitaus größerer Effektivität für die Bemühungen ihres Arbeitgebers. Lässt man seine Mitarbeiter dagegen mit ihren Problemen allein, hat das selbst auf stark karriereorientierte und damit ausgesprochen leistungsbereite Menschen negative Auswirkungen. Die Sozialwissenschaftlerin Ariane Ladwig vom Institut für Personalwesen und Arbeitswissenschaft der Hamburger Bundeswehr-Universität stellte in ihrer Promotion über Doppelkarrierepaare fest, dass die Ignoranz von Unternehmen gegenüber persönlichen Belangen der Mitarbeiter gravierende Probleme zur Folge hat. Sie führt selbst bei engagiertem Personal häufig zu einem plötzlichen Motivationsabfall, Unzufriedenheit, Stress und unerwarteten Kündigungen. Und sonst? Viele Fernliebende würden sich besondere Vielfahrer- und -fliegertarife bei Bahn und Airlines wünschen. Eltern träumen von einer besseren Kinderbetreuung, und viele Long-Distance-Partner würden am liebsten kräftig an der Steuerschraube drehen. Sie möchten zum Beispiel die steuerrechtliche Benachteiligung von Paaren ohne Trauschein oder die Zweitwohnungssteuer für beruflich genutzte Zweitwohnungen abschaffen. Das ist doch eigentlich nicht zu viel verlangt für ein Überleben in unserer schönen mobilen Arbeitswelt …

Dass Handlungsbedarf besteht, hat die Bundespolitik durch den Umzug von Bonn nach Berlin vor kurzem am eigenen Leib erfahren. Das Interesse der Politiker am Thema Mobilität und deren Konsequenzen für das Privatleben war urplötzlich geweckt, nachdem sie selbst sich massiv mit den Widrigkeiten und Problemen dieser Lebensform konfrontiert sahen. Diesem Umstand ist vermutlich zu verdanken, dass Fördergelder für ein hochinteressantes Forschungsprojekt geflossen sind. Der Soziologe Norbert Schneider und ein aus Mitarbeitern der Universitäten Mainz und Bamberg bestehendes Forscherteam haben zum Thema »Partnerschaft und Mobilität« echte Pionierarbeit geleistet. Im Auftrag des Bundesfamilienministeriums haben sie 2001 wissenschaftlich untersucht, wie sich berufliche Mobilität mit dem Wunsch nach einer festen Beziehung und Familie vereinbaren lässt. Zum ersten Mal wurde mit dieser Studie seriöses, umfangreiches Zahlenmaterial zum Thema Liebe auf Distanz präsentiert. In den kommenden Kapiteln wird immer wieder auf einzelne Ergebnisse verwiesen.

Fernbeziehung – das Lebensmodell der Zukunft?

Mindestens 16 Prozent der berufstätigen Deutschen im Alter zwischen 20 und 59 Jahren sind mobil. Das heißt, rund jeder sechste Erwerbstätige pendelt täglich mindestens eine Stunde oder jedes Wochenende zwischen Arbeitsplatz und Heimatort, lebt vom Partner getrennt in einem eigenen Haushalt, ist für einen neuen Job mit Kind und Kegel umgezogen oder ist zumindest mehrere Wochen oder Monate im Jahr aus beruflichen Gründen nicht zu Hause. Einige Experten gehen sogar davon aus, dass fast jeder vierte Erwerbstätige betroffen ist.

Wie viele dieser Berufsmobilen in einer festen Partnerschaft leben, lässt sich nicht exakt ermitteln. Norbert Schneider ist auf Grund des vorliegenden Datenmaterials jedoch sicher, dass die Mehrzahl der Jobnomaden gebunden ist. Die meisten Berufsmobilen führen eine klassische Fernbeziehung: Fast jeder zehnte Berufstätige lebt heute hunderte Kilometer entfernt vom Partner in einem eigenen Haushalt. Rund drei Prozent der Mobilen arbeiten und wohnen phasenweise an anderen Orten und rund zwei Prozent sind Wochenendpendler. Das sind zwar kleine Prozentzahlen, doch sie stehen für abertausende Beziehungen. In bestimmten Branchen, z. B. in Medienberufen, bei Banken oder im Universitätsbetrieb, sind Long-Distance-Partnerschaften mittlerweile an der Tagesordnung. Seriösen Expertenschätzungen zufolge hat sich die Zahl der Distanzpaare seit 1985 in etwa verdoppelt. Und die Tendenz ist weiter steigend.

Für den Trend zur Fernbeziehung werden von Experten gleich mehrere Gründe angeboten: Im Hamburger Institut für Personalwesen und Arbeitswissenschaft macht man unter anderem ein Zusammenspiel aus verändertem Rollenverständnis von Mann und Frau und der Globalisierung dafür verantwortlich, dass es in Zukunft immer mehr Distanzpartnerschaften geben wird. Der Arbeitswissenschaftler Erich Ott prophezeit, dass die Zahl der Pendler zwischen Arbeitsplatz und Familie in den nächsten Jahren außerdem durch die zunehmende Arbeitslosigkeit und die Akademikerschwemme erheblich wachsen wird. Das Ergebnis einer Studie der Unternehmensberatung PricewaterhouseCoopers aus dem Jahr 2002 bestätigt den Trend aus wirtschaftlicher Sicht: 69 Prozent der dort befragten europäischen Unternehmen gaben an, dass ihr Bedarf an beruflich mobilen Arbeitskräften in den kommenden fünf Jahren »stark« (22 Prozent) oder »etwas« (47 Prozent) steigen wird.

An den Gedanken, regelmäßiger Wochenendgast auf Flughäfen, Bahnhöfen oder Autobahnen zu sein, werden sich künftig wohl viele Deutsche gewöhnen müssen.

2. Wer liebt auf Distanz?

»Würdest du für einen Job von hier wegziehen?« Fragt man im Freundeskreis herum, bestätigt sich schnell, was Soziologen und Arbeitswissenschaftler als Standardergebnis ihrer einschlägigen Untersuchungen präsentieren: Die wirtschaftliche Entwicklung verlangt uns Mobilität ab. Den persönlichen Bedürfnissen und Wünschen der Menschen entspricht dieser Trend jedoch nicht. Freiwillig verlässt kaum einer gern die Heimat – und den Partner schon gar nicht. Zu einem Umzug für einen neuen Job sind laut einer Studie des Instituts für Arbeitsmarkt- und Berufsforschung der Bundesanstalt für Arbeit in Nürnberg nur rund 11 Prozent der Deutschen bereit, obwohl fast alle wissen, dass Unbeweglichkeit der Karriere schadet, wie eine repräsentative Umfrage des Markt- und Meinungsforschungsinstituts INRA beweist. 78 Prozent der dort Befragten vertraten die Ansicht, man müsse heute mobil sein, um im Job voranzukommen. Trotzdem lehnte fast jeder Dritte grundsätzlich ab, für sein berufliches Fortkommen den Wohnort zu wechseln. 87 Prozent sagten, sie möchten ihren Wohnort danach aussuchen, wo sie sich wohl fühlen und nicht danach, wo sie am meisten verdienen. 77 Prozent erklärten sich allerdings bereit, dem Partner zuliebe umzuziehen, wenn es ihn beruflich weiterbringt.

Wenn schon weggehen, dann gemeinsam. Eine Beziehung auf Distanz zu führen, scheint für die meisten Deutschen eine wenig wünschenswerte Vorstellung zu sein. Doch immer mehr Paare müssen erleben, dass ihnen aus beruflichen Gründen gar nichts anderes übrig bleibt. Flattert das entsprechende Jobangebot ins Haus, geraten inzwischen selbst erklärte Mobilitätsmuffel ins Wanken und entscheiden sich letzten Endes fürs Umzugskistenpacken und die immer häufiger damit verbundene räumliche Trennung vom Partner. Nicht etwa, weil sie plötzlich doch noch die Wanderlust gepackt hat, sondern weil die Vernunft ihnen rät zu gehen. Bei fast allen Betroffenen ist es eine Entscheidung des Kopfes, nicht des Herzens.

Reisende in Sachen Liebe

Wer sind diese Leute, die für die Liebe jedes Wochenende von Hamburg nach München und wieder zurück fliegen, mit dem Zug die halbe Republik durchqueren oder die Autobahnen verstopfen? Zum einen sind es die zahllosen Studenten, die zu Hause den Freund oder die Freundin zurückgelassen oder sich nicht an der gleichen Universität wie diese eingeschrieben haben. Von denen, die der Beruf in die Ferne entführt hat, können wir uns dank der Studie von Norbert Schneider inzwischen ein ziemlich genaues Bild machen:

Berufsmobile, die sich für eine klassische Fernbeziehung (zwei getrennte Haushalte in zwei Städten) entscheiden, sind in der Regel jung (73 Prozent der Befragten waren unter 35), gut ausgebildet (88 Prozent haben Abitur, 68 Prozent haben ein Studium abgeschlossen) und selten verheiratet (nur 12 Prozent). Sie stehen oft am Anfang ihrer beruflichen Laufbahn und beziehen entsprechende Gehälter. Nur rund jeder Zehnte verdient mehr als 3000 Euro im Monat, 15 Prozent dagegen unter 1250 Euro. Die meisten sind noch nicht sehr lange mit ihrem Partner zusammen (57 Prozent seit maximal fünf Jahren, nur vierzehn Prozent länger als zehn Jahre), Kinder haben die wenigsten (fünfzehn Prozent). Ein Großteil der Fernbeziehungen (90 Prozent) spielt sich in der Großstadt oder einer mittelgroßen Stadt ab.

Wochenendpendler (ein Haupt- und ein Nebenwohnsitz) sind gleichmäßig über alle Altersgruppen verteilt (Durchschnittsalter 40 Jahre). Sie haben meist hohe Bildungsabschlüsse (89 Prozent haben Abitur, 82 Prozent einen Studienabschluss), sind überwiegend verheiratet (67 Prozent) und haben häufig Kinder (44 Prozent). Ein Viertel der Wochenendpendler verdient über 3000 Euro monatlich. 43 Prozent sind seit mindestens zehn Jahren mit ihrem Partner zusammen, 31 Prozent seit höchstens fünf Jahren. Etwa die Hälfte lebt in der Großstadt (48 Prozent).

Wer für seinen Job Heim und Partner in unregelmäßigen Abständen für mehrere Wochen oder Monate verlässt, ist im Schnitt 43 Jahre alt, männlich (79 Prozent) und hat eher niedrige Bildungsabschlüsse. Das anstrengende Berufsleben wird allerdings belohnt: Fast ein Drittel dieser Mobilen verdient über 3000 Euro im Monat. Die meisten sind verheiratet (75 Prozent), seit langem mit ihrem Partner zusammen (66 Prozent mindestens zehn Jahre) und haben Kinder (69 Prozent). Über die Hälfte wohnt in der Großstadt.

Gründe für eine Fernbeziehung

Aus purer Lust entscheidet sich kaum jemand für eine Distanzbeziehung. Die räumliche Trennung vom Partner nimmt der Löwenanteil der Mobilen aus einem einzigen Grund in Kauf: dem Beruf. Die einen sehen für sich keine andere Möglichkeit ihre Profession auszuüben – so zum Beispiel Ingenieure, die an wechselnden Orten Industrieanlagen betreuen – oder finden keinen Ausbildungsplatz am Heimatort. Die anderen ergreifen die Chance auf einen Karrieresprung, ein wesentlich höheres Gehalt oder eine attraktive Stelle, die sich auf anderem Weg nicht angeboten hätte. Doch selbst wenn kein Zwang dahinter steckt, leicht fällt die Entscheidung für die Karriere auf Kosten des Zusammenlebens niemandem.

Während Wochenend- und Teilzeitfernbeziehungen fast ausschließlich auf Grund beruflicher Umstände entstehen, spielen bei jeder dritten Fernbeziehung auch persönliche Motive eine Rolle. Die Partner sind meist um die 30, haben noch keine Familie gegründet und wollen sich erst etwas in der Welt umsehen, bevor sie sich irgendwo gemeinsam fest niederlassen und etablieren.

Künftig zumindest zeitweise nicht mehr unter einem Dach zu leben, ist kein Entschluss, der von einem allein im stillen Kämmerlein gefasst wird. Diese Veränderung betrifft schließlich beide Partner. Umziehen oder bleiben – das gilt es für die Lebensgefährten von Mobilen sorgfältig abzuwägen. Theoretisch könnte man sich anschließen, wenn dem oder der Liebsten zum Beispiel ein interessantes Jobangebot im Ausland winkt. Manchmal hat man nach 29 Jahren Ruhrpott oder Bayern auch Lust, ein bisschen Berliner Luft zu schnuppern. Nach dem Spaßprinzip verfahren bei der Entscheidung für oder gegen eine Fernbeziehung allerdings die wenigsten.

»Warum gehst du denn nicht einfach mit?«, lautet die gern gestellte, beinahe vorwurfsvolle Frage an die, die in ihrem Umfeld den demnächst anstehenden Umzug des Partners verkünden. Wer länger als zwei Minuten darüber nachdenkt, kommt recht schnell auf die Antwort. Der wichtigste Grund, zu bleiben, ist genau der, der den anderen zum Gehen bewegt: der Beruf. Laut Schneider-Studie sind in 80 Prozent der Wochenend- und Fernbeziehungen beide Partner berufstätig. Hat man einen interessanten, gut bezahlten Posten oder einen Ausbildungsplatz, gibt man den nicht leichtfertig auf, wenn der oder die Liebste sich örtlich verändert. Ersatz zu finden ist bekanntlich in diesen Zeiten nicht einfach. Früher war es selbstverständlich, dass eine Frau ihrem Mann wohin auch immer folgte. Heute machen viele Frauen genauso Karriere wie ihr Partner. Zu kündigen, nur weil sich für ihn eine berufliche Chance auftut, ist für sie genauso indiskutabel wie seit jeher für Männer.

Doch nicht immer dreht sich alles um den Beruf, wenn ein Partner sich zum Bleiben entscheidet. Selbst wenn sie beruflich keine Nachteile durch einen Umzug hätten, wollen einige ihren Heimatort nicht verlassen, zum Beispiel, weil sie das Eigenheim nicht aufgeben möchten. Andere mögen nicht auf ihr oft in vielen Jahren aufgebautes soziales Netz verzichten oder fürchten die Einsamkeit in einer neuen Umgebung. Vor allem für Familien ist das Umfeld ein schlagendes Argument fürs Bleiben. Häufig wohnen die Großeltern um die Ecke oder man hat Freunde und Nachbarn, denen man die Sprösslinge gelegentlich anvertrauen kann. Vielleicht fühlt sich der Nachwuchs in seinem Kindergarten oder der Schule besonders wohl und man möchte sie nicht aus der gewohnten Umgebung herausreißen, zumal nie sicher ist, ob die berufliche Situation des Mobilen sich nicht in absehbarer Zeit wieder ändert und die Familie nach ein oder zwei Jahren erneut die Zelte abbrechen müsste.

Karriere statt Liebesglück?

»Er geht nach Hannover und sie bleibt hier? Denen scheint ihre Beziehung ja nicht wirklich wichtig zu sein …« Stimmt nicht! Mobile sind keine unterkühlten Karrieristen, denen der Erfolg über alles andere geht. Erst kommt die Liebe, dann der Beruf. Für den größten Teil der Fernliebenden hat die Partnerschaft erste Priorität vor allen anderen Werten. Zwar nehmen sie Einschränkungen für ihre Beziehung in Kauf, würden ihre Liebe aber niemals für die Karriere opfern. 75 Prozent der für die Schneider-Studie befragten Mobilen beschreiben ihre Entscheidung für den Job in der Ferne als positiv oder sehr positiv für die berufliche Entwicklung. Dagegen glaubt nur ein Drittel, die Beziehung entwickle sich unter diesen Bedingungen auf Dauer positiv. Die Konsequenz: Kaum ein Mobiler ist bereit, die räumliche Trennung länger als notwendig aufrechtzuerhalten und dadurch womöglich seine Partnerschaft aufs Spiel zu setzen.

Übergangslösung oder Dauereinrichtung?

Keinen Tag länger als unbedingt nötig: Wenn sie könnten, würden die meisten Fernliebenden sofort (wieder) zusammenziehen. Für sie ist die räumliche Trennung vom Partner nicht auf Dauer angelegt, sondern ein notwendiges Übel, das es für eine gewisse Zeit durchzustehen gilt. Häufig werden, so die Erfahrung von Personalleitern, selbst hoch bezahlte Jobs von Mobilen nach etwa zwei Jahren gekündigt, weil sie das Gefühl haben, die Distanz strapaziere ihre Beziehung auf Dauer zu stark. Auch die finanzielle Mehrbelastung oder Unzufriedenheit mit der aktuellen beruflichen Situation sind Gründe, warum viele Reisende in Sachen Liebe in absehbarer Zeit wieder fest im Heimatort andocken wollen. Wann genau die Wiedervereinigung mit dem Partner zu Stande kommt, ist häufig jedoch nicht absehbar, denn es wird meist nicht unbedingt einfacher, in heimischen Gefilden einen attraktiven Arbeitsplatz zu finden.

3. Fernliebe und Familienglück – ein Widerspruch?

»Früher fand ich es nicht weiter tragisch, wenn Frank für ein paar Monate ins Ausland gegangen ist, um an einem Wasserkraftwerk herumzuschrauben. Aber mit Kindern ist das anders. Wann der nächste Auslandsaufenthalt ansteht und wie lange Frank weg ist, erfahren wir oft relativ kurzfristig. Man kann nie fest mit ihm rechnen. Einmal fährt er doch nicht mit in den Urlaub, mal verpasst er wieder ein Geburtstagsfest, obwohl er den Kindern versprochen hatte dabei zu sein, und so weiter. Ich muss mein Leben gestalten, als gäbe es meinen Mann nicht. Wenn er da ist, kann er mir Dinge abnehmen, wie zum Beispiel mal die Große aus dem Kindergarten abholen oder den Elternabend besuchen. Wenn er nicht da ist, muss trotzdem alles klappen. Bei einem Halbtagsjob geht das nur mit perfekter Organisation. Eigentlich fühle ich mich wie eine Single-Mutter.«
Silke, 28

Wochenendbeziehung geht gerade noch, aber Wochenendfamilie, da hört für die meisten der Spaß endgültig auf. Mobilität und Familie lassen sich schwer vereinbaren – so lautet das beinahe einstimmige Urteil von Distanzliebenden. Die einen sprechen aus Erfahrung, die anderen ahnen, was ihnen bevorstünde, würden sie sich jetzt für Nachwuchs entscheiden. Erfahrungsgemäß sind rundum zufriedene Familienmitglieder in mobilen Lebensformen eher selten anzutreffen: Die Kinder wünschen sich mehr Zeit mit dem abwesenden Elternteil, der Teilzeit-Alleinerziehende fühlt sich überfordert und der Wochenendpapa beziehungsweise die Wochenendmama sieht sich in der Außenseiterrolle. Vor allem die Frauen tragen schwer an der Last dieses familienunfreundlichen Lebensmodells.

Weiblich, mobil, kinderlos

Fast alle Paare, die in einer klassischen Fernbeziehung leben, und damit die Mehrzahl der Fernliebenden, nehmen es mit der Verhütung sehr genau. Sie sind meist jung und das Stichwort »Familiengründung« ist für sie unter »später mal« gespeichert. Jetzt sind zunächst die Ausbildung und ein paar Jahre volle Konzentration auf den Beruf an der Reihe.

Bei Beziehungen, in denen ein Partner jede Woche zwischen Arbeits- und Heimatort pendelt oder periodisch in Sachen Job unterwegs ist, sieht das ein wenig anders aus. Diese Paare sind oft über 30 und der Kinderwunsch ist bei Männern wie Frauen hochaktuell. Eltern werden allerdings nur die Paare, bei denen der Mann mobil ist. Das Modell ›sie pendelt, er managt die Familie‹ kommt so gut wie nie vor. Die Zahlen von Norbert Schneider sprechen Bände: Unter den Wochenendpendlern sind 33 Prozent der Männer gegenüber 79 Prozent der Frauen kinderlos. Bei den Teilzeit-Fernliebenden beträgt der Anteil der kinderlosen Männer sogar nur 20 Prozent. Unregelmäßig reisende Frauen dagegen haben zu 75 Prozent keinen Nachwuchs zu Hause.

Jetzt ein Baby? Dieser Idee stehen mobile Frauen äußerst skeptisch gegenüber. Vermutlich weil sie nur zu gut wissen, dass das Wickeln, Waschen und was sonst noch anfällt, in unserer Gesellschaft immer noch hauptsächlich an der Mutter hängen bleibt. Aber wie soll das funktionieren, wenn die ständig auf Achse ist? Kaum ein Mann erklärt sich bereit, die Rolle des Teilzeit-Alleinerziehenden zu übernehmen, während seine Partnerin in der Ferne ihrem Beruf nachgeht. Auch wenn keine Kinder da sind, überlassen nicht mobile Männer ihrer pendelnden Partnerin ganz selbstverständlich einen Großteil der Hausarbeit, hat Norbert Schneider herausgefunden. Berufsmobile Frauen sind dadurch wesentlich stärker belastet als mobile (und auch nicht mobile!) Männer.

Mobile Männer schieben die Kinderfrage oft nur ein paar Jahre hinaus, die Mehrheit der dauerhaft mobilen Frauen dagegen realisiert ihren Kinderwunsch vermutlich nie, meint Mobilitätsexperte Norbert Schneider. Sie wissen einfach nicht, wie sie eine Familie in ihr im wahrsten Sinne des Wortes bewegtes Leben integrieren sollen. Für die meisten mobilen Frauen ist das Hin- und Herreisen zwischen Job und Partner allerdings nur eine Übergangslösung. Sobald sie mit dem Partner unter einem Dach leben und eine berufliche Position erreicht haben, die ihnen die Vereinbarung von Job und Familie erlaubt, heißt es für sie: Kinder, ja bitte!

Männlich, mobil, Kinder: ein Lebensmodell auf Kosten der Frau

Die Partnerinnen von berufsmobilen Männern sind die großen Verliererinnen, wenn aus einer Distanzbeziehung eine Distanzfamilie wird. Der Grund: Die Familienarbeit bleibt fast vollständig an ihnen hängen. Ihre Karriereträume können Lebensgefährtinnen von mobilen Männern deshalb meist beerdigen, sobald Kinder da sind. Die einen bringen gerade noch einen Teilzeitjob in ihrem Leben als mehr oder weniger Alleinerziehende unter, die anderen widmen, zumindest solange die Kinder klein sind, ihre Arbeitskraft ausschließlich der Familie. Vor allem Frauen von Männern, die in unregelmäßigen Abständen aus beruflichen Gründen nicht präsent sind, verzichten in der Mehrzahl ganz auf einen eigenen Job. Sie müssen flexibel auf die oftmals nicht planbaren Abwesenheitsphasen ihres Partners reagieren können, was sich mit eigener Berufstätigkeit kaum vereinbaren lässt.

Glücklich sind die wenigsten Frauen damit, dass ihnen der gesamte Haushalt und die Kindererziehung aufgeschultert werden, egal, ob sie berufstätig sind oder nicht. Sie müssen jede Nacht aufstehen, wenn das Kind schreit, sie haben die Schmutzwäsche und Einkäufe am Hals, sie müssen Regeln aufstellen und dafür sorgen, dass diese vom Nachwuchs auch eingehalten werden. Der Partner führt derweil unter der Woche ein freies Singleleben. Kommt er am Wochenende nach Hause, will er entspannen, seine Familie genießen und sich von der anstrengenden Arbeitswoche erholen. Die Frauen hingegen haben natürlich ein paar Haushaltsaufgaben für ihren Liebsten in petto und freuen sich darauf, die Kinder für zwei Tage an ihn abtreten zu können. Diese unterschiedlichen Erwartungen können zu massiven Beziehungsspannungen und -konflikten führen. Einziger Trost für die Frauen: Bei Paaren, die zusammenleben, sieht es auch nicht besser aus. Die Väterstudie 2001 von Procter & Gamble ergab, dass die meisten Paare, auch wenn sie es zunächst anders versuchen, in die traditionelle Rollenaufteilung zurückfallen. Die Mutter trägt die Hauptlast mit dem Kind, der Mann sieht sich als Assistenten, der sich im beruflichen Leben wesentlich stärker engagiert. 72 Prozent der Väter gaben an, dass die Kinderbetreuung in ihrer Familie auf diese Weise aufgeteilt ist. Den dazugehörigen Müttern scheint das gar nicht zu passen: Nur 56 Prozent der Väter erklärten, ihre Partnerinnen seien mit ihrem Engagement innerhalb der Familie zufrieden.

Mobiles Leben – verpasstes Familienleben

Der eine leidet unter der beruflichen Einschränkung oder der starken Belastung zu Hause, der andere muss unter der Woche auf Liebe, Nähe und das Dabeisein verzichten. Wer ständig durch Abwesenheit glänzt, bleibt immer ein Stück weit außen vor, auch am Wochenende. Das Familienleben von der Zuschauertribüne aus verfolgen zu müssen, tut vielen mobilen Eltern weh. Diese Erfahrung teilen sie mit klassischen Karrieremännern, die ebenfalls kaum Zeit für ihre Familie übrig haben. Diese Väter, sagt der Psychotherapeut Hans Jellouschek, fühlen oft eine innere Leere. Sie erleben sich in der Familie als Fremde und Störfaktoren, die nicht Bescheid wissen, was ihre Kinder brauchen, und die erkennen müssen, dass die Kids der Mutter viel näher stehen als ihnen. Ein kleiner Schock ist es für häufig abwesende Eltern, wenn ihre Sprössling ihnen deutlich zu verstehen geben, dass sie nur eine Gastrolle in der Familie spielen. Anweisungen geben, Verbote aussprechen, da kommt aus dem Mund eines Knirpses schnell mal ein »Das darf nur die Mama!« geschossen. Drei Viertel der von Norbert Schneider befragten mobilen Väter und Mütter nehmen die Abwesenheit von zu Hause als Belastung wahr. Sie bedauern, an der Entwicklung der Kinder kaum Anteil zu haben und sich hinsichtlich der Erziehung und Betreuung kaum engagieren zu können.

Sind Wochenendeltern Rabeneltern?

Die gängige Meinung in unserer Gesellschaft ist nach wie vor diese: Eine Mutter, die ihre Familie unter der Woche allein lässt, ist eine verantwortungslose, selbstsüchtige Person und Rabenmutter, die sich auf Kosten anderer selbst verwirklichen will. Ein Mann, der in der Ferne sein Geld verdient, ist ein verantwortungsbewusster Familienvater, der zum Wohl seiner Lieben auf ein schönes Leben zu Hause verzichtet. Abgesehen davon, dass mobile Mütter sich mit uralten Rollenklischees herumschlagen müssen, machen sich viele Eltern, die nicht sieben Tage die Woche mit ihrem Nachwuchs verbringen, ernsthaft Sorgen, welche negativen Auswirkungen ihre Absenz auf den Nachwuchs haben könnte.

Wie viel gemeinsame Zeit Kinder mit ihren Eltern brauchen, ist kein neues Thema. Der aktuelle Stand der Expertendiskussion ist: Entscheidend für das Wohl eines Kindes ist nicht, wie oft es ein Elternteil sieht, sondern wie die gemeinsame Zeit genutzt wird. Ein Wochenendvater, der sich samstags und sonntags intensiv mit seinem Nachwuchs beschäftigt, ist für ein Kind weit mehr wert als ein Sieben-Tage-Vater, der abends seine Ruhe haben will und sich auch am Wochenende kaum seinen Sprösslingen widmet. Engagierte Wochenendeltern können ein intensiveres Verhältnis zu ihren Kindern haben als Eltern, die sich in erster Linie mit sich selbst beschäftigen.

Ob ein Kind es als nachteilig erlebt, dass ein Elternteil mobil ist, hängt stark von der Fähigkeit des Vaters oder der Mutter ab, sich positiv in die Erziehung und Entwicklung des Sprösslings einzubringen. Dazu gehört zum Beispiel, sein schlechtes Gewissen wegen der häufigen Abwesenheit nicht damit zu besänftigen, dass man sein Kind mit Geschenken und Süßigkeiten überhäuft. Kinder haben auf Dauer mehr von Eltern, die sich zum Beispiel an fest vereinbarte Termine halten oder bei Sorgen und Problemen als Ansprechpartner zur Verfügung stehen. Kinder wollen nicht ruhig gestellt, sondern ernst genommen werden. Meldet sich die abwesende Mutter oder der pendelnde Vater unter der Woche per Telefon oder E-Mail, weiß das Kind, dass es nicht vergessen wird und Mama oder Papa an es denken.

Natürlich hat ein Kind Nachteile, wenn ein Elternteil selten zu Hause ist. Der Vater ist bei der Geburtstagsfeier nicht dabei, die Mutter fehlt beim Schulfest, vieles kann nur mit einem Elternteil besprochen werden und und und. Aber es ist wohl das unabwendbare Schicksal aller Eltern: Irgendetwas macht man immer falsch. Kein Kind, das sich nicht im Nachhinein wegen dieses oder jenes Versäumnisses beschwert. Kein Grund sich zu grämen, denn Eltern machen auch eine Menge richtig!

Lieben auf Distanz

1. Meine Wohnung – deine Wohnung

»Als Thomas seine Sachen gepackt hat um nach Berlin zu ziehen, war ich total deprimiert, als würde unser gemeinsames Leben aufgelöst werden. Dabei hat er die meisten persönlichen Dinge hier gelassen und im Grunde nur seine Klamotten und seine Musik mitgenommen. ›Unser‹ Zuhause ist dadurch ›unser‹ Zuhause geblieben. Thomas hat in Berlin eine möblierte Dienstwohnung, sehr funktional eingerichtet, fast wie ein Hotelzimmer. Er führt einen typischen Junggesellenhaushalt. Ich würde mich so nicht wohl fühlen, aber mische mich da nicht ein. Wenn ich ihn besuche, fange ich nicht an zu putzen oder schöne Dinge zu kaufen, obwohl der Impuls schon da ist. Ehrlich gesagt bin ich insgeheim ganz froh, dass es bei ihm nicht so schön und gemütlich ist wie bei uns. Umso lieber kommt er nach Hause.«

Nele, 29

»Barbara und ich haben noch nie zusammen gewohnt. Am Anfang unserer Beziehung waren wir zwar beide in München, haben aber in verschiedenen WGs gelebt, und seit einem Jahr führen wir jetzt eine Fernbeziehung. Wenn ich Barbara besuche, bin ich in ihrer Wohnung Gast und umgekehrt. Wir kaufen keine gemeinsamen Möbel oder so was. Jeder hat beim anderen ein paar Klamotten im Schrank deponiert und Kosmetikzeug im Bad, das war's. Ich koche natürlich mal, wenn ich in München bin, oder wir gehen abwechselnd einkaufen. Aber sie wäscht nicht meine Wäsche und ich putze nicht ihr Bad, was ganz gut ist: Keiner von uns bekommt einen Kulturschock, wenn er in die Wohnung des anderen kommt. Wir haben einen ähnlichen Geschmack und sind beide ein bisschen chaotisch. Irgendwann wollen wir natürlich zusammenziehen. Ich sehe mich langfristig wieder in München. Das ist aber nicht so einfach, weil es heute schwierig ist, einen neuen Job zu finden. Deshalb bleibe ich wohl noch eine Weile in Mainz.«

Marius, 28

»Ich lebe und arbeite seit eineinhalb Jahren in Brüssel. Meine Freundin ist in Köln geblieben. Die Wohnung und die Stadt empfinde ich inzwischen als mein Zuhause. Hier verbringe ich schließlich einen Großteil meiner Zeit, aber meine Heimat ist und bleibt Köln. Ich liebe diese Stadt. Dort sind außerdem Britta und meine besten Freunde. Unter der Woche allein zu wohnen, finde ich eigentlich ganz angenehm. Mein Job ist sehr anstrengend, ich habe den ganzen Tag mit Menschen zu tun. Abends bin ich froh, wenn ich die Tür zumachen kann und keiner mehr etwas von mir will. Natürlich vermisse ich andererseits viele Dinge. Zum Beispiel riecht es bei mir nicht so gut. In unserer Kölner Wohnung duftet es immer nach Brittas ganzen Cremes, Lotions und irgendwelchen Essenzen.«

Sven, 30

Er lebt in Bochum, sie in Bamberg. Verlieben sich die beiden ineinander, sind die Verhältnisse klar. Jeder hat seine Wohnung und damit sein Zuhause. Solche Long-Distance-Paare haben, was das Wohngefühl angeht, erst mal nichts zu verlieren, sie gewinnen nur dazu: nämlich einen lieben Gast am Wochenende und eine Art Feriendomizil. Partner, deren Namen auf einem Türschild standen, bevor der Beruf einen von ihnen in eine andere Stadt entführt hat, sind da weniger gut dran. Der eine geht ins Exil, und der andere sitzt plötzlich allein im Liebesnest. Als Zugewinn in Sachen Wohnqualität mag das zumindest in der Anfangszeit kaum einer betrachten.

Das neue Heim

Die Wohnsituation gestaltet sich für Paare, die sich berufsbedingt plötzlich auf zwei Orte verteilen müssen, häufig unerfreulich, auf jeden Fall aber kostspielig. Was tun? Beziehen wir zwei neue, kleine Objekte oder können wir uns neben dem Hauptwohnsitz eine Dependance leisten? Viele Paare logieren bislang in einer teuren Mietwohnung oder einem Haus oder sie haben sich vor einiger Zeit für eine eigene Immobilie entschieden. Warum das gemeinsame Zuhause aufgeben – meistens ist die räumliche Trennung schließlich als Übergangslösung gedacht. Also entscheidet man sich für eine Dependance. Für den Zweitwohnsitz des Jobnomaden bleibt dabei oft wenig finanzieller Spielraum. Die Konsequenz: Schlimmstenfalls fühlt sich der eine in dem großen Haus oder der geräumigen Wohnung verloren, während der andere sich auf 30 Quadratmetern zwischen billigen Möbeln in alte Studenten- oder Ausbildungszeiten zurückversetzt sieht.

Wer seine Zweitwohnung am Arbeitsort einrichtet, sollte nicht vergessen, dass sich sein Leben nicht nur am Wochenende abspielt. Selbst wenn Sie unter der Woche meistens lange arbeiten und jeden Freitag nach Hause fahren – in den zwei, drei Stunden allabendlicher Freizeit sollte man es ein wenig behaglich haben und daher entsprechend ins Inventar investieren. Die Seele braucht diese Streicheleinheiten, sie hat an den unvermeidlichen Einsamkeitsgefühlen genug zu knabbern. Der Blick auf eine brennende Kerze, eine schöne Lampe oder ein Bild kann in traurigen Momenten sehr tröstlich sein. Rückenschmerzen wegen einer Billigmatratze verleiden einem das Leben als Teilzeitsingle dagegen nur noch mehr. Und wenn beim Fernsehen schon keiner zum Kuscheln da ist, muss wenigstens das Sofa gemütlich sein.

Das sollte auch der daheim Gebliebene bedenken, wenn er den Partner beim Möbel-Shopping berät. Der andere darf es ruhig schön und bequem in seinem neuen Zuhause haben. Das wird ihn schon nicht dazu verführen, sich so heimisch zu fühlen, dass er gar nicht mehr zurückkehren möchte. Sie hat ein Händchen für Innendekoration, er eine leere Wohnung. Achtung, Falle! Besser man fragt beim Partner an, wie viel Unterstützung überhaupt gefragt ist, bevor man mit der Gestaltung seiner Behausung loslegt. Manchen Umzüglern macht es nämlich ungemein Spaß, sich mal ganz nach eigenem Gusto auszutoben. Schwarzweiß-Fotos an die Wand oder ein expressionistisches Gemälde, ein knalliges Sofa, kitschige Lampen, bunte Wände, Retro- oder Ethnostil, cooles Design, erlaubt ist alles, was dem Bewohner dieser vier Wände gefällt. Kompromisse? Überflüssig. Mitspracherecht für den Partner? Keine Chance. Hier muss sich nur einer wohl fühlen. Bittet der Partner dagegen um Beratung und praktische Hilfe beim Einrichten, ist selbstverständlich (liebe)voller Einsatz angebracht.

Bis der Umzügler sich in seiner neuen Umgebung halbwegs zurechtfindet, kann einige Zeit ins Land gehen. Wo ist der nächste Supermarkt? Wo eine Reinigung oder eine Apotheke? Wo kriegt man den Lieblingsjoghurt? Schön, wenn einem der Partner bei gemeinsamen Wochenendspaziergängen dabei hilft, sich einen Überblick zu verschaffen. Zusammen auf Entdeckertour gehen, kann sogar richtig Spaß machen – und ist schließlich fast ein bisschen wie Urlaub.

Wo ist zu Hause?

»Wenn ich das mal so genau wüsste …« Für viele Mobile ist diese Frage nicht eindeutig zu beantworten. Ist zu Hause, wo das Herz, also der Partner ist? Wo man die meiste Zeit verbringt? Oder wo die eigenen Möbel stehen? Vor allem: Ist es Verrat am Partner, wenn man sich nach einer gewissen Zeit in seiner neuen Bleibe mehr zu Hause fühlt als in der gemeinsamen Wohnung? So viel ist sicher: Als Verrat lässt sich das keinesfalls bezeichnen. Dass man sich an dem Ort eingewöhnt und sogar heimisch fühlt, an dem man fünf Tage die Woche lebt, ist ein ganz natürlicher Prozess. Erst recht, wenn man hier auch noch diverse (schöne) Wochenenden mit oder ohne den Partner verbringt. Keine Sorge, die Liebe zum anderen wird durch die Verlegung des Zuhausegefühls an den neuen Wohnort nicht angetastet. Wobei dieses Gefühl eigentlich eher aufgespalten wird: Sicher, die neue Adresse ist jetzt Lebensmittelpunkt. Hier spielt sich der Alltag ab. Andererseits hängt das Herz an dem Ort, wo die Freunde, der Partner und das Leben, das man gemeinsam aufgebaut hat, auf einen warten. Viele Mobile fühlen sich innerlich zerrissen. Hier sind sie nicht richtig zu Hause, und dort sind sie es auch nicht mehr ganz. Trost bietet nur das Wissen, dass diese Lebenssituation befristet ist. Ohne das klare Ziel vor Augen, in absehbarer Zeit wieder mit dem Partner unter einem Dach zu leben und damit die Frage des Zuhauses definitiv geklärt zu haben, halten Fernliebende die seelische Belastung häufig nicht lange durch.

Die Wohn-Bilanz: Vor- und Nachteile des Getrenntlebens

Nun lässt sich nicht behaupten, dass das Leben in zwei Wohnungen nur Nachteile hat, obwohl die Vorteile von denen, die der Beruf räumlich auseinander gerissen hat, oft erst nach einiger Zeit wahrgenommen werden. In der Anfangsphase überwiegt das Gefühl, ein großes Stück Lebensglück verloren zu haben.

Verlust

My home is my castle – dieses Motto gilt auch für Single-Haushalte, doch erst zu zweit wird das Einbunkern in den eigenen vier Wänden richtig gemütlich, finden die meisten Paare. Wie könnte ein harter, unerfreulicher Arbeitstag versöhnlicher enden als mit einer großen Portion Nestwärme. Abends zu dem Menschen heimkehren, der immer zu einem hält, die Welt aussperren, Pasta kochen, Backgammon oder Schach spielen oder sich zu zweit aufs Sofa kuscheln. Wer plötzlich allein vor dem Fernseher sitzt, muss sich erst daran gewöhnen, dass ihm statt lieben Worten, Küssen und Schmuseeinheiten jetzt Chips und Schokolade den Abend versüßen. Der abgewanderte Partner schiebt doppelt Frust, wenn seine Montag-bis-Freitag-Dependance obendrein die Behaglichkeit einer Art aufgepeppten Mönchsklause ausstrahlt. Auch der Morgen hat für viele Neusolisten seinen Charme verloren. Die Hallo-Wach-Tasse Kaffee schmeckt irgendwie bitter, wenn man bislang gewohnt war, das Frühstück zu zweit als Wohlfühl-Morgenritual zu zelebrieren.

Ein besonders schmerzlicher Verlust: Als private Kommunikationszentrale hat die Wohnung für Distanzpartner ausgedient. Kommen sie abends zur Tür herein, empfängt sie eine bedrückende, weil ungewohnte Leere und absolute Grabesstille. Viele schalten, noch bevor sie Jacke und Tasche abgelegt haben, den Fernseher ein, damit wenigstens Peter Klöppel, Petra Gerster oder die Mainzelmännchen zu ihnen sprechen. Nur hören die einem leider nicht zu. Drückt ihnen der Ärger mit dem Chef oder ein anderer Kummer auf die Seele und der Partner ist telefonisch nicht zu erreichen, bleiben Fernliebenden als geduldige

Zuhörer oft nur das eigene Spiegelbild, eine Topfpflanze oder ein Stofftier. Das hat vielleicht eine entlastende Wirkung, doch woher den aufbauenden Zuspruch nehmen, den man gerade so dringend braucht? Zumindest für den Umzügler bietet sich eine Lösung: Wem allein die Decke auf den Kopf fällt, der kann sich über die örtliche Mitwohnzentrale in eine WG einmieten. Vorteil: Es ist immer jemand da, und wenn man sich versteht, hat man einen allzeit bereiten Ansprech- und Ausgehpartner. Außerdem ist die Miete günstiger als für eine eigene Wohnung, was die anfallenden Mehrkosten reduziert. Und die erweisen sich oft als echte Spaßbremse, müssen sie doch an anderer Stelle wieder hereingeholt werden. Das bedeutet, dass der Zweiturlaub ins Wasser fällt, die Essen beim Franzosen gestrichen sind oder Shopping durch Schaufensterbummel ersetzt wird.

Frauen wird folgende Tatsache vermutlich ein schadenfrohes Grinsen entlocken: Nicht wenige männliche Alleinwohner vermissen den gewohnten Roomservice – von Geisterhand frisch bezogene Betten, duftende Handtücher, das Badezimmerwaschbecken mit scheinbarem Selbstreinigungsmechanismus, den sich selbst auffüllenden Kühlschrank. Um alles muss man sich plötzlich allein kümmern. Einkaufen geht gerade noch, aber weil das anstrengend und Zeit raubend genug ist, stapeln sich beim einen oder anderen (durchaus von Unbehagen begleitet) so lange das Schmutzgeschirr und die ungewaschene Wäsche, bis sie ums Großreinemachen nicht mehr herumkommen, weil kein sauberes Hemd mehr im Schrank hängt oder die Partnerin sich zum Besuch angesagt hat.

Gewinn

Endlich mal wieder Alleinherrscher sein und sich nicht täglich in Demokratie üben müssen. Alles, wie es mir gefällt! Keine Kompromisse! Der »Oriental Salon« muss sich nicht mit »Oasis« abwechseln. Vom Bildschirm flimmert »Sex and the City« statt »Frontal 21« oder umgekehrt. Duftkerzen parfümieren die Wohnung beziehungsweise haben Hausverbot. Den Morgenkaffee begleitet irgendeine Radio-Morgenshow oder nichts stört die wohltuende Stille. Die Küche stinkt endlich nicht mehr nach Katzenfutter oder der Partner wird durch einen Schoßhund teilersetzt. Das Wohnzimmer erinnert an ein Arrangement aus »Elle Décoration« oder sieht aus wie die Hinterlassenschaft brachialer Einbrecher. Fernliebende können sich in ihren vier Wänden vollkommen frei bewegen. Keiner meckert, wenn sie mit nassen Schuhsohlen übers Parkett schlappen, Zeitungen über den Küchenboden verteilen, die Handtasche mitten im Gang liegen lassen. Laute, leise, keine Musik, fernsehen im Bett, und keiner kommentiert es. Will man es ruhig haben, ist es ruhig. Keiner will gerade jetzt Nachrichten gucken oder die Einladung am Wochenende besprechen. Man kann sich ungeniert seiner schlechten Laune, seinen Selbstmitleidsattacken oder Fressanfällen hingeben, kriegt ja keiner mit. Es ruft auch niemand »Gehst du mal ran ...«, wenn das Telefon klingelt und man gerade absolut keine Lust auf Telefonieren hat. Niemand ruft »Bist du endlich fertig, ich muss mal ...«, wenn man sich im Bad gerade eine Maske aufgelegt hat und die Fußnägel schneidet. Gerade Männer sind, wie hinreichend bekannt, nicht immer zu Unterhaltungen aufgelegt. Sie genießen es, dass nicht das übliche »Und was hast du heute so gemacht?« auf sie abgefeuert wird, sobald sie über die Türschwelle getreten sind. Vor allem spät nachts, wenn ihre Energie maximal noch zum Zähneputzen und zu zwei Seiten Bettlektüre reicht. Und, oh wunderbare Freiheit, man kann kommen und gehen, wann man will, ohne sich mit jemandem abstimmen oder sich rechtfertigen zu müssen.

Nicht in einem Bett mit dem Partner einschlafen – für viele unvorstellbar. Erst durch eine Fernbeziehung kommt so manches Paar auf den Geschmack und bezieht nach der Wiedervereinigung getrennte Schlafzimmer. Nicht, weil die Partner sich weniger lieben oder die körperliche Nähe nicht mehr ertragen, sondern weil sie in der Zeit der Trennung entdeckt haben, was für ein Luxus eine ungestörte Nachtruhe beziehungsweise nächtliche Bewegungsfreiheit sind. Nachtaktive Naturen können hemmungslos ihre Kreativschübe am Computer ausleben, während der andere im Zimmer nebenan unbehelligt schlummert. Man kann bis in die Morgenstunden einen spannenden Roman zu Ende lesen, ohne dass der Bettnachbar sich beschwert und den gesamten Schwarzwald niedersägen, ohne dass einem jemand die Nase zuhält oder in die Rippen boxt. Niemand zieht einem die Decke weg, legt sich im Bett quer, tritt einen in die Seite oder wälzt sich hin und her. Schlafforscher bestätigen, dass Soloschläfer ruhiger schlafen, seltener aufwachen und sich am nächsten Morgen entspannter fühlen. Eine nachweisliche Wohltat für die Nerven und das Immunsystem.

Und noch ein Punkt ist nicht zu unterschätzen: In Fernbeziehungen gibt es keine Streitereien um den Haushalt. Ob man es glauben mag oder nicht, das Thema Putzen, Waschen, Kochen, Bügeln ist einer der Hauptstreitauslöser in Beziehungen. Denn, so das Ergebnis verschiedener repräsentativer Studien, die Hausarbeit bleibt zum überwiegenden Teil immer noch an den Frauen hängen. Ganz gleich, ob sie berufstätig sind oder nicht, verbringen sie weit mehr Stunden mit einkaufen, Boden schrubben oder Fenster putzen als ihre Partner. Dieses Missverhältnis sorgt für Frust und Unzufriedenheit bei den Frauen und für ein schlechtes Klima in der Partnerschaft. Experten gehen sogar davon aus, dass mehr Fairness bei der Hausarbeit die Quote der Scheidungen und Trennungen verringern würde.

In Long-Distance-Beziehungen ist der Haushalt kein Thema. Hier muss jeder seinen eigenen Dreck beseitigen. Etwa zwei Drittel aller Männer, so ergaben Umfragen, schaffen es normalerweise, mit Ausreden um die unangenehmsten Aufgaben herumzukommen. Nicht so Fernliebende. Ihnen bleibt gar nichts anderes übrig als den Müll selbst zu entsorgen oder ihre Hemden zu waschen und zu bügeln oder zumindest in die Reinigung zu tragen. Achtung, Falle: Jeder ist für seinen Haushalt verantwortlich und darf es mit der Reinlichkeit und Ordnung halten, wie er mag. Versinkt er im Chaos, sollte sie nicht eingreifen. Frauen meinen oft, sie müssten ihrem Liebsten helfen, weil der es doch nicht besser weiß. Müssen sie nicht. Erstens organisiert er sich vielleicht einfach nur anders. Zweitens sind Männer in Sachen Haushalt lernfähig. Haben sie einmal ihr weißes Lieblingshemd in der Maschine grau gefärbt, weil sie unbedingt die schwarzen Socken mitwaschen wollten, passiert ihnen das sicher kein zweites Mal. Genießen Sie einfach, dass Sie bei Ihrem Partner zu Gast sind und mal nicht selbst ranmüssen. Und vielleicht sorgen seine neu erworbenen Fähigkeiten auch noch nach dem Wiederzusammenziehen bei Ihnen für Entlastung.

2. Unsere Zeit

»Als Frank nach Brüssel versetzt wurde, war klar, dass ich in Berlin bleibe. Ich arbeite wie er in der Politik und wollte meinen Posten nicht aufgeben. Am Anfang habe ich so ziemlich alles falsch gemacht, was man in einer Fernbeziehung falsch machen kann. Ich habe mich unter der Woche in die Arbeit geworfen und mehr war nicht. Das Leben hole ich an den zwei Tagen mit Frank nach, dachte ich. Dadurch hatte ich natürlich überdimensionale Erwartungen und wollte immer zu viel. Wir haben uns ständig gestritten, waren beide unzufrieden und frustriert und nach einem Jahr an dem Punkt: Entweder wir regeln das jetzt ein für alle Mal oder wir trennen uns. Wir haben gerade noch mal die Kurve bekommen. Nicht, dass unsere Fernbeziehung plötzlich meiner Vorstellung vom perfekten Liebesglück entspräche, aber ich empfinde sie nicht mehr als Katastrophe.«

Birgit, 28

»Ein Dreivierteljahr, nachdem ich von Köln weggegangen bin, war meine Beziehung kaputt. Judith und ich hatten ein paar Freunde, mit denen wir so gut wie alles unternommen haben. Bei uns war immer volles Haus, fast jeden Abend. Das fanden wir beide gut. Das hat sich bei mir allerdings geändert, als ich nur noch am Wochenende zu Hause war. Immer wenn ich freitagabends aus Mainz kam, saßen mindestens sechs Leute um den Küchentisch. Das ganze Wochenende waren wir so gut wie nie allein. Wir konnten nie mal in Ruhe reden oder so. Ich bin am Schluss angekommen, habe die Leute gesehen und habe mich sofort in mein Zimmer verzogen. Ich hab' das nicht mehr ertragen, weil ich mich auch gefragt habe, wie wichtig bin ich ihr eigentlich? Was bedeutet ihr unsere Beziehung? Judith und ich haben uns deswegen gestritten, sie hat das überhaupt nicht eingesehen. Also haben wir Schluss gemacht.«

Kai, 31

»Diana habe ich bei der Berlinale vor zwei Jahren kennen gelernt. Ich studiere Jura in München, sie Medizin in Berlin. Seitdem sehen wir uns in den Semesterferien und ansonsten jedes zweite Wochenende. Mit dem Fliegen wechseln wir uns ab, das ist weniger anstrengend. Außerdem haben wir so den Luxus, zwei tolle Städte zu erleben. Das Ausgehen ist in Berlin spannender, dafür ist der Sommer in München unschlagbar. Viele Freunde beneiden uns um unser Leben. Natürlich müssen wir mehr planen als andere, um uns zu sehen, aber dafür erleben wir auch mehr.«

Lars, 26

Long-Distance-Partnern geht es wie frisch Verliebten: Die Zeit, in der sie nicht zusammen sein können, dehnt sich ins Endlose, während die Stunden, die sie gemeinsam verbringen, nur so dahinfliegen. Ist die kurze Frist der Zweisamkeit abgelaufen, heißt es wieder warten, warten, warten, bis zum nächsten Mal.

Distanzpaare leben in einem engen Zeitkorsett. Ihre Treffen müssen sie oft Wochen im Voraus planen. Geschäftsreisen und andere Termine beider Partner wollen abgestimmt sein, Urlaubsanträge für verlängerte Wochenenden müssen mit den Kollegen koordiniert werden, und günstige Flugtickets sind meist nur langfristig zu bekommen. Ihr Alltagsleben müssen Mobile sorgfältig um die Liebeswochenenden herum organisieren. Nichts darf ihnen dazwischenkommen, denn fällt ein Treffen wegen Fehlplanung oder beruflicher Verpflichtungen aus, gibt es oft keinen Ersatz. Der Terminkalender lässt Ausweichmanöver kaum zu. Besonders hart trifft das Paare, die sich nicht regelmäßig jedes Wochenende sehen können. Sie müssen in so einem Fall locker ein paar Wochen ohne romantisches Intermezzo überstehen.

Gemeinsame Zeit ist für Fernliebende so knapp und kostbar wie Wasser in der Wüste. In ihren Köpfen zählt eine Stoppuhr von der Ankunft bis zur Abfahrt jede einzelne Stunde mit – nur noch 24 Stunden, nur noch 10, nur noch zwei ... In der Studie von Norbert Schneider beklagten alle Befragten den chronischen Zeitmangel. Ihnen steht nur ein Bruchteil der Wochen und Monate zur Verfügung, die andere Paare nutzen können, um ihre Beziehung zu pflegen und zu genießen. Alles müssen sie im Schnelldurchlauf abhandeln: den Partner vielleicht erst richtig kennen lernen, Nähe und Vertrauen aufbauen und erhalten, Konflikte austragen und ausräumen, gemeinsam Probleme lösen, unterschiedliche Bedürfnisse und Interessen befriedigen, Zweisamkeit erleben und so weiter. So ganz nebenbei gibt es auch noch Freunde und die Familie, die mit Forderungen an einen herantreten. All dies erzeugt einen permanenten Druck und nährt das schlechte Gewissen. Haben wir genug unternommen? Haben wir genug geredet? Hatten wir genug Sex? Hätten wir mehr Leute treffen sollen? Sind die Eltern enttäuscht? Ein Wochenende ist schnell vorbei. Unmöglich, in 48 Stunden das nachzuholen, was andere Paare in sieben Tagen erleben und erledigen können. Ein Wunder, dass es trotzdem Fernliebende gibt, die eine glückliche Beziehung führen. Das beweist: Mit dem richtigen Know How lässt sich auch aus wenig Zeit eine Menge machen.

Schönes Wochenende!

Von der Einschulung an, und erst recht, nachdem man seinen Platz in der Arbeitswelt eingenommen hat, stimmt jeder in den Jubelchor mit ein: »Hurra, Wochenende!« Kein Berufstätiger, der sich nicht auf zwei Tage Müßiggang freut. Doch diese Freude ist nichts verglichen mit dem Hochgefühl, das Fernliebende durchflutet, wenn der Freitag endlich geschafft ist. Jetzt noch drei, vier Stunden fahren oder warten, dann ist man endlich wieder dort, wo man hingehört: in den Armen seines allerliebsten Menschen.

Das werden zwei herrliche Tage! Die Voraussetzungen für 2880 Minuten Wonne sind durchaus günstig. Für Fernliebende ist nichts Routine. Zusammen Frühstücksbrötchen kaufen – ein Fest! Der Kuschelabend auf dem Sofa – Seligkeit! Das Glück, endlich wieder vereint zu sein, überzieht die Welt mit einem rosaroten Schleier.

Nicht zu viel erwarten!

Fünf Tage hatte man Zeit sich auszumalen, was das Wochenende alles bringen wird: fantastischen Sex, Harmonie, 48 Stunden gute Laune, fröhliche Zusammenkünfte mit Freunden, Entspannung, Bewegung … Sonst noch Wünsche? Vorfreude ist etwas Wunderbares. Sie versüßt einem den Arbeitstag, lindert die Sehnsucht am Abend, macht das Leben noch ein bisschen lebenswerter. Aber nur, solange sie nicht mit falschen oder zu hohen Erwartungen einhergeht, denn auf die folgt meistens Katerstimmung.

Fernliebende wollen die knapp bemessene Zeit zu zweit voll auskosten, das Möglichste aus den wenigen Stunden herausholen. Das ist verständlich, sollte Sie aber nicht dazu verleiten, von jedem Treffen ein Erlebnis der Extraklasse zu erwarten. Manchmal fehlt dem Partner die Tagesform um einen für die Einsamkeit unter der Woche zu entschädigen, manchmal geht etwas schief, das großartig werden sollte oder man selbst ist plötzlich schlecht drauf. Außerdem verstellen Erwartungen den Blick auf das, was uns außerhalb der vorgezeichneten Vergnügungspfade an Schönem widerfährt. Gut, die Party bei Ihrem Kollegen war nicht der versprochene Knüller, dafür haben Sie auf der Flucht vor den lahmen Gästen und der schlechten Musik eine neue Bar entdeckt, in der erstklassige Cocktails gemixt werden. Er hat zwar wegen totaler Erschöpfung alle Aktivitäten außerhalb der eigenen vier Wände boykottiert, dafür hat er Sie mit einer Massage und zärtlichem Sex verwöhnt – und Sie haben sich wunderbar erholt. Wer akzeptiert, dass es das perfekte Wochenende nach Wunsch nicht gibt und seine Ansprüche nicht zu hoch schraubt, macht erstens sich und dem Partner das Leben leichter und vermeidet zweitens unnötige Enttäuschungen. Dann darf ruhig mal gestritten werden, ohne dass gleich die Welt untergeht; wenn der eine keine Lust auf die grandiose Idee des anderen hat, braucht er keine Begeisterung oder Dankbarkeit zu heucheln; und wenn der Braten anbrennt, können beide herzlich lachen und bestellen sich eine Pizza beim Lieferservice.

Wunschprogramm

Ohne Erwartungsdruck, aber nicht vollkommen planlos sollten Distanzpaare ins Wochenende starten. Sonst geht das eine oder andere Anliegen unter, und am Sonntagabend ziehen beide Partner ein mürrisches Gesicht. Oder sie haben so viele Aktivitäten in die zwei Tage gestopft, dass sie ausgepumpt in den Seilen hängen. Ideal: Schon am Mittwoch oder Donnerstag kurz vorfühlen, was der andere am Wochenende vorhat und mitteilen, welche zwei, drei Punkte einem selbst am Herzen liegen. Was muss erledigt werden? Was will ich unbedingt machen? Interessant: Viele Fernliebende stellen fest, dass sie sich viel bewusster als früher überlegen, worauf sie wirklich Lust haben, anstatt aus reiner Gewohnheit samstags zum Bowlen oder Golfen zu gehen oder wie ferngesteuert sonntags den »Tatort« einzuschalten.

Die Vorstellungen, wie die gemeinsame Zeit verbracht werden soll, liegen bei Paaren manchmal weit auseinander. Er will Samstagabend mit Freunden grillen, sie lieber ins Theater. Er würde gern Billard spielen, sie zieht es mehr zum Weinfest im Nachbarort. Dann muss verhandelt werden, denn gute Stimmung ist nur garantiert, wenn die Bedürfnisse beider gleichermaßen zufrieden gestellt werden. Die wichtigste Regel beim Diskutieren von Wünschen jeder Art lautet: Keine Vorwürfe. Klingt unsere Stimme gereizt oder aggressiv, fühlt sich der Partner angegriffen und geht sofort in Verteidigungshaltung. Die Lust Zugeständnisse zu machen, schwindet mit jedem scharfen Wort. Besser ist genau zu erklären, warum eine Sache uns so wichtig ist. Dazu kann der andere ganz entspannt Stellung beziehen. Und danach arbeitet man sich langsam zu einem Kompromiss vor.

Bekommen Sie am Ende mal nicht, was Sie wollen, sollten Sie bloß nicht den Fehler machen, den Partner mit Liebesentzug oder trotzigem Schweigen zu bestrafen. Erstens kann man das ›Aufgehoben‹ durch ein ›Aufgeschoben‹ ersetzen. Und zweitens fällt Ihrem Liebsten bestimmt eine passende Wiedergutmachung ein, wenn er entdeckt, wie traurig Sie sind.

Achtung, Liebesfalle!

Die Gretchenfrage bei der Wochenendplanung: Müssen wir alles zusammen machen? Die Antwort lautet: Nein. Nur weil zwei Menschen sich lieben, haben sie nicht automatisch an den gleichen Sachen Spaß. Und wer meint, Liebe bedeute alle Interessen abzulegen, die sich nicht mit denen des anderen decken, der irrt. Alles ist erlaubt, solange die Partnerschaft keinen ernsthaften Schaden nimmt. Von zeitintensiven Hobbys ist, wenn sie einen Partner total ausschließen, Fernliebenden eher abzuraten. Es spricht aber nichts dagegen, dass er sich sonntags für drei Stunden allein oder mit einem Freund zum Angeln an den Forellenteich oder zum Formel-Eins-Gucken vor den Fernseher setzt und sie derweil ihr Klavierspiel vervollkommnet oder auf Inlineskates den Stadtpark umrundet. Auch unter Ausspannen versteht nicht jeder unbedingt das Gleiche. Möchte der eine statt spazieren zu gehen lieber allein im Garten sitzen, den Vögeln zuhören und seinen Tagträumen nachhängen, sollte der andere sich in dieser Zeit eine eigene Beschäftigung (aber nicht Rasenmähen!) suchen. Verwehren wir dem Partner im wahrsten Sinne des Wortes zu sich zu kommen, züchten wir in ihm die Angst heran, sich zu verlieren. Fühlt er sich auch noch in die Beziehung wie in ein Gefängnis gesperrt, besteht erhöhte Ausbruchsgefahr.

Turteln ist Pflicht

Ein Posten, der auf dem Wochenendplan bei Fernliebenden nie fehlen darf, ist ausreichend Zeit für Zweisamkeit. Distanzpartner haben nur wenige Tage im Monat, um sich als Liebespaar zu spüren, die Gegenwart des anderen zu genießen, den Wunsch nach Intimität, Nähe und Zusammengehörigkeit auszuleben. Dazu gehören neben Sex und Zärtlichkeit vor allem intensive Gespräche. Sie sind das wichtigste Instrument zur Beziehungspflege und gerade bei Long-Distance-Paaren das A und O (siehe ab Seite 127 und ab Seite 165). Für Gespräche braucht man Ruhe und Zeit, also ist es wichtig, nicht nur zu überlegen, wann man einen Squashcourt bucht, die Freunde einlädt oder mit den Kindern in den Tierpark geht, sondern auch genügend Spielraum für Zweisamkeit zu reservieren.

Liebeswochenenden

Nicht jedes Wochenende muss und kann etwas ganz Besonderes sein. Doch zwischendurch darf man sich ruhig mal ein echtes Highlight gönnen. Weil der nächste Urlaub noch so weit ist, weil Ihnen vor Stress der Schädel brummt, weil die Seele gestreichelt werden will oder weil die Liebe eine Erfrischungskur nötig hat. Zum Beispiel:

- Romantischer Kurztrip
  Prinz und Prinzessin im Schlosshotel spielen, in einer Berghütte Alpenluft schnuppern – solche Nächte bleiben noch lange im Gedächtnis. Ungewöhnliche Übernachtungsmöglichkeiten kann man sich im Reisebüro empfehlen lassen oder man geht im Internet auf die Pirsch. Geben Sie in einer der Suchmaschinen das Stichwort »Romantikhotels« oder »Romantisches Wochenende + Hotel« ein und schauen Sie, welche Angebote nicht zu weit weg vom eigenen Wohnort liegen. Auch immer gut: abchecken, was die Last-Minute-Portale im Angebot haben.
- Ein Nachmittag im Home-Spa
  Viele Männer schrecken bei dieser Vorstellung erst einmal zurück. Ihr Image als ganzer Kerl könnte Schaden nehmen, wenn sie sich eine Maske auflegen oder den Rücken peelen lassen. Zur Information: Eine streichelweiche Haut degradiert niemanden zum Softie. Außerdem hat sich der Erholungseffekt von Wellnessbehandlungen inzwischen auch in der Männerwelt herumgesprochen. Einmal die Hemmschwelle überschritten und mit der Liebsten im heimischen Badezimmer eine Pflegeorgie gefeiert, sagt er nie wieder Nein zu einem Verwöhnprogramm. Also: das Telefon ausstöpseln, die Handys abstellen, im Bade- und Schlafzimmer Duftkerzen anzünden, eine Chillout-CD einlegen, eine Flasche Sekt oder Champagner öffnen und sich dann nach Strich und Faden mit allem verwöhnen, was die Kosmetikbranche für solche Fälle vorsieht: ein duftendes Ölbad, Peeling, Masken, Massagen mit Körperölen oder -cremes. Sich gegenseitig mit pflegenden, bunten Körperpasten (gibt's beim Body Shop) einschmieren und danach abduschen macht besonders viel Spaß und Lust auf eine Fortsetzung im Bett.

- Cocooning für Romantiker
  Ein Tag ohne Uhr, und die Welt muss draußen bleiben. Lange frühstücken – und wenn es bis zum Sonnenuntergang dauert, einen Video- oder DVD-Film nach dem anderen gucken, schmusen, einander aufs Allerfeinste bekochen, zusammen alte Fotos angucken und sich dabei halb totlachen oder in vergangenen Zeiten schwelgen. Und wenn es Sommer ist und die Nacht lau und samtig, werden Isomatten oder Matratzen, Kissen und Decken auf dem Balkon oder der Terrasse ausgebreitet. Noch ein bisschen gemeinsam in die Sterne gucken, plaudern oder andere schöne Dinge tun, dann ist ein wunderschöner Tag vorbei.

Arbeit, Arbeit, Arbeit …

»Du willst am Wochenende arbeiten? Wozu setzt du dich dann überhaupt ins Flugzeug und kommst her?« Dass der Partner Akten oder anderes Arbeitsmaterial mit im Wochenendgepäck hat, ist so ungefähr das Letzte, was Fernliebende von ihm hören möchten. Die Einsicht fällt schwer, doch nicht immer kann man sich aussuchen, wann man seinen Job macht. Es ist ja nicht so, dass der andere sich nicht auf die gemeinsame Zeit gefreut hat. Doch wenn ein Projekt brennt oder der Schreibtisch bis Freitag nicht leer geschaufelt ist, müssen eben ein paar Stunden am Wochenende herhalten. Der Job ist ihm deshalb nicht automatisch wichtiger als die Beziehung. Also überbrücken Sie die Wartezeit mit einer angenehmen Beschäftigung und machen Sie das Beste aus den verbliebenen Stunden mit dem Partner.

Manchmal vergessen Distanzpartner allerdings vor lauter Arbeitseinsatz, dass private Termine genauso wichtig sind wie geschäftliche. Haben Sie ihm ein Wochenende am See versprochen, dann hat das den gleichen Stellenwert wie das Versprechen an den Chef, am Montag ein fertiges Konzept vorzulegen. Vermutlich wird das Vergnügen der Arbeit geopfert, doch sollten Sie Ihrem Liebsten eine befriedigende Wiedergutmachung anbieten und seinen Verzicht nicht als selbstverständlich hinnehmen. Passiert das nämlich zum wiederholten Mal, könnte er demnächst ganz auf Ihre Gesellschaft verzichten wollen. Ständig in die Warteschleife abgeschoben zu werden, verletzt und macht wütend. So etwas lässt sich auf Dauer keiner bieten.

Natürlich gibt es auch Menschen, bei denen sich alles der Karriere unterzuordnen hat. Wochenenden, der Urlaub, Geburtstage – für den Erfolg ist ihnen kein Opfer zu groß. Da muss der Partner sich gut überlegen, ob er mit Platz zwei hinter dem Job vorlieb nehmen mag, ob er vielleicht genau so tickt oder ob er geht. Fest steht auf jeden Fall: Wer über die Maßen arbeitet, steht unter Dauerstress. Und der wirkt sich, wie Studien des Schweizer Paarforschers Guy Bodenmann ergeben haben, negativ auf die Qualität der Partnerschaft aus und erhöht das Trennungsrisiko. Die Gründe liegen auf der Hand: Wer alle Energie in die Arbeit steckt, hat nicht viel übrig, um den Motor der Beziehung am Laufen zu halten. Es fehlt der Nerv für intensive Gespräche (unter Stress nimmt die Qualität der Kommunikation laut Bodenmann um rund 40 Prozent ab), man ist zwar physisch präsent, aber mit den Gedanken ganz woanders, die Stimmungen und Bedürfnisse des Partners werden nicht wahrgenommen, und für gemeinsame Unternehmungen stehen weder Zeit- noch Kraftreserven zur Verfügung. Dies alles zusammen höhlt das Wir-Gefühl eines Paares aus wie ein Termitenstaat einen alten Baumstamm. Auf Dauer stehen viele Fernliebende, die sich stark im Beruf engagieren, deshalb vor der Entscheidung, ob sie mit ihrem Job weitermachen wie bisher oder ob sie ihre Beziehung vor dem Aus retten wollen. Die Kündigung einzureichen ist dazu nicht unbedingt nötig (obwohl viele Fernliebende genau dies tun). Es reicht schon, die Arbeitswoche neu zu organisieren, um an den Wochenenden frei zu haben und die so gewonnene Zeit mit dem Partner zu verbringen.

Außerdem sollte sich jeder Vielarbeiter klar machen: Freie Zeit ist nicht nur für die Partnerschaft wichtig, sondern tut auch der Karriere gut. Nur wer abschalten und auch mal an etwas anderes denken kann als den Job, gönnt seinem Geist und Körper die notwendige Regeneration und bringt sich in Topform für die nächste berufliche Herausforderung.

Und noch ein Tipp: Der Job ist ein wichtiges Thema, keine Frage. Manchmal aber muss er außen vor bleiben. Beim romantischen Abendessen, beim Kuscheln nach dem Sex, beim gemütlichen Sonntagsfrühstück hat der Partner keine Lust, schon wieder den Kleinkrieg mit dem Kollegen durchzukauen oder am nächsten Karriereschritt des Liebsten mitzufeilen. Daher: Reservieren Sie besser einen Spaziergang oder eine Stunde am Nachmittag für Jobsorgen.

Lebenswichtig für die Liebe: Gesten und Rituale

Die Liebes-E-Mail am Morgen, das liebevoll gepackte Fresspaket für die Fahrt zurück ins Exil, das gemeinsame Zeitunglesen – Gesten und Rituale wie diese sind sprichwörtliche Glücksbringer, denn sie beweisen Fernpartnern immer wieder: Ich werde geliebt! Wir gehören zusammen!

Long-Distance-Paare wissen, dass ihre Liebe auf dem Prüfstand steht. Die Partner fühlen sich oft einsam, allein gelassen, gestresst vom ewigen Hin- und Herreisen, zermürbt vom vielen Warten aufeinander. Um ihre Beziehung zu erhalten, müssen sie immer wieder Zeichen setzen und dem anderen gute Gründe dafür liefern, all diese Strapazen auch weiter auf sich zu nehmen.

Gesten und andere Aufmerksamkeiten

Am Anfang einer Beziehung legen die Partner sich mächtig ins Zeug: Sie tauschen romantische Botschaften und heiße Küsse, beschenken sich und bleiben sich auch sonst keinen Beweis ihrer Zuneigung schuldig. Von morgens bis abends signalisieren frisch Entflammte einander: Du stehst ganz oben auf meiner Die-wichtigsten-Dinge-in-meinem-Leben-Liste. Eines Tages sind sie sich dann ihrer Sache, sprich des Menschen an ihrer Seite sicher und stellen die regelmäßigen Liebesbekundungen ein. Die kleinen Gesten und großen Worte der Anfangszeit sind von nun an für besondere Anlässe wie Geburts- oder Hochzeitstage reserviert. Oft genug rächt sich diese Nachlässigkeit, denn die Liebe will gehätschelt sein, soll sie uns nicht abhanden kommen.

Der Schlüssel zu einer lang andauernden glücklichen Beziehung ist, sich jeden Tag in vielen kleinen Dingen einander zuzuwenden, sagt der amerikanische Paarforscher John M. Gottman, denn Liebe ist ein penibler Buchhalter. Sie registriert genau, wie viel Zuwendung die Partner in Form von Gesten, Worten und Aufmerksamkeiten auf ihr so genanntes Gefühlskonto einzahlen. Nur wenn beide Partner regelmäßig und zu gleichen Teilen dieses emotionale Konto aufstocken, steht es gut um ihre gemeinsame Zukunft, so Gottman.

Dass sie mit den Einzahlungen in Rückstand geraten und langsam ins Minus abrutschen, bemerken viele Fernliebende wie alle Paare in besonders strapaziösen Lebensphasen oft nicht rechtzeitig. Unter der Woche werden sie von ihrem Job oder dem Familienmanagement absorbiert, und am Wochenende versuchen sie, möglichst viele Aktivitäten in die beiden Tage zu pressen. Zu wenig Zeit, zu viel Hektik, der Kopf ist voll mit allen möglichen Dingen – der liebevolle Umgang miteinander weicht einem rein funktionalen, es gibt keinen Platz mehr für Romantik und solchen Schnickschnack. Dabei sind kleine, häufig unspektakuläre Gesten unendlich wichtig für eine glückliche Partnerschaft. Man weiß schon irgendwie, dass der andere einen liebt, aber man will es von ihm hören, es gezeigt bekommen, es spüren, jeden Tag und auch noch nach 15 Jahren. Sonst schieben sich Wut, Frust und Enttäuschung zwischen die Partner. Erst recht, wenn sie getrennt in zwei verschiedenen Städten ihren Alltag leben. Die Distanz verunsichert die meisten Fernliebenden. Sie haben Angst, der andere entgleite ihnen oder sie würden vergessen. »Bin ich ihm überhaupt noch wichtig?« »Braucht sie mich noch, um glücklich zu sein?« Gegen solche Zweifel helfen Signale, die bestätigen, dass man noch geliebt wird.

Männergesten – Frauengesten

Sie dekorieren den Frühstückstisch besonders hübsch – und er bemerkt es nicht. Er montiert im Schlafzimmer unaufgefordert die neue Lampe an die Decke – und Sie nehmen es als selbstverständlich hin. Zeichen der Liebe zu setzen, ist manchmal nicht einfach. Weil der Partner nicht immer die Botschaft hinter unserem Tun erkennt. Der Grund: Frauen und Männer haben unterschiedliche Ansichten darüber, was als Liebesbeweis zu werten ist und was nicht. Und so fallen regelmäßig von Herzen kommende Gesten durchs Raster.

Die meisten Frauen haben romantischere Vorstellungen von Liebesbeweisen als ihre Partner. Natürlich ist ihr ein repariertes Auto hoch willkommen, doch auf der Romantikskala rangiert es auf der gleichen Position wie Klopapier kaufen oder Betten beziehen. Eine Geste darf in ihren Augen nicht so banal sein, nichts, was man sowieso erledigen muss. Eine Geste ist das kleine Extra im Liebesalltag. Ein Beispiel: Wenn er ihr Auto wäscht – nett von ihm. Klemmt er auch noch eine Rose unter den Scheibenwischer – Volltreffer. Das ist eine Geste, die Frauen glücklich macht.

Nicht, dass Männern der Sinn für Romantik gänzlich abgehen würde, aber sie lieben es eher praktisch, logisch, lösungsorientiert. Ihre Liebe zeigen sie deshalb oft dadurch, dass sie etwas im Haus reparieren, sich um den Computer der Liebsten kümmern oder den Urlaub organisieren. Diese Dinge als Alltagsjobs abzuwerten, ist von Frauen nicht fair, denn dahinter stecken edle Motive. An poetischeren, gefühlvolleren Gesten finden viele Männer, nebenbei bemerkt, mit der Zeit genauso Geschmack wie ihre Partnerin (sowohl was das Geben als auch was das Annehmen angeht). Man muss sie nur erst darauf bringen.

Damit Liebesbeweise nicht ins Leere laufen, sollten wir herausfinden, was unseren Partner wirklich glücklich macht. Indem wir genau hinhören, wenn er von Dingen erzählt, die ihm gefallen, beobachten, worüber er sich freut oder ihn einfach fragen. Andersherum sollten beide Partner offen aussprechen, wenn sie etwas vermissen – und nicht im Gegenzug künftig mit Liebesbeweisen geizen, denn das setzt einen Teufelskreis der Acht- und Lieblosigkeit in Gang. Gerade Frauen müssen oft lernen, den Mund rechtzeitig aufzumachen und nicht abzuwarten, bis sich so viel Frust aufgestaut hat, dass sich ein Wunsch wie ein Vorwurf anhört. Andernfalls gibt es Streit statt Streicheleinheiten für die Seele. Auch wenn es schwer fällt, müssen Sie sich außerdem in Geduld üben: Männer muss man der Erfahrung nach nämlich öfter als einmal an Dinge erinnern, die ihnen lästig sind, zum Beispiel einen Liebesgruß während der Arbeitszeit loszuschicken oder einem am Wochenende den Rücken zu massieren.

Eigentlich ist es eine Selbstverständlichkeit, doch leider vergessen viele sich zu bedanken, wenn der Partner ihnen eine Freude gemacht hat. In langjährigen Beziehungen besteht häufig ein krasses Missverhältnis zwischen positivem und negativem Feedback an den Partner. Läuft etwas gut oder tut er einem einen Gefallen, nimmt man es wortlos zur Kenntnis. Läuft dagegen etwas schief, hagelt es Kritik, Vorwürfe, Nörgeleien. Jeder sollte sich einmal in Ruhe überlegen, wie oft der Partner ihm in letzter Zeit etwas Gutes getan hat, und ob man es ausreichend gewürdigt, das heißt dem anderen seine Freude darüber deutlich zum Ausdruck gebracht hat. Nicht nur, dass er die Anerkennung seiner Bemühungen verdient hat. Mit ein paar netten Worten tut man sich außerdem selbst einen Gefallen. Wer eine positive Reaktion beim Liebsten erlebt, der wird sich sicher noch öfter etwas Schönes für ihn einfallen lassen. Und umgekehrt.

Kleine Liebesbeweise: Wie wär's mal mit …

- einem Liebes-Buch: Nutzen Sie die einsamen Abende, um eine Art Liebesalbum zu gestalten: Fotos, Tickets, alte Briefe, Konzert- oder Eintrittskarten fürs Schwimmbad einkleben, die Geschichten oder Stichworte dazu aufschreiben, Liebesgedichte zitieren, etwas Lustiges zeichnen. Der Fantasie sind keine Grenzen gesetzt.
- einem Abschiedsgruß: Legen Sie dem Partner einen Zettel unters Kopfkissen, auf dem drei Dinge stehen, die Sie an ihm lieben oder drei Dinge, die Sie nie wieder ohne ihn machen möchten.
- einem Liebesbrief: Schreiben Sie mit Tinte und besprühen Sie den Brief mit dem Duft, den Ihr Schatz so sexy findet.
- einer schönen Stärkung: Schälen Sie einen Apfel, eine Mango, eine Orange, schneiden Sie sie klein und servieren Sie sie dem Partner hübsch arrangiert zum Samstagskrimi.
- einem romantischen Überfall: Nehmen Sie den anderen mitten auf der Straße lang und fest in den Arm. Einfach so.
- ein bisschen Verführung: Wählen Sie fürs Ausgehen ein Outfit aus, das der andere besonders an Ihnen liebt.
- einem Liebesdienst: Garnieren Sie nach dem Duschen spontan seinen Rücken mit Küssen und cremen Sie ihn dann ein.
- etwas Verwöhnaroma: Dieses ganz bestimmte Vollkornbrot, die fri-

sche Pasta vom Feinkostladen an der Ecke – das gibt's nur zu Hause oder wenn wir es am Wochenende von dort mitbringen.

- Abtanzen: Der Rhythmus passt, die Laune auch. Schnappen Sie sich einfach Ihren Partner und drehen Sie ein paar Runden auf dem Wohnzimmerparkett. Erst guckt der andere vielleicht ein bisschen irritiert, doch dann ist es da, dieses verliebte Kribbeln im Bauch.
- einem Kunstwerk: Schnitzen Sie ein Erdbeermarmeladebrot oder ein Stück Wassermelone in Herzform zum Frühstück.
- einem Kompliment: Ein bisschen angebetet zu werden tut jedem gut. Nicht nur am Valentinstag!
- einem Mitbringsel: Job-Globetrotter machen unterwegs die tollsten Entdeckungen. Bringen Sie also nach jeder Reise etwas zum Auspacken mit. Aber keinen Touristenkitsch vom Flughafen, sondern etwas Individuelles, das den anderen wirklich erfreut.
- Soul Food: Hinterlassen Sie mit magnetischen Buchstaben Liebesbotschaften auf dem Kühlschrank.
- einer Überraschung: Plötzlich purzeln aus der Müslipackung Konzert- oder Opernkarten für den Abend.
- einem Liebes-Soundtrack: Sprechen Sie auf eine Kassette oder CD Liebesbotschaften und mischen Sie diese mit Musik ab. Das versüßt lange Zug- und Autofahrten und tröstet, wenn der Blues kommt.
- einem besonderen Bankgeschäft: Überweisen Sie dem Liebsten einen Euro und notieren Sie unter Verwendungszweck »Ich liebe dich«. Mit einer Liebeserklärung auf seinem Kontoauszug rechnet der andere garantiert nicht.

Nur wir zwei: Rituale

Ein Wochenende bei ihm in Frankfurt, das nächste bei ihr in Zürich, dann sieht man sich drei Wochen gar nicht. Und danach? Mal schauen … Oder: Sie tingelt zwei Wochen auf Vortragsreise durchs Land, ist dann acht Tage am Stück zu Hause und anschließend – aber das kann sie ihm noch nicht sicher sagen – ein Wochenende bei einem Workshop auf Mallorca. Von einer festen Zeitplanung können viele Fernliebende nur träumen. Flexibilität heißt ein zentrales Schlagwort in unserer modernen Arbeitswelt, und davon wird Long-Distance-Paaren mehr als anderen abverlangt. Ein gewisses Maß an Beweglichkeit schadet niemandem, doch ein zu wenig an Kontinuität kann eine Partnerschaft stark belasten. Es fehlt an Sicherheit und Ruhe in der Beziehung. Die Partner beginnen, sich Vorwürfe zu machen: »Immer muss ich mich nach deinen Terminen richten.« »In unserer Beziehung gibt es so etwas wie Gemeinsamkeit nicht mehr.« »Ich habe keine Lust mehr auf diese ewige Hektik!« Viele können und wollen sich mit der unbefriedigenden Situation nach einer gewissen Zeit nicht mehr arrangieren und werfen das Handtuch.

Es gibt ein einfaches Mittel, um das Gefühl von Stabilität, Geborgenheit und Zuverlässigkeit, das Fernliebende so häufig vermissen, zu stärken: Psychologen raten Distanzpaaren, sich Rituale zu schaffen, denn die sind wie kleine Inseln in den Stromschnellen ihres unruhigen Lebens. Auf ihnen treffen sich die Partner in ihrer eigenen Welt, finden Zeit für Gespräche und erleben Augenblicke innigster Verbundenheit.

Was genau ein Paar zum Ritual erhebt, hängt ganz von den individuellen Bedürfnissen und Interessen ab. Ein gemeinsamer Samstagsbummel durch die Innenstadt, eine Partie Schach am Nachmittag, eine romantische Stunde bei Rotwein und Kerzenschein, wenn man freitagabends endlich wieder vereint ist: Eigentlich nichts Besonderes und doch etwas Einzigartiges. Mit niemandem werden sich diese Dinge je so anfühlen wie mit diesem einen Menschen.

Die Bedeutung eines Rituals ist nur für das Paar selbst ersichtlich, kein Beobachter von außen kann diesen romantischen Moment dechiffrieren. Für andere Menschen wäre es zum Beispiel ein x-beliebiger Abend in irgendeinem Restaurant. Für das Liebespaar jedoch ist es der Platz, an dem sie die ersten zarten Bande gesponnen haben und an den sie immer wieder zurückkehren, um ihre Liebe zu zelebrieren. Dieser Ort versetzt sie zurück in die euphorietrunkene Zeit des ersten Verliebtseins, und mit jedem Abend an »ihrem« Tisch erneuern sie ihr Bekenntnis zueinander. Solche Rituale geben Fernliebenden die Sicherheit: Uns kann die Trennung auf Zeit nicht auseinander bringen.

Es gibt Rituale für den Alltagsgebrauch, die Paare in jedes Wochenende einbauen. Andere heben sie sich für besondere Momente auf –

Erfolge oder Niederlagen im Job, den Geburtstag, den Jahrestag. Leider verlieren manche Rituale mit der Zeit ihre Kraft, weil sie nur noch bloße Routine sind oder sich überholt haben. Mit 40 muss einem nicht mehr gefallen, was mit 25 noch das Größte war. Und was uns zur Gewohnheit oder lästigen Pflicht geworden ist, kann die Liebe auch nicht mehr beflügeln. Immer um denselben Weiher wandern, jeden Sonntag Brunch im Lieblingscafe – mit etwas Kreativität lassen sich ganz leicht neue Rituale finden, die das Wir-Gefühl stark machen.

Rituale für die Liebe

- Begrüßungszeremonie
  Ankommen, eine halbe Stunde Zeit zum Eingewöhnen, dann gibt's zum Start ins gemeinsame Wochenende eine Tasse heißen Kakao oder einen Eiskaffee, ein Glas Wein oder Orangensaft, je nach Saison und Tageszeit – und dazu reden, reden, reden.

- Jahrestage
  Der Tag, an dem man sich zum ersten Mal gesehen oder geküsst hat, er zum ersten Mal bei ihr zum Essen eingeladen war – es gibt viele Stichtage, an denen man seine Liebe feiern kann. Zum Beispiel: Das erste Candle-Light-Dinner bei ihr mit dem gleichen Menu (inklusive Nachtisch im Bett) wiederholen. Dazu läuft natürlich die CD mit »unserem« Lied von damals. Weckt die Schmetterlinge im Bauch.

- Alltagsglück
  Am Freitag gemeinsam den Nachwuchs vom Kindergarten abholen, Samstagmorgen mit vereinten Kräften den Supermarkt stürmen, den Tisch am Wochenende – sie das Geschirr, er das Besteck – zusammen decken. Konserviert das Gefühl, ein gutes Team zu sein.

- Kulinarischer Abend
  Eine Woche kocht sie, die nächste er. Und zwar immer etwas besonders Leckeres. Der andere schaut beim Brutzeln zu und sorgt für die Unterhaltung des Kochs. Liebe geht bekanntlich durch den Magen.

- Friedenspfeife
  Sich nach einem Streit wieder zu versöhnen ist wichtig, aber keine Selbstverständlichkeit. So was muss gefeiert werden. Mit einem guten Essen, einem leckeren Cocktail, einem Ausflug. Solche Rituale sind für Fernliebende besonders wertvoll. Eine dreiwöchige Trennungsphase ohne hundertprozentige Versöhnung anzutreten, liegt nämlich bleischwer auf der Seele und sorgt nicht gerade für ein gutes Klima in der Beziehung.

- Stressbremse
  Eine Fernbeziehung ist anstrengend. Entspannungsrituale sorgen für die nötige Zeit zum Ausruhen und Abschalten. Das gemeinsame Nachmittagsnickerchen, die Fußmassage zu den Abendnachrichten, ein Saunabesuch jedes Wochenende: Relax!

- Kurztrip
  Der nächste Urlaub ist noch fern. Reisen Sie bis dahin einfach in die Vergangenheit: Zum Abendessen gibt's die Pasta alla Norma wie in Palermo, aus den Boxen tönt Italo-Pop und zum Nachtisch servieren Sie das Album mit den Urlaubsfotos.

- Siegerehrung
  Der neue Großkunde hat angebissen, beim Joggen ist die 45-Minuten-Marke erreicht – solche Triumphe müssen gefeiert werden. Essen gehen, den edlen Roten öffnen, ein Überraschungsgeschenk: Ihnen wird schon das Richtige einfallen!

- Trostspender
  Je schwerer die Niederlage, je größer der Ärger oder die Erschöpfung, desto größer das Trostpflaster für den Partner, um ihn wieder aufzurichten. Mal genügt eine liebevolle Kopfmassage, mal braucht es ein Liebeswochenende in Wien, um ihm neue Energie zu geben oder seine gute Laune zurückzuholen.

Schönen Urlaub!

Verreisen – die meisten freuen sich schon Monate im Voraus darauf, können es kaum erwarten, die Koffer zu packen. Ein Segeltörn durch die Ägäis, relaxen unter Spaniens Sonne, tauchen im Roten Meer, die Entdeckertour mit dem Wohnmobil durch Australien, endlich raus aus dem Alltag. Noch ein bisschen mehr als alle anderen freuen sich Fernliebende auf die zwei bis vier schönsten Wochen des Jahres. »Im Urlaub haben wir ganz viel Zeit für uns!«, so trösten sich die ewig Gehetzten, wenn die Stunden am Wochenende mal wieder viel zu schnell vergehen oder ein Treffen dem Job zum Opfer gefallen ist. Je größer die Abstände zwischen den einzelnen Wiedersehen ausfallen, desto größer ist die Freude auf den Urlaub. Endlich kann man in Ruhe miteinander plaudern und muss nicht nur schnell die wichtigsten Themen abhaken, kann man im Café sitzen oder zusammen aufs Meer schauen, ohne panischen Blick auf die Uhr. Sie können unvergessliche Tage erleben, voller Abenteuer, Glück und Spaß. Küssen, schmusen, den Liebsten beim Tanzen beobachten oder wie er Zeitung liest, genau hinschauen, ob sie sich verändert hat in der Zeit des Getrenntseins, ob sie immer noch beim Nachdenken kleine Zöpfe in ihre Haare flicht, ganz nah beieinander sein, sich spüren, die Liebe leben, all diese Möglichkeiten bietet der Urlaub für Distanzpaare.

Das Risiko, bei derart hohen Erwartungen eine Enttäuschung zu erleben, ist relativ groß. Und es kommt noch schlimmer: Für viele Paare ist ein Urlaub der letzte gemeinsame Auftritt. Hat es vor der Abreise in einer Beziehung gekriselt, eskalieren die Spannungen häufig am Ferienort, und die Partner kehren als Singles nach Hause zurück. Laut einer Studie werden 33 Prozent aller Scheidungen in Deutschland nach einem gemeinsamen Urlaub eingereicht.

Was macht den Urlaub zum Beziehungskiller? Gerade Fernliebende glauben, sie könnten in den Ferien alle emotionalen Defizite ausgleichen, die durch ihre spezielle Lebenssituation entstehen, könnten alles aufholen, was sie in den letzten Monaten verpasst haben. Dazu reichen wenige Tage kaum aus, und schon ist der Frust groß. Andererseits wird möglicherweise genau das, worauf man sich so gefreut hat, zur

Belastung für die Partnerschaft: keine Verpflichtungen, keine Arbeit, viel Zeit füreinander. Die Partner teilen ein Zimmer, essen an einem Tisch und verbringen auch den Rest des Tages meistens als Duo. Für die einen himmlisch, für die anderen die Hölle. So viel Nähe ist manchem einfach zu viel. Als Fernliebender ist man oft nicht mehr gewohnt, sich über einen längeren Zeitraum auf den Partner einzustellen, tolerant und rücksichtsvoll zu sein. Einige Fernpaare stellen fest, dass ihre Beziehung auf die Distanz wunderbar funktioniert, sie im Alltag aber ein schlechtes Team abgeben.

Fest steht: Gibt es Probleme in einer Beziehung, wird der Urlaub zur Bewährungsprobe. Für glückliche Paare dagegen erfüllt sich meist tatsächlich der Traum von der schönsten Zeit des Jahres. Wer auf jeden Fall erholt und mit vielen schönen Erinnerungen im Gepäck von einer Reise zurückkommen will, dem raten Psychologen, einige einfache Spielregeln zu berücksichtigen.

Gute Planung – gute Reise

Vor allem Paare, die noch nicht lange zusammen sind, sollten unbedingt klären, was sie unter einem schönen Urlaub verstehen. Sport, Wellness und Entspannen im Club? Mit Kamelen durch die Sahara ziehen? Erst Strand und Meer, dann Kultur und Shopping? Unsere Urlaubsbedürfnisse werden in der Kindheit geprägt. Das heißt, sie harmonieren nicht zwingend mit denen unseres Partners. »Italien – au ja!« Das bedeutet noch lange nicht, dass beide das Gleiche unter einem Italientrip verstehen. Darüber sollten Sie sprechen, und zwar nicht erst in Italien.

Der Psychologe Steffen Fliegel empfiehlt Paaren, sich am besten gleich nach einem Urlaub zusammenzusetzen und gemeinsam aufzuschreiben, was gut gelaufen ist und was nicht. Was wollen wir im nächsten Jahr anders machen? Sind wir zur Ruhe gekommen? Hatten wir genügend Zeit für uns? Bewahren Sie den Zettel gut auf und kramen Sie ihn bei der nächsten Urlaubsplanung hervor. Schon Kleinigkeiten, die man dort notiert hat, können einem Ärger und Enttäuschungen ersparen.

Reiseziel gesucht

Mit Sicherheit ist das der schönste Teil der Reiseplanung: Freunde befragen, in der Buchhandlung in Reiseführern schmökern, Landkarten und Prospekte studieren. Bei der Wahl des Reiseziels gilt es, vieles abzuwägen. Wüste, Meer, Berge oder von allem ein wenig? Insel oder Festland? Muss eine Stadt in der Nähe sein? Fliegen oder mit dem Auto fahren? Wie lange darf die Anreise dauern oder ist dieses Mal der Weg das Ziel? Wie wichtig ist uns eine gute einheimische Küche? Welche Ziele haben uns bisher besonders gut gefallen und warum? An welchem Ort kann er seiner Wanderlust frönen und sie ihrem Faible für alte Kulturen? Es kann dauern, bis alle Wünsche und Bedürfnisse auf einen Nenner gebracht und unter einen Hut gezwängt sind. Dafür steigt, je länger man recherchiert und diskutiert, die Vorfreude.

Luxus oder Low Budget?

Über Geld sollte man in der Planungsphase offen sprechen. Müssen wir sparen oder können wir aus dem Vollen schöpfen? Wofür geben wir unsere Euros aus? Teures Hotel, dafür weniger Ausflüge oder billige Pension und dafür schlemmen? Oder gleich »all inclusive« buchen? Wie hoch ist unser Budget überhaupt? Nicht, dass einem von beiden die üppigen Restaurantrechnungen auf Magen und Gemüt schlagen oder die Diskussion, in welchem Hotel man auf der Durchreise eincheckt, in einen Streit ausartet.

Die Prämisse, je teurer der Urlaub, desto schöner ist er, gilt übrigens nicht. Manchmal bleibt ein romantischer Campingurlaub an der französischen Atlantikküste in positiverer Erinnerung als eine exklusive Südseereise.

Reserviert für zwei Personen

Wovon manche Paare für ihren Geschmack mitunter sogar zu viel haben, daran leiden Fernliebende Mangel: Zweisamkeit. Für andere mag es also ganz in Ordnung sein, den Urlaub mit befreundeten Paaren oder den Schwiegereltern in einem Ferienhaus zu verbringen. Long-Distance-Partner aber sollten sich wenigstens eine Woche zu zweit gönnen – oder zumindest eine eigene Bleibe buchen, in der sie auch einmal für sich sein können. Sie brauchen Zeit und Ruhe für Gespräche, Romantik und Sex.

Spiel, Spaß, Spannung

Sinnvoll ist, schon vor dem Urlaub klar zu sagen, auf welche Art Freizeitvergnügen man besonderen Wert legt – und auf welche gar keinen. Sport, Party, Museen, überhaupt nichts tun, der Möglichkeiten gibt es viele. Driften die Vorstellungen zu weit auseinander oder droht ein regelrechter Machtkampf, übernimmt jeder eine Weile die Regie: Die erste Woche gestaltet sie, die zweite er. Meckern ist verboten. Wo es gar nicht passt oder einen vor Ort die Lust verlässt, darf man sich ruhig mal für ein paar Stunden ausklinken. Long-Distance-Paare müssen im Urlaub nicht 24 Stunden aufeinanderkleben, nur weil sie sich so selten sehen. Ist jedoch ein Partner fanatischer Surffreak, Taucher oder Hobbyarchäologe, sollte er jedes Jahr zusätzlich einen Solotrip einplanen, bei dem er sich seiner Leidenschaft ausgiebig widmen kann. Der andere wäre mit Recht wenig begeistert, die ganze Zeit allein am Strand zu sitzen oder von einer Ausgrabungsstätte zur nächsten geschleift zu werden.

Sie will verwöhnt werden, er lieber auf Entdeckertour gehen. Um lange Diskussionen vor Ort zu vermeiden, können Sie schon zu Hause Kompromisse aushandeln: »Ich gönne mir einen Vormittag im Spa mit Bädern und einer Massage, und du machst derweil einen Ausflug zu diesen Grotten im Hinterland. Am Nachmittag ziehen wir dann wieder gemeinsam los, einverstanden?« Bei aller Planung gilt die Devise: immer schön flexibel bleiben. Der Urlaub soll schließlich keine Pflichtveranstaltung werden. Und: Nehmen Sie sich nicht zu viel vor, denn: Fast 40 Prozent aller Urlauber kommen gestresst nach Hause.

Es geht los!

Raus aus dem Büro, schnell noch zur Apotheke und ins Sportgeschäft, oh Gott, die Handtücher sind noch nicht trocken, die Rucksäcke noch nicht gepackt. Panik, Vorwürfe. »Warum liegen die Tickets nicht hier?« »Wo ist mein Pass?« Von so einem hektischen Urlaubsauftakt hat man sich meist erst nach Tagen richtig erholt. Besser: Legen Sie die Abreise nicht auf den letzen Arbeitstag und setzen Sie zwei Wochen vor Urlaubsbeginn eine Liste auf, was alles zu erledigen ist, damit Sie am letzten Tag nur noch das Handgepäck packen und die Koffer abschließen müssen.

Apropos Packen: Vergessen Sie beim Zusammenstellen des Kofferinhalts nicht die Pläne des Partners. Wenn Sie mit ihm schick essen gehen möchten, sollten Sie ihn daran erinnern, ein schönes Hemd und vernünftige Schuhe mitzunehmen. Sie haben im Gegenzug schließlich für die Nacht in der Wüste vorgesorgt …

Ärger im Paradies

Das Zimmer ist zu klein, der Pool zu voll, die anderen Gäste sind eine Katastrophe. Falsche Reaktion: Dem Partner die Schuld geben, weil er den Club gebucht hat, und ihn das auch spüren lassen. Besser: Erstmal eine Nacht darüber schlafen und am nächsten Tag die Lage sondieren. Vielleicht ist das Essen dafür besonders gut und das Sportangebot sogar hervorragend (vor allem kaum genutzt, weil alle anderen ja am Pool liegen). Den perfekten Urlaub gibt es genauso wenig wie das perfekte Wochenende, das muss jeder irgendwann einsehen. Den Spaß am Reisen muss einem das noch lange nicht verderben.

Erwartungen die zweite: Keine falschen Hoffnungen bitte! Der Partner wird nicht plötzlich zu einem anderen Menschen, nur weil er unter Palmen statt in Heidelberg am Frühstückstisch sitzt. Die Couchpotatoe mutiert nicht zum Partytiger und der Bewegungsdrang einer Sportskanone lässt sich nicht einfach von heute auf morgen abstellen. Er liest ihr unter tropischer Sonne auch nicht automatisch jeden Wunsch von den Augen ab, wenn er das im norddeutschen Nieselregen bisher noch nie getan hat. Deswegen beleidigt zu sein oder einen Krach vom Zaun zu brechen, ist verschwendete Zeit.

Fernliebende sind es meist nicht mehr gewohnt, mehr als drei Tage am Stück von morgens bis abends zu zweit zu sein. Da geht man sich lieber ab und zu aus dem Weg, als sich spätestens nach einer Woche furchtbar auf die Nerven zu fallen. Während er zum Beispiel schnorcheln geht, liest sie im Café Zeitung oder bummelt durch die Souvenirshops. Danach freut man sich umso mehr auf den anderen. Haben Sie ein kleines Zimmer erwischt, sollten Sie einander den Raum gelegentlich für ein Mittagsschläfchen oder ausgiebige Pflegerituale überlassen. Sie können ja in der Zwischenzeit eine neue Tapasbar ausprobieren oder Postkarten schreiben. Nehmen Sie besser hin und wieder eine Stunde Auszeit von der kostbaren Zweisamkeit, als dass Sie dicke Luft riskieren.

Gegen Streit kann man sich nicht versichern. Auseinandersetzungen sind trotz aller Vorsorge immer möglich. Man streitet über Themen, die im Alltag untergegangen sind oder angestauter Frust über das ständige Hin und Her in der Fernbeziehung kommt plötzlich zu Tage. Damit ein Krach auch im Urlaub ein Happy End hat, gilt es, die gleichen Streitregeln zu berücksichtigen wie zu Hause. Fällt der Schlagabtausch heftiger aus, verbringen Sie einfach mal einen halben Tag getrennt. In der Zeit können Sie Ihren Zorn abkühlen lassen und sich beruhigen. Vom weisen Salomon stammt der kluge Rat: »Lass über einen Streit niemals die Sonne untergehen.« Spätestens beim Abendessen sollten Sie sich also wieder versöhnen, damit nicht der ganze Urlaub im Eimer ist. Und: keine Grundsatzdiskussionen! Die Versuchung, mal ganz in Ruhe ein wichtiges Thema zu besprechen, ist natürlich groß. Trotzdem, Fragen wie »Wollen wir ein Kind?« sollten Sie lieber auf ein Wochenende daheim vertagen.

3. Lust und Leidenschaft

»Wir waren schon 12 Jahre zusammen, als Lisa letztes Jahr für einen Hoteljob nach Salzburg gegangen ist. Seitdem sehen wir uns nur noch jedes zweite Wochenende. Wenn ich ehrlich bin, hat dieser Wechsel unserem Sexleben gut getan. Nach einer so langen Zeit war es zwar immer noch schön mit ihr, aber es war schon viel Routine dabei. Jetzt besuche ich sie oft in Salzburg, und in der neuen Umgebung, da bekommt der Sex wieder etwas Spannendes. Man muss sich nach zwei Wochen erstmal wieder annähern und erobern. Klingt verrückt, aber manchmal fühlen wir uns wie frisch verliebt.«

Roman, 31

»Ich fand den Sex unkomplizierter, als wir zusammengewohnt haben. Was mich stört, ist die Erwartungshaltung meiner Frau. Muss man denn jedes Wochenende unbedingt miteinander schlafen, nur weil man sich unter der Woche nicht sieht? Ich finde nicht. Für mich wird der Sex manchmal zur lästigen Pflicht, denn wenn wir es nicht tun, ist meine Frau richtig beleidigt. Ich kann das nicht verstehen.«

Bernhard, 42

»Ich habe Martin beim Urlaub auf Kreta kennen gelernt. Gleich am ersten Tag hat es bei uns beiden gefunkt. Wir hatten zwei sehr schöne Wochen miteinander. Er fuhr dann nach Karlsruhe zurück, ich nach München. Wir führen jetzt seit einem Jahr eine Wochenendbeziehung. Unter der Woche vermisse ich Martin sehr, vor allem nachts. Ihm geht das genauso. Das ist manchmal nur schwer auszuhalten. Wir freuen uns immer wie verrückt aufeinander. Das Blöde daran ist, wenn es an einem Wochenende mal nicht so toll ist im Bett, dann sind wir enttäuscht, und ich habe die ganze Woche über Angst, dass er keine Lust mehr auf die Beziehung hat.«

Anja, 24

Die einen erleben einen zweiten Frühling, andere fühlen sich um ein erfülltes Sexleben gebracht. Wie die räumliche Trennung sich auf den Sex eines Long-Distance-Paares auswirkt, ist individuell verschieden. Klar im Nachteil sind die Paare, die sich erst vor kurzem gefunden haben. Die gemeinsamen Nächte sind für sie noch neu und aufregend und ihre Liebe ist noch verwundbar. Frisch Verliebte könnten es dreimal am Tag tun und werden noch immer nicht satt. Leben sie in einer Fernbeziehung, bleiben den Hormonberauschten nur die Wochenenden, um die Gier aufeinander zu stillen. In den Tagen dazwischen schlagen sie sich mit quälender Sehnsucht nach dem anderen herum und hoffen, dass die Bindung schon stark genug ist, um die Trennung zu verkraften. »Liebt er mich?« »Bedeute ich ihr etwas?« Am Anfang einer Partnerschaft brauchen Paare den Sex, um Nähe und Zusammengehörigkeit herzustellen und zu empfinden. Partner dagegen, die seit Jahren vereint durchs Leben gehen, verbindet mehr als körperliche Liebe. Ihre Beziehung steht auf einem soliden Fundament aus gemeinsamen Interessen, Erlebnissen, Freunden, Themen. Sie haben außerdem im Lauf der Zeit viele andere Möglichkeiten entwickelt, sich ihrer Zuneigung und Verbundenheit zu vergewissern.

Wie viel Sex braucht die Liebe überhaupt? Laut aktuellem Sex Survey des Kondomherstellers Durex tun es die Deutschen im Schnitt 147 Mal im Jahr, das sind zwei- bis dreimal die Woche. Viele Langzeitpaare kommen vermutlich auf eine weit geringere Quote, denn im Lauf der ersten fünf Jahre einer Beziehung sinkt die Koitusfrequenz dramatisch, haben Untersuchungen ergeben. Kein Grund zur Beunruhigung, sondern ein ganz natürlicher Prozess, erklären Psychologen. Die Abnahme der sexuellen Aktivität scheint guten Beziehungen tatsächlich nicht weiter zu schaden. In wissenschaftlichen Befragungen zählten zufriedene Dauerpaare den Sex keineswegs zu den wichtigen Faktor in ihrer Beziehung. Als Glücksgaranten für eine lange Partnerschaft nannten sie vielmehr Dinge wie Vertrauen, gemeinsam lachen, gegenseitigen Respekt oder Geborgenheit. Guten Sex bezeichneten sie als Sahnehäubchen, jedoch nicht als entscheidend für die Liebe. Glücklich ist also nicht unbedingt, wer möglichst häufig mit dem Partner das Laken teilt. Frisch Verliebte mögen diese wissenschaftlichen Erkenntnisse wenig beeindrucken, ihr Leidensdruck wird durch sie nicht gelindert. Fernliebende, die sich schon lange kennen, sind durch sie eine Sorge los: Sie müssen sich keine Gedanken mehr machen, dass etwas mit ihrer Beziehung nicht stimmt, wenn sie nicht ständig scharf aufeinander sind. Was nicht heißt, dass sie körperliche Nähe nicht vermissen würden. In einer Umfrage der Gesellschaft für rationelle Psychologie für die Zeitschrift »Elle« beklagten 93 Prozent der befragten Liebespendler den Mangel an Zärtlichkeit. Wohlgemerkt: in den Arm genommen werden, schmusen, küssen – nicht kopulieren.

Diese Erkenntnisse sollten Langzeitpaare keineswegs zum Anlass nehmen, dem Sex jegliche Aufmerksamkeit zu entziehen. Dazu tut er uns zu viel Gutes. Körperliche Lust schenkt Befriedigung, er lässt auch langjährige Lebenspartner immer wieder spüren, wie nah sie sich sind, und er bestätigt uns, dass der andere uns noch liebt und begehrt. Sein Sexleben veröden zu lassen, könnte sich bitter rächen. Denn Sex macht zwar keine Liebe, aber er kann sie zerstören. Eine sexuelle Krise sollte niemand auf die leichte Schulter nehmen. Natürlich gibt es Paare, die sogar ganz ohne physische Liebe auskommen und sie durch andere sinnliche Erlebnisse wie essen, Sport, Musik hören oder schmusen ersetzen. Doch für die meisten Menschen gehört Sexualität zu einer glücklichen Beziehung. Klappt es im Bett nicht mehr so, wie beide wollen, wird es kritisch. Psychologen haben festgestellt, dass die schönste Nebensache der Welt plötzlich zum wichtigsten Thema in einer Partnerschaft wird, wenn ein Partner unzufrieden ist. Verliert der eine zum Beispiel dauerhaft die Lust, fühlt sich der andere abgelehnt, verletzt, um seine Befriedigung gebracht. Frust macht sich breit und verpestet die Atmosphäre in der Beziehung. Auf diese Weise ist schon manche Partnerschaft in die Brüche gegangen.

In einer Fernbeziehung kommt die Zärtlichkeit eindeutig zu kurz. Auf der anderen Seite tun sich ganz neue Chancen und Möglichkeiten für ein befriedigendes Sexleben auf.

Sex nach Kalender

Samstag ist Sextag. So halten es viele Wochenendpaare. Weil vieles, was sie sich fürs Wochenende vorgenommen hatten, bereits erledigt ist, sie sich ein bisschen von der Arbeitswoche erholt haben und weil sie sonntagabends oft schon wieder auseinander gehen. Sich einen Abend fest für Lust und Leidenschaft zu reservieren, ist kein Fehler. Paaren, die viel um die Ohren haben, wird das von Therapeuten sogar regelrecht empfohlen. Wer sieben Tage die Woche für seine Sexplanung zur Verfügung hat, kann diesen Termin allerdings auch mal spontan verschieben, weil der Bauch kneift, die Eltern zu Besuch sind oder die rechte Lust fehlt. Für Fernliebende ist Spontaneität ein Fremdwort. Für sie heißt es Lust auf Befehl entwickeln, es sei denn, sie verzichten für dieses Mal auf das Vergnügen, was leicht zu Verdruss führen kann. Ein Wochenende hat sie ihre Tage, das nächste ist er zu schlapp, das darauf wollten sie die Nächte bei ihrer Schwester auf der Wohnzimmercouch verbringen. Schwups, ist ein Monat ohne Sex vorbei und mindestens einer von beiden sauer. Vermeiden lässt sich das nur mit wohl durchdachter – genau: Planung.

Fünf Tage ohne Körperkontakt. Die Stimme des anderen hören, ohne ihn sehen, ihn berühren zu können. Fünf Tage darben. Für frisch Verliebte ist es die reine Folter. Für Langzeitpaare kann es der Kick sein, auf den sie lange gewartet haben. Plötzlich ist es wieder etwas Besonderes, den anderen neben sich im Bett zu spüren, in den Genuss seiner warmen, weichen Haut zu kommen, seinen Duft einzuatmen. Es ist wieder aufregend, seinen Körper zu erkunden und mit ihm zu verschmelzen. Die räumliche Trennung wirkt auf manche Fernliebende wie ein Aphrodisiakum und küsst die Leidenschaft wach, die in vielen Jahren des Zusammenlebens längst in einen Dornröschenschlaf gefallen war.

Sehnsucht nach Berührung: Selbstmassagen

Manchmal ist es kaum auszuhalten. Da kribbelt die Haut regelrecht vor Verlangen nach Streicheleinheiten. Man stellt sich vor, wie die Hand des Liebsten über den nackten Rücken wandert, sanft über Gesicht und Haare streicht. Wenn er jetzt nur da wäre ... Dieses Wohlgefühl, das uns durchfließt, wenn wir die Hände des Partners auf unserer Haut spüren, ist mit nichts zu vergleichen. Würde die Mehrzahl der Fernliebenden sich sonst so danach verzehren?

Berührungen machen uns nicht nur glücklich und zufrieden, sie sind auch gesund. Ohne Körperkontakt geht der Mensch zu Grunde, sagen Forscher. Babys, die niemals berührt werden, sterben. Die positive Wirkung von Streicheleinheiten ist wissenschaftlich erwiesen: Unser Gehirn schüttet Endorphine, sprich Glückshormone aus, der Blutdruck sinkt, die Immunabwehr wird gestärkt, die Muskeln entspannen. Körper und Seele tanken Energie.

Ist der Partner nicht zur Stelle, um einen mit dieser Energie zu versorgen, muss man wohl oder übel zur Selbsthilfe schreiten. Wer sein Glück in fremde Hände legen möchte, gönnt sich jede Woche einen Massagetermin. Selbstversorger greifen zu Bodylotion, Massageöl und Sisalhandschuh: Wollen sie sich Gutes tun, nehmen sie sich beim Eincremen nach dem Duschen mehr Zeit als gewöhnlich oder verwöhnen abends vor dem Fernseher ihre Füße mit einer Massage. Obwohl man selbst aktiv werden muss, schenken Selbstmassagen neue Energie und Wohlbefinden.

Glück allein: Selbstbefriedigung

Fast jeder tut es, egal ob Single oder fest liiert. Männer waren schon immer bekennende Anhänger des lustvollen Alleingangs, und inzwischen stehen laut einer Studie der Uni Bonn auch 86 Prozent der Frauen zu ihren lange verheimlichten Solotrips. Zumindest in einer anonymen Befragung leugnen sie nicht mehr, sich selbst zu befriedigen. Direkt darauf angesprochen, winken die meisten immer noch pikiert ab: »Ich doch nicht!« Allen, die nachts allein im Bett liegen, also Singles und Fernliebenden, gesteht man die selbst gemachte Lust selbstverständlich gerne zu – die haben es nötig, die Armen. Irgendwie müssen die ja auch zu ihren Orgasmen kommen.

Warum hat Selbstbefriedigung eigentlich einen so schlechten Ruf als Sex für Einsame, Enttäuschte oder Vernachlässigte? Warum würden wir eher einen Seitensprung zugeben als erzählen, dass wir uns gestern Abend selbst einen großartigen Orgasmus beschert haben? Selbstbefriedigung entspannt und tut durch und durch gut. Sie bedeutet Lust und Genuss. Höchste Zeit für einen Imagewechsel.

Weil ich es mir wert bin!

Solosex ist kein Ersatzsex für alle Frustrierten dieser Welt, sondern eine eigene erotische Spielart. Ein Lustgewinn auch für die, die in einer festen Beziehung leben und regelmäßig mit dem Partner auf ihre Kosten kommen. Sex zu zweit macht natürlich immer noch am meisten Spaß, aber es hat sich gezeigt, dass viele Frauen und Männer ihre intensivsten Orgasmen erleben, wenn sie selbst Hand anlegen, weil sie keine Rücksicht auf die Bedürfnisse eines Zweiten nehmen müssen, sondern sich ganz auf die eigene Lust konzentrieren können und sie nicht auf die Tagesform des Partners angewiesen sind. Und weil jeder selbst am besten weiß, was sein Körper braucht.

Starkes Solo – gut für die Liebe zu zweit

Long-Distance-Liebende haben unter der Woche Zeit und Muße, ihre Masturbationstechnik zu vervollkommnen. Wie kann ich mit der Atmung meinen Orgasmus verstärken? Welches Accessoire verschafft mir ungewohnte Reize? Wie kann ich Druck und Rhythmus variieren? Die lustvolle Beschäftigung mit dem eigenen Körper ist das ideale Training für den Sex zu zweit. Natürlich nur, wenn man seinen Partner an seinen neuen Entdeckungen teilhaben lässt, indem man ihm davon berichtet. Selbstbefriedigung nimmt uns nicht den Appetit auf Liebesspiele mit dem Partner. Sie macht höchstens Lust auf mehr.

Accessoires der Lust

Die eigene Hand, der Duschkopf, ein bestimmtes Kissen – jeder hat beim Masturbieren sein »Lieblingswerkzeug«. Viele Frauen greifen auch gerne zum Dildo oder Vibrator.

Dildos (unbeweglich) und Vibratoren (vibrieren auf Knopfdruck) gibt es in verschiedenen Formen, Materialien und Größen. Bei Vibratoren kann man zwischen Batteriebetrieb und Saft aus der Steckdose wählen. Achten Sie unbedingt auf langlebige Akkus oder Batterien, damit der Einsatz des Spielzeugs nicht zu einem kurzen Vergnügen wird. Für beide gilt: Das kostspieligere Modell muss nicht immer das bessere sein, denn die Geschmäcker sind verschieden. Der einen Frau reicht ein schlichtes, zigarrenförmiges Modell, die nächste greift lieber zur aufwändig gestalteten Kunstfigur. Es spricht nichts dagegen, sich mehrere Modelle zuzulegen – man hat ja auch nicht nur eine CD im Regal stehen. Wem der Besuch im Sexshop unangenehm ist, der bestellt sich sein Sexspielzeug ganz diskret im Internet. Die Ware wird dann neutral verpackt nach Hause geliefert.

Gesehen hat jeder schon mal einen Dildo oder einen Vibrator. Aber wie benutzt man die Dinger eigentlich? Ein Dildo ist wie eine Art Silikonpenis. Und so setzt man ihn auch ein – man führt in ein und simuliert die Bewegungen beim Koitus. Achtung: Nicht gleich beim ersten Mal einen XXL-Dildo mit ins Bett nehmen. Das könnte einem den Spaß verderben.

Vibratoren sind echte Orgasmuswunder. Im Gegensatz zum Dildo sind sie nicht unbedingt zum Einführen gedacht. Tatsächlich benutzen die meisten Frauen sie ausschließlich äußerlich zur Stimulation ihrer Klitoris. Einfach gegen die geschlossenen Schamlippen pressen, mal fester, mal weniger fest und mit dem entsprechenden Regler dabei die Vibrationsgeschwindigkeit variieren, bis der Orgasmus kommt. Und der kommt garantiert. Der Höhepunkt kann sich intensiver anfühlen als beim Sex mit dem Partner, weil die Klitoris sehr gezielt stimuliert wird. Die Annahme, Frauen könnten vom Vibrator abhängig werden und ohne ihn nicht mehr zum Orgasmus kommen, stimmt übrigens nicht. Was viele vergessen: Der Vibrator eignet sich auch zum Accessoire fürs Doppel im Bett. Kommt der Liebste am Wochenende zu Besuch, vergraben Sie das gute Stück also nicht in der Wäscheschublade, sondern genießen Sie seine Dienste. Auch die männlichen erogenen Zonen reagieren höchst erfreut auf die Vibrationen des Joysticks.

Sexuelle Fantasien

Im Träumen haben Fernliebende Übung: Jeden Tag fantasieren sie sich den Partner herbei. Ihre gut trainierte Imaginationskraft sollten Distanzpartner auch beim Solosex zum Einsatz bringen, denn Selbstbefriedigung wird erst durch Fantasien zum hocherotischen Erlebnis. Ein Solo ohne die passenden Bilder im Kopf ist wie Oper ohne Ton. Erotische Tagträume sind unübertroffene Lustspender. Sie wecken unser Verlangen, steigern unsere Erregung und tragen uns zum Orgasmus. Sie können eine U-Bahnfahrt zum Abenteuer machen, berauschen uns beim Solosex und helfen, die Sehnsucht nach dem fernen Partner zu stillen.

Sexuelle Fantasien kommen auf Bestellung oder fliegen uns einfach zu. Inspiriert von einer Filmszene oder dem vollendet geformten Hals einer fremden Frau. Sie erzählen ganze Geschichten oder zeigen nur ein Körperteil in Nahaufnahme, einen einzelnen Kuss oder einen schön geformten Körper ohne Gesicht. Sie sind die Fortsetzung dessen, was wir in einer Nacht mit dem Partner erlebt haben oder führen uns neue Liebhaber zu. Man kann sich mit romantisch-leidenschaftlichen Geschichten über seine Einsamkeit hinwegtrösten, sich den Partner herbeiträumen und von ihm in Gedanken verwöhnen lassen, Eroberungen machen und sich erobern lassen.

Vieles, was sich in unseren Fantasien abspielt, werden wir nie wirklich erleben, weil beim Kopfkino unsere Begierde Regie führt und alles so abläuft, wie wir es bestimmen. Und weil wir beim Fantasieren alles kriegen, was wir wollen, egal, ob das nun George Clooney ist oder Jennifer Lopez, Sex auf dem Schreibtisch des Chefs oder bei einer Party hinter der Bar. Das Tollste ist, wir müssen nichts dafür tun. Einfach auf Start drücken, und schon erleben wir die unglaublichsten Sachen.

Lust ohne Regeln

Das Kopfkino ist eine endlose Spielwiese, auf der jeder tun und lassen kann, was ihm beliebt. Sex mit einem ganzen Football-Team, vier Pamela-Andersen-Klonen hintereinander oder mit der Frau des besten Freundes – Träume werden von keiner Zensurbehörde überwacht. Jeder darf seiner Fantasie freien Lauf lassen. Der Mann auf dem Nachbarsitz im Flugzeug, die hübsche Kundin: Beim Sex im Kopf bestimmen wir die Hauptdarsteller und schreiben das Drehbuch. Das darf romantisch sein oder schmutzig, wild oder verrucht. Für manche liegt der Reiz im Verbotenen oder in der Gefahr, für andere im Unerreichbaren. Es geht um pure Lust, nicht um Vernunft, Moral oder die Grenzen des guten Geschmacks.

Angst vor seinen Fantasien braucht niemand zu haben. Sie offenbaren nicht unsere Abgründe und decken keine verdrängten Wünsche auf. Eine Frau will nicht vergewaltigt werden, weil sie gewaltsamen Sex im Kopfkino genießt. Ein Mann will nicht sämtliche Teilnehmerinnen eines Model-Wettbewerbs beglücken, nur weil ihn diese Vorstellung erregt. Und fantasierter schwuler oder lesbischer Sex ist nicht zwingend der Beweis für eine verdrängte homoerotische Neigung. Es besteht auch kein Grund, seine Träume auf moralische Unfehlbarkeit hin abzuklopfen. Wir betrügen unseren Partner nicht, wenn wir beim Tagträumen nicht ihn zum Objekt unserer Begierde erwählen, sondern uns mit anderen Liebhabern vergnügen. Im Gegenteil: Eine lebendige Fantasie kann den Sex mit dem Partner bereichern.

Soll man dem Partner seine Fantasien erzählen?

Fantasien zu beschreiben, als Vorspiel oder per Telefon bzw. E-Mail, als Begleitmusik zum Masturbieren, kann sehr erregend sein. Viele Männer und Frauen stellen sich in ihren erotischen Tagträumen allerdings Praktiken vor, die sie dem Partner nicht erzählen können oder wollen. Tatsächlich sollte sich jeder gut überlegen, wie viel Offenheit der Partner verkraftet – und was das Erzählte bei ihm auslösen könnte. Ist sie sehr eifersüchtig, wird es sie eher beunruhigen zu erfahren, wie ihr Liebster es mit seiner attraktiven Kollegin auf dem Kopierer tut. Da kann er hundertmal beteuern, dass das mit der Wirklichkeit nichts zu tun hat. Seine Begeisterung hält sich ebenfalls in Grenzen, wenn sie genüsslich vor ihm ausbreitet, wie sein Fußballkumpel es ihr in der Umkleide vor der ganzen Mannschaft besorgt oder der schöne Zahnarzt auf eine ausgefallene Art für Entspannung auf dem Behandlungsstuhl sorgt. Potenziellen Erzählstoff sollten Sie also gut auswählen. Und ehe man beim Partner Verlust- oder Versagensängste provoziert, ist es besser zu genießen – und zu schweigen.

Kann man Sex-Träume wahr werden lassen?

Das hängt von der Fantasie ab. Bei neuen Stellungen oder Sex im Park spielt der Partner vermutlich mit. Anders ist das mit ausgefalleneren Träumen wie einem Dreier oder einem Besuch im Swingerclub. Die sind nicht unbedingt jedermanns Sache. Viele sexuelle Fantasien haben außerdem mit unserem realen Sexleben nichts zu tun, weil der Partner darin nicht vorkommt (was beim »echten« Sex wünschenswert wäre) oder ein Personal, dem man im wahren Leben lieber nicht begegnen möchte (Sexorgie mit einem Rudel Hells Angels, eine Stunde Drill bei einer Domina …). Das macht sie umso aufregender. Wer sich nur Fantasien gestattet, die er eins zu eins mit dem Liebsten umsetzen kann, der hat das Potenzial dieser Form, Lust zu erleben, bei weitem nicht ausgeschöpft.

Technisches Hilfswerk: Sex auf Distanz

Auf die körperliche Vereinigung beim Sex müssen Fernliebende unter der Woche verzichten. Trotzdem können sie den Weg zum Gipfel der Lust gemeinsam gehen. Es gibt schließlich keinen Grund, über Telefon und Computer nur jugendfreie Konversation zu betreiben.

Telefon-Sex: Die private Hotline

Am Anfang ist da die Verlegenheit. Es kostet die meisten Einsteiger in diese Spielart der Sexualität zunächst einige Überwindung, anatomische Details und sexuelle Handgreiflichkeiten per Telefon an den Liebsten weiterzugeben. Wie kann man in so ein Gespräch einsteigen? Klingt meine Stimme erotischer, wenn ich sie eine Tonlage tiefer lege? Was passt zu mir, ein politisch korrektes, ein lyrisch umschreibendes oder ein deftiges Vokabular? Was erzähle ich meinem Partner überhaupt? Das Schöne am Telefonsex ist: Alles ist erlaubt. Jeder muss nur herausfinden, was ihn am meisten antörnt.

Wer noch nie ein erotisches Hörspiel inszeniert hat und sich vor einer Blamage oder einem Lachkrampf fürchtet, kann mit Trockenübungen anfangen. Am besten eignen sich erotische Erzählungen für den Testlauf (zum Beispiel Benoîte Groult: »Schamlos. Erotische Geschichten«, Anaïs Nin: »Das Delta der Venus«). Setzen Sie sich an einem ruhigen Abend gemütlich aufs Sofa oder ins Bett und lesen Sie sich die heißesten Szenen aus den Geschichten laut vor. Wenn es richtig zur Sache geht, können Sie mit Stimme und Modulation experimentieren, als hätten Sie einen Zuhörer, der nur durch Ihre Art zu erzählen verrückt vor Lust werden soll. Mit der Zeit findet man seinen persönlichen Stil und entscheidet, welche Wörter ins eigene Sex-Talk-Vokabular aufgenommen werden. Die Lesestunden können Sie auch an gemeinsamen Wochenenden abhalten. Dazu lesen Sie sich immer abwechselnd Passagen vor und sprechen hinterher darüber, welche Stellen Sie besonders erregt haben (falls Sie danach noch zum Reden kommen ...).

Für intensiven Telefonsex suchen Sie sich am besten einen ungestörten Ort, damit Sie sich ganz auf dieses Erlebnis konzentrieren können. Am gemütlichsten ist es natürlich im Bett. Rollenverteilung und Inhalte der Gespräche sind ganz verschieden. Einer beschreibt eine Fantasie, die er heute hatte oder beide erzählen abwechselnd, was der andere in ihrer Vorstellung gerade mit ihnen macht. Die Dramaturgie solcher gemeinsamen Fantasien ergibt sich von ganz allein. Einmal eingestiegen, muss man nicht mehr lange über den nächsten Schritt nachdenken. Vielleicht treibt auch nur einer den Ablauf voran, und der andere fragt nach. »Was machst du mit deiner Zunge?« »Wo ist meine Hand?« »Wie fühlt sich das an?« Meistens masturbieren die Partner während des Telefonats, denn vom Reden allein kommen die wenigsten zum Höhepunkt.

Für Telefonsex gilt das Gleiche wie für die Selbstbefriedigung: Er ist kein billiger oder anrüchiger Ersatz für »richtigen« Sex, sondern eine Erweiterung des persönlichen sexuellen Repertoires. Und wie von der Selbstbefriedigung profitiert der gemeinsame Sex auch hier, weil die Partner dabei lernen, vollkommen frei und offen über ihre Empfindungen und Wünsche zu sprechen.

Post für Dich: E-Mails

Eine andere Spielart von Sex auf Distanz ist der erotische Schriftverkehr per Computer. Das Spannende am Schreiben ist die Anonymität. Es ist, als trügen die Partner eine Maske. Man weiß, wer dahinter steckt, aber weil man ihn nicht sieht, gibt es keine Hemmungen. Am Computer wagen viele zum ersten Mal Dinge auszusprechen, die ihnen im Halse stecken bleiben würden, müssten sie dem Partner dabei ins Gesicht blicken. Das ist die große Chance, neues sexuelles Terrain zu erobern und seine geheimsten Wünsche zu offenbaren.

Beim Mailen ist alles möglich: Ein erotischer Dialog wie am Telefon, oder man denkt sich – einen Abend schreibt der eine Partner, am nächsten der andere – gemeinsam einen erotischen Fortsetzungsroman aus. Keine Weltliteratur, sondern eine Fantasie, für die man niemandem Rechenschaft ablegen und die niemand anderem als einem selbst gefallen muss. So mancher hat beim Schreiben mit Erstaunen festgestellt, welches kreative Potenzial in ihm steckt. Ob ein Paar die Inhalte solcher E-Mails später in die Realität umsetzt oder als Fantasie für den Solosex benutzt, bleibt jedem selbst überlassen.

Erotische Wünsche – Let's talk about Sex!

Abends, allein im Bett, verbringen Fernliebende viel Zeit mit Träumereien. Was würden wir tun, wenn er oder sie jetzt hier wäre? Im Kopfkino spielen sie eine Szene aus einem Buch oder einem Film nach, lassen die Fantasie erregende Bilder entwerfen. Und denken sich irgendwann: Das könnten wir eigentlich mal ausprobieren. Jetzt braucht man dem Partner die Idee nur noch zu erzählen. Und genau da liegt das Problem. Wenn das nämlich mal so einfach wäre. Wir beichten einander peinvolle Niederlagen im Job und auf dem Sportplatz, der andere darf Händchen halten, wenn wir uns beim Magen-Darm-Infekt die Seele aus dem Leib würgen. Nichts ist uns zu peinlich – außer offen über unsere sexuellen Wünsche zu sprechen. Warum diese Hemmungen? Die einen haben Angst davor, was der Partner denken könnte, wenn sie auspacken. Könnte doch sein, er hält einen für sexbesessen, glaubt, dass man Pornohefte konsumiert oder die Wochentage nutzt, um sich Anregungen in fremden Betten zu holen. Die anderen haben Angst sich zu blamieren, mit ihren Wünschen abzublitzen oder den Partner zu schockieren. Schade eigentlich, denn das Sexleben wird um einiges befriedigender und aufregender, wenn man den Mut hat, den Schleier über seinen geheimen Wünschen zu lüften.

Wünsch dir was

Wer einmal die Hemmschwelle überwunden hat, merkt schnell, dass der Partner ganz anders auf erotische Lippenbekenntnisse reagiert als erwartet. Die meisten sind froh zu erfahren, was den anderen im Bett beflügelt. Das ist alles eine Sache der richtigen Vermittlung.

Der Ort für Gespräche über Sex ist nicht das Bett. Viel entspannter redet es sich bei einem langen Spaziergang im Park oder bei einem gemeinsamen Entspannungsbad. Bevor Sie mit neuen Ideen herausrücken, sollten Sie dem Partner erst einmal erklären, wie sehr Sie den Sex mit ihm genießen (selbst wenn er sich redlich, doch leider oft vergeblich darum bemüht, Sie in höhere Sphären der Lust zu katapultieren). Sie möchten Ihren Partner ja nicht verletzen, sondern für neue

Lustbarkeiten gewinnen. Formulieren Sie Wünsche nicht als Forderung, sagen Sie lieber: »Ich habe mir etwas ausgedacht/etwas gesehen, das würde ich gerne mal mit dir ausprobieren.« Am besten, Sie beschränken sich auf einen Wunsch pro Gespräch. Der Partner könnte sich – und das zu Recht – überfordert fühlen, wenn er gleich einen ganzen Katalog an Stellungen und Spielchen vorgelegt bekommt. Die Wunschliste können Sie wunderbar auf viele herrliche Wochenenden verteilt abarbeiten. Nur für Frauen: Männer sind überglücklich, wenn ihre Partnerin ihnen verrät, was sie zum Abheben bringt, doch leider sind sie auch bequem und vergessen das Gehörte schnell. Erinnern Sie ihn ruhig immer wieder daran. Gute Gelegenheit dazu bietet ein erotischer »Spieleabend«: Immer abwechselnd dürfen beide sich wünschen, was als Nächstes im Bett passiert. So lernen Sie stress- und streitfrei, was dem Partner den höchsten Genuss bereitet. Sie haben Angst, der Liebste könnte bei einem Wunsch in Gelächter ausbrechen oder entsetzt das Weite suchen? Fallen Sie nicht gleich mit der Tür ins Haus, sondern nehmen Sie einen Umweg über eine Filmszene oder ein Foto. »Guck mal, wie findest du das Foto?« »Kennst du die Szene …« Wie reagiert der andere auf das Erzählte oder Gezeigte? Ist er gerade in Stimmung für gewagte Experimente? Je nach Reaktion können Sie das Gespräch vertagen oder zum Kern der Sache kommen. Übrigens: Dem Partner kommentarlos ein Buch aufs Kopfkissen zu legen ist zwar ein guter Einstieg, aber kein Ersatz für ein offenes Gespräch.

Es ist durchaus möglich, dass Ihr Partner nicht auf jeden Wunsch begeistert reagiert, weil er Analsex abstoßend und Sex im Auto pubertär findet und einen Dreier schlicht für eine Zumutung hält. Aber da die meisten Wünsche viel »harmloser« sind, muss man nicht allzu oft mit einer Abfuhr rechnen. Und: Vielleicht kommt er nach längerer Bedenkzeit doch noch auf den Geschmack und will das Verwehrte irgendwann ausprobieren.

»Heute nicht, Liebling!« – Wenn einer keine Lust hat

Das darf ja wohl nicht wahr sein! Die ganze Woche hat man sich gesehnt – nach dem Duft ihrer Haare, den Berührungen seiner Hände, dem Gefühl nackter Haut auf dem Körper, diesem Kribbeln, das durch und durch geht, wenn die Erregung steigt, hat sich ausgemalt, wie man den anderen verführt und der einen verwöhnt. Und nun das: Die Lust ist weg! Einfach so. Was tun? Mitmachen, weil der andere in Stimmung ist und weil der Appetit ja manchmal beim Essen kommt? Oder es für dieses Mal bleiben lassen und das Ganze aufs nächste Treffen verschieben? Eigentlich wäre einem das die liebere Variante. Aber wie reagiert der Partner? Sauer? Enttäuscht? Und was, wenn die Lust sich beim nächsten Wiedersehen nicht zurückmeldet?

Für Fernliebende ist Lustlosigkeit ein besonders heikles Thema. Sie stehen unter einem weit größeren Erwartungsdruck als ständig zusammenlebende Paare. Je größer der Abstand zwischen zwei Treffen, desto größer auch die Sorgen, die man sich bei einem Totalausfall der Libido macht. »Wir sehen uns so selten, da muss man einfach Sex haben.« Jeder glaubt vom anderen, er erwarte, dass etwas im Bett passiert. Meistens sind beide insgeheim überzeugt: Wenn einer keine Lust hat, stimmt etwas nicht mit der Beziehung, mit einem selbst. Für beide Partner ist das ein Dilemma. Der Lustlose fühlt sich unter Zugzwang: Nur den anderen nicht enttäuschen! Aber deshalb Begierde vortäuschen, weil es Leidenschaft auf Befehl nun mal nicht gibt? Der Sex wird so garantiert nicht zum Freudenfest. Ringt der eine sich zu einem ›Nein‹ durch, ist der Abgewiesene oft tatsächlich enttäuscht, verletzt oder beunruhigt. Liebt sie mich nicht mehr? Geht er fremd oder sind wir uns fremd geworden? Die Reaktion ist laut Psychologenmeinung nur zu verständlich: In einer Fernbeziehung ist man leichter zu verunsichern als in anderen Lebensformen. Wo die tägliche Nähe fehlt, fehlt die ständige Bestätigung der Liebe und damit oft die Sicherheit. Da können die Partner noch so häufig telefonieren oder sich E-Mails schicken. Zieht der eine sich eine Zeit lang von der erotischen Spielwiese zurück, löst das beim anderen Katastrophenalarm aus.

Entwarnung für alle Nah- und Fernliebenden: Jedes Paar macht, egal ob es in einer Wohnung oder auf zwei Städte verteilt lebt, sexuell abstinente Phasen durch. Vor allem, wenn die Partner schon länger zusammen sind und die erste Leidenschaft abgekühlt ist. »Du Liebling, heute nicht« – jeder hat diesen Satz schon zu hören bekommen oder ausgesprochen, und das öfter als einmal. Dem Liebesglück muss das keinen Abbruch tun. Selbst längere Auszeiten vom Sex sind ganz natürlich und richten in der Beziehung nicht zwangsläufig Schaden an. Gründe für eine vorübergehende Funkstille im Bett finden sich überall, im Schlafzimmer, im Arbeitsalltag, im privaten Umfeld …

Das lähmt die Libido

Leistungsdruck
Je seltener die Treffen, desto aufregender und außergewöhnlicher soll das erotische Feuerwerk ausfallen. Orgasmen der Superlative müssen her, wenn möglich bei ihr ein multipler, und so intensiv, dass sie ihn nie wieder vergisst. Bei so viel Druck geht die Lust erstmal in Deckung, und statt des erhofften Sex-Spektakels erlebt das Paar im Bett ein Debakel.

Fernbeziehungs-Stress
Freitagabend. Ausgelaugt von der Arbeitswoche und genervt von der stundenlangen Fahrt kommt der Liebespendler zu Hause an. Jetzt nur noch aufs Sofa, ein wenig plauschen und dann ins Bett fallen. Vielleicht noch ein bisschen schmusen und danach in Löffelchen-Stellung einschlafen. Körperliche Nähe und Zärtlichkeit, ja. Körperliche Vereinigung, nein. Samstag und Sonntag muss aufgeholt werden, was andere unter der Woche gemeinsam erleben und erledigen. Freunde und Familien treffen, Sport machen, zusammen shoppen gehen, die Steuerunterlagen durchsehen … Zeit und Energie für Begehren und erotische Lustbarkeiten bleiben da manchmal nicht mehr übrig.

Der ganz normale Alltag
Für niemanden ist das Leben ein ewig währender Urlaub, und manchmal ist es so anstrengend, dass die Lust auf der Strecke bleibt. Prüfungen an der Uni, Ärger mit den Kollegen, der Kontoauszug meldet eine

akute Finanzkrise, beide Partner sammeln mehr Überstunden, als sie je werden abfeiern können. Ständiger Stress laugt aus und lähmt die Libido. Dafür sorgt die körpereigene Chemie: Das Stresshormon Cortisol blockiert das Gefühlszentrum im Gehirn und verhindert, dass die Lusthormone Oxytocin und Serotonin gebildet werden.

Krach statt Küsse

Heiße Diskussionen oder ein kurzes Beziehungsunwetter heizen der Liebe ein. Liegt jedoch ununterbrochen Streit in der Luft, macht sich die Lust aus dem Staub. Auch wenn ein Partner dauerhaft unzufrieden oder unglücklich mit der Beziehung ist, steht ihm der Sinn gewiss nicht nach Hingabe und Zärtlichkeit. Wer sich allein gelassen fühlt, vernachlässigt oder nicht genug geliebt, der zieht sich im Bett auf seine Seite der Matratze zurück. In so einer Situation wollen vor allem Frauen Gespräche und keinen Orgasmus.

Das falsche Programm

Immer die gleichen Handgriffe in immer der gleichen Reihenfolge. Weil man es schon immer so gemacht hat. Und weil es so effektiv ist: Sie weiß, wie sie ihn auf Touren bringt und er, wo er wie Hand anlegen muss, um sie über die Ziellinie zu bringen. Jedes Mal das gleiche Programm bedeutet zwar Vertrautheit, aber Routine heißt auch Langeweile, und die narkotisiert die Libido wie ein langsam, aber stark wirkendes Schlafmittel. Immer wieder anders, aber immer wieder falsch: Auch wer im Bett nie die Befriedigung erlebt, nach der er sich sehnt, widmet sich mit sinkender Begeisterung dem Liebesspiel.

Schmusekurs

In einer Beziehung will man einander möglichst nahe sein und so schaffen viele Partner alles beiseite, was sie voneinander trennt – unterschiedliche Freunde, Meinungen, Hobbys ... Das Ziel: die totale Verschmelzung zu einer Einheit. Das Problem: Je mehr Distanz und Fremdheit verschwinden, desto mehr verschwindet auch die erotische Spannung. Aus Geliebtem und Geliebter werden Brüderchen und Schwesterchen. Und die haben normalerweise keinen Sex miteinander.

Ausgereizt

Von morgens bis abends Sex. In Zeitschriften führen halb nackte Models in sinnlichen Posen Düfte oder Designer-Outfits vor. Frauenmagazine präsentieren Verrenkungen aus dem Kamasutra, die man unbedingt beherrschen sollte, um im Wettkampf der Super-Lover und Sexgöttinnen mithalten zu können. Im Kino darf man zwei blendend aussehende, perfekt gebaute Hauptdarsteller (die in den Nahaufnahmen von noch perfekter gebauten Bodydoubles vertreten werden) bei ihrer atemberaubenden Sex-Performance bewundern. Ausgesprochen ästhetisch, sehr aufreizend, finden die meisten. Aber genug Sex für einen Tag.

Er will, aber kann nicht

Mitten im Liebesspiel passiert es: Sein bestes Stück versagt den Dienst. Wiederholt sich das öfter, schieben viele Männer von nun an Lustlosigkeit vor. Das kann ihr Mannesstolz besser verkraften als die Kraftlosigkeit ihres Sexualorgans. Und so ganz gelogen ist es nicht mal: Hat ein Mann Angst, als Schlappschwanz dazustehen, vergeht ihm tatsächlich die Lust am Sex.

Keine Lust – wie sag ich's nur?

Keine Lust auf Vanilleeis, keine Lust auf Fußball, keine Lust auf Sex. Kann vorkommen. Anstatt sich in faule Ausreden zu flüchten, ist es besser, dem Partner geradeheraus zu sagen: »Ich bin heute nicht in der richtigen Stimmung. Tut mir Leid.« So eine Absage muss der andere aushalten können, egal, wie groß seine Lust ist. Eine glückliche Beziehung verkraftet ein ›Nein‹ im Bett locker – so lange der Grund dafür wirklich Lustlosigkeit ist und man dem anderen nicht nur heimzahlen will, dass er nicht zum Geburtstag der Mutter mitkommen wollte oder einem die Laune bei der Bike-Tour verdorben hat. Sexentzug als Druck- oder Strafmittel, da vergeht beiden der Spaß im Bett.

Wichtig für den Abgewiesenen: Das ›Nein‹ nicht persönlich nehmen. Meistens hat eine Abfuhr nichts damit zu tun, dass der Partner einen nicht mehr begehrenswert findet oder liebt. Das gilt auch für den

Fall, dass es nicht bei dem einen Mal bleibt und sich das Lust-Tief scheinbar endlos zieht.

Gerade keinen gemeinsamen Sex haben heißt nicht, ihn von der Gesprächsthemenliste zu streichen. Um sich in einer Phase der Lustlosigkeit gegenseitig die nötige Sicherheit zu geben, müssen vor allem Fernliebende eines tun: reden, reden, reden. Statt sich beleidigt in den Schmollwinkel zu verziehen oder stillschweigend absurde Seitensprungtheorien aufzustellen, sollten Sie den anderen in ruhigen Stunden außerhalb des Schlafzimmers immer wieder auf das Thema Sex ansprechen. Erzählen Sie einander, wie Sie sich fühlen (»Ich habe ein schlechtes Gewissen, weil du unter meiner Lustlosigkeit leiden musst.«), welche Ängste Sie plagen (»Ich habe Angst, dass du dir woanders holen könntest, was ich dir zurzeit nicht bieten kann.«), welche Wünsche Sie haben (»Vielleicht können wir ein Wochenende verreisen, du braucht vielleicht nur mal eine andere Umgebung.«). Sprechen Sie auch über eingebildete Anforderungen und Erwartungen (»Ich habe immer das Gefühl, du willst es die ganze Nacht lang tun, wenn wir uns sehen.«). Nichts ist schlimmer, als wenn Sie dem Partner heimlich – und vollkommen zu Unrecht – Affären unterstellen, an der Liebe des anderen zweifeln oder lustlos Lust vortäuschen, wo eigentlich keine ist. Wichtig: In solchen Gesprächen ist auf beiden Seiten absolute Ehrlichkeit gefragt. Nur so kann man gemeinsam Lösungen finden.

Das bringt die Lust zurück

- *Muße statt Muss*
  Erwarten Sie nicht zu viel von den gemeinsamen Nächten. Lassen Sie den Sex auf sich zukommen und genießen Sie, was passiert.

- *Versuch's mal mit Gemütlichkeit*
  Karriere machen ist gut. Vergessen Sie bei der Jagd nach Erfolg aber nicht den Ausgleich, sonst leiden das Leistungsvermögen und die Libido darunter. Entschlacken Sie erst einmal den Terminkalender: Auf welche Verpflichtungen kann ich verzichten, wo habe ich mir zu viel vorgenommen? Halten Sie sich genug Abendstunden für

Entspannung und Regeneration frei. Buchen Sie für diese Zeit je nach Erholungstyp einen Tennisplatz, schreiben Sie sich in einen Yogakurs ein oder sitzen Sie einfach zu Hause und hören Sie Musik. Erlaubt ist alles, was relaxt.

- *Programm-Reform*
  Mama zum Kaffee einladen, das Fahrrad reparieren, Peter und Yvonne treffen, mit den Kindern an den See fahren ... Stopp! Vergessen Sie nicht, am Wochenende ein paar Stunden Zeit für Zweisamkeit zu reservieren, die ergibt sich nämlich nicht von allein. Wer nicht dafür sorgt, dass in seinem Leben Platz für die Lust ist, der kann das Wort Sex aus seinem Wortschatz streichen.

- *Neues Spiel, neues Glück*
  Der Sex ist fad wie abgestandener Kaffee? Die Mühe und der Mut, mit dem Partner offen und ehrlich über seine Wünsche zu sprechen, lohnt sich. Um neue Spannung ins Bett zu bringen, muss man nicht unbedingt ein Dominakostüm anlegen oder sich Publikum ins Schlafgemach laden. Schon kleine Abweichungen vom Standardprogramm können viel bewirken. Eine entspannende (erotische) Massage zum Beispiel oder ein Kuss-Test: Welche Art zu küssen setzt am meisten unter Strom? Sanft oder fordernd, mit geschlossenen oder offenen Lippen, mit oder ohne Zunge, mit einer saftig-süßen Frucht oder sahniger Schokolade im Mund ... Vielleicht lässt man auch öfter mal den Koitus weg und konzentriert sich ganz auf die erregenden Gefühle, die einen durchfluten, wenn der Partner seine Finger und seine Zunge spielen lässt.

- *Fingerspitzengefühl*
  Lust lässt sich nicht herbeizwingen. Vorwürfe, Drohungen, Schmollen oder Forderungen bringen deshalb gar nichts. Auch wer mit Reizwäsche und Dirty Talk in die Offensive geht, erreicht oft das Gegenteil von dem, was er damit bezweckt. Je größer der Druck, desto mehr zieht sich der Partner zurück. Setzen Sie lieber auf Verständnis und Gespräche.

- *Aufbauarbeit*
Lässt sein bestes Stück sich ab und zu hängen, hat das vermutlich einen ganz einfachen Grund: ein Bier zu viel, zu viele Zigaretten, Ärger und Stress im Büro oder er ist um zwei Uhr morgens einfach müde. Vielleicht steckt hinter dem Hänger auch die unbewusste Angst vor einer Schwangerschaft. Fakt ist: Das kann jedem passieren, auch wenn die Kumpels steif und fest behaupten, so was käme bei ihnen nicht vor. Männer sollten nach einer Nullrunde aus dem Sex bloß keine Penis-Leistungsschau machen, sonst kommt er gar nicht mehr hoch. Sinnvoller ist, in Ruhe nachzudenken: Habe ich zu viel Stress? Bin ich sauer auf meine Liebste? Rauche ich zu viel? Fällt einem kein plausibler Grund ein oder begrüßt einen neuerdings nicht einmal mehr die typische Morgenerektion, macht man einen Termin beim Urologen aus. Auf keinen Fall mit Potenzmitteln experimentieren. Schon ein Besuch beim Arzt kann die alte Standfestigkeit und damit auch die Lust auf Sex wiederbringen. Alles über Ursachen und Behandlungsmethoden findet man im Internet unter www.impodoc.de.

- *Wenn gar nichts mehr geht: Sexualtherapie*
Hat der lustlose Partner das Interesse an jeglicher Art von Sexualität verloren, leidet er unter einer so genannten Luststörung. Wer davon betroffen ist, vermeidet jede zärtliche Berührung, entwickelt Angstgefühle und reagiert auf Annäherungsversuche des Partners mit psychosomatischen Beschwerden. Ein Fall für den Experten. Haben Urologe oder Gynäkologe körperliche Ursachen für die Luststörung (zum Beispiel Hormonstörungen, neurologische Störungen, Medikamente, Drogen oder Alkohol) ausgeschlossen, ist eine Sexualtherapie zu empfehlen. Die kann man allein oder als Paar besuchen. In Gesprächen und durch Entspannungsübungen lernen die Partner, ihre Körperwahrnehmung zu verbessern, Ängste und Blockaden abzubauen und offener über ihren Sex zu sprechen. Infos und Beratung bekommt man bei Pro Familia, Tel. 0 69/63 90 02 oder www.profamilia.de, der Deutschen Arbeitsgemeinschaft für Jugend- und Eheberatung, Tel. 0 89/4 36 10 91 oder www.dajeb.de, oder unter www.sexualtherapien.de bzw. www.sexualberatung-sexualtherapie.de.

4. Untreue

»Mir bleibt gar nichts anderes übrig als Tina zu vertrauen. Wir haben uns natürlich versprochen treu zu bleiben. Aber wir sehen uns manchmal drei, vier Wochen nicht, da könnte sie ohne weiteres einen One-Night-Stand haben, ohne dass ich irgendetwas merke. Ich fange gar nicht erst an, mir über so was Gedanken zu machen. Am Ende werde ich noch misstrauisch und unterstelle ihr etwas, wo gar nichts ist.«

Volker, 25

»Ich habe mich für meinen Mann entschieden, und das bedeutet für mich absolute Treue. Da bin ich sehr konservativ. Ein Seitensprung wäre für mich ein Scheidungsgrund. Jeder Mensch hat vermutlich mehr als eine Gelegenheit im Leben, seinen Partner zu betrügen. Aber ich finde, man kann immer ›Nein‹ sagen. Ich sage das nicht aus moralischen Gründen. Für mich sind bestimmte Dinge, und da gehört der Sex dazu, einfach zu intim, um sie noch mit anderen Menschen zu teilen.«

Corinna, 32

»Man soll ja niemals nie sagen, aber einen Seitensprung habe ich mir in dieser Beziehung bislang verkniffen und möchte das eigentlich auch in Zukunft so halten. Wenn herauskäme, dass ich Sabine betrogen habe, das mag ich mir gar nicht vorstellen. Dieser ganze Stress, die Tränen. Und bis man das wieder aus der Welt geschafft hat ... Wobei ich mir nicht sicher bin, ob Sabine mir je verzeihen könnte. Sie weiß, dass ich früher nicht der Treueste war und hat mich vorgewarnt, dass sie sich das nicht bieten lässt. Nein, diesen ganzen Aufwand und das Risiko, Sabine zu verlieren, ist mir ein Orgasmus nicht wert. Ich für meinen Teil würde ihr einen One-Night-Stand auch nicht verzeihen.«

Robert, 38

Wer in einer Fernbeziehung lebt, hat keine Chance sich diesem Thema zu entziehen. Als würde ihnen die Angst vor einem Seitensprung des fernen Partners nicht auch so oft genug durch den Kopf geistern – obendrein bekommen Distanzliebende mit schöner Regelmäßigkeit von besorgten Mitmenschen die Frage zu hören: »Sag mal, hast du nicht Angst, dass da irgendwas passieren könnte?« Damit man sich der Treue seines Liebsten bloß nicht zu sicher ist, geben besonders Wohlmeinende einem zur Warnung gleich noch die neuesten Zahlen mit auf den Weg: »In der ›Allegra‹ habe ich gelesen, dass nur 51 Prozent der deutschen Männer zwischen 25 und 45 Jahren treu sind.« Oder: »Im ›Stern‹ stand, Sozialforscher vermuten, dass 42 Prozent der Frauen ihren Partner betrügen. Und die meisten haben nicht mal ein schlechtes Gewissen dabei.« Dass solche Gespräche nicht eben zum seelischen Gleichgewicht von Fernliebenden beitragen, muss wohl nicht extra betont werden. Dabei betreffen die viel zitierten Prozentzahlen die Gesamtbevölkerung und rekrutieren sich nicht ausschließlich aus Fernbeziehungen. Glaubt man der Statistik, gibt es unter Distanzliebenden im Verhältnis nicht mehr Seitenspringer als in anderen Beziehungen.

Auf immer Dein: Der Traum von der ewigen Treue

Liebe und Treue gehören für die meisten Menschen zusammen wie Brot und Mehl: Das eine kann es ohne das andere nicht geben. Diese Grundhaltung lässt sich demoskopisch belegen: Laut Umfragen der Allensbacher Meinungsforscher ist Treue für 73 Prozent der deutschen Frauen und 65 Prozent der Männer die wichtigste Eigenschaft eines idealen Partners. 80 Prozent erwarten vom eigenen Lebenspartner unbedingte Treue. So weit die Wünsche und Ansprüche. In der Realität kann man sich auf die Treue seines Partners leider nicht unbedingt verlassen, diesen Eindruck legen zumindest die publizierten Zahlen zum Thema Seitensprung nahe. Je nach Studie geben bis zu 65 Prozent der Frauen und bis zu 75 Prozent der Männer in Deutschland zu, in ihrem Leben mindestens einmal fremdgegangen zu sein. Erstaunlich, dass kaum jemand sich durch solche Umfrageergebnisse in seinem Glauben an die große Liebe inklusive Treue erschüttern lässt.

Fakt bleibt, dass Treue für die meisten Menschen, Fernliebende eingeschlossen, absolute Voraussetzung für eine glückliche Partnerschaft ist. Auch viele Psychologen sehen in ihr nicht nur ein romantisches Ideal, sondern ein kostbares, schützenswertes Gut. Seine Sexualität ausschließlich mit dem Partner auszuleben, mache eine Beziehung zu etwas Besonderem, meint etwa der Psychotherapeut Hans Jellouschek. Da gibt es etwas, das gehört uns beiden allein, das teilen wir mit niemandem sonst. Indem sie auf sexuelle Abenteuer verzichten, schaffen Fernliebespaare sich einen gemeinsamen intimen Raum, der nur ihnen vorbehalten ist. Zutritt für Fremde verboten! Das gibt beiden Partnern das Gefühl, einzigartig füreinander zu sein. Treue, sagt Jellouschek, verleihe der Liebe eine Tiefe, die in Beziehungen, in denen man sich innerlich nicht festgelegt hat, nicht erreicht wird.

Ab wann ist man eigentlich untreu? Beginnt der Verrat schon bei einem Flirt, wie angeblich 79 Prozent der 18- bis 25-Jährigen glauben? Bei einem Kuss? Oder erst bei einem Seitensprung? Der New Yorker Familientherapeut und Experte in Sachen Untreue Don-David Lusterman meint, die Geheimhaltung mache den Verrat aus. Ganz gleich, ob es nur um ein harmloses Geplänkel mit der netten Supermarktkassiererin geht oder um eine Nacht mit einer Partybekanntschaft – spricht man nicht offen mit dem Partner darüber, hat man ihn betrogen. Untreue beginnt beim Sex, erklären dagegen andere Psychologen. Mal ohne den anderen auszugehen oder zu flirten halten sie für ungefährlich, solange sich nicht mehr daraus entwickelt.

Nie wieder ein netter kleiner Morgenflirt in der U-Bahn, kein spielerisches Kokettieren mehr, das Leben wäre um einiges öder ohne solche Mini-Eskapaden. Ein Flirt macht gute Laune, stärkt das Selbstbewusstsein und nimmt dem Partner nichts weg – es wäre doch schade, sich dieses Vergnügen aus übertriebener Rücksichtnahme zu versagen. Um Missverständnisse, Eifersuchtsszenen und Vorwürfe zu vermeiden, sollten sich Distanzpartner allerdings sehr genau darüber verständigen, wo beim Einzelnen die Grenze zwischen Treue und Verrat verläuft. Vielleicht hat sie überhaupt nichts dagegen, dass er unter der Woche öfter mit einer Bekannten unterwegs ist, solange sie nur darum weiß. Und er hat keine Einwände gegen ihre Tennisstunden mit dem Kollegen, sofern sie von anschließenden gemeinsamen Saunagängen absieht. Was jeder bereit ist zu akzeptieren, muss ein Paar immer wieder neu verhandeln, denn was im Vorjahr noch unter die Rubrik »indiskutabel« fiel, darüber kann man ein paar Monate später vielleicht schon mit einem Lächeln hinwegsehen.

Vorsicht, zerbrechlich! Vertrauen

Haben Distanzpartner sich auf einen Modus geeinigt, wie sie es künftig mit der Treue halten wollen, bleibt ihnen nichts anderes übrig, als darauf zu vertrauen, dass der andere sich an diese Absprache halten wird. Prüfende Blicke tief in die Augen des Liebsten, wenn er von einer Verabredung nach Hause kommt, exakte Kenntnisse bezüglich ihres Tagesablaufs, nächtliche Anwesenheitskontrollen im Bett, das alles fällt in einer Fernbeziehung flach. Dass sie vom anderen unbeobachtet unter der Woche ihr eigenes Leben führen, stellt das Vertrauen von Long-Distance-Liebenden auf eine harte Probe. Zumindest in schwachen Stunden verunsichert es, nicht jedes Detail über den Alltag und die Erlebnisse des Partners zu kennen. Wie eng ist das Verhältnis zu seiner angeblich so sympathischen Kollegin? Wo war sie letzten Dienstag zwischen 19 Uhr und 22 Uhr 30? Glücklich können sich diejenigen schätzen, die vor der räumlichen Trennung bereits länger ein Paar waren und sich gegenseitig in vielen Situationen bewiesen haben, dass auf sie 100 Prozent Verlass ist. Das ist zwar keine Garantie für die Treue des Partners, aber es beruhigt. Genauso beruhigen Gespräche über die eigene Unsicherheit. Erzählen Sie dem Partner beim nächsten Treffen, dass Sie ein komisches Bauchgefühl hatten, als er zwei Abende nicht zu erreichen war. Vermutlich hat er eine plausible Erklärung für seine Abwesenheit, und das kurz ins Wanken geratene Vertrauen ist wieder im Lot.

Einem Menschen sein Vertrauen zu schenken, ist durchaus ein Wagnis. Nichts tut mehr weh, als wenn dieses Vertrauen gebrochen wird. Begeht gar der Mensch, der uns am nächsten ist, den Verrat, gerät die ganze Welt aus den Fugen. Doch ohne Vertrauen geht es nicht. Wer dem anderen gewisse Freiheiten und kleine, harmlose Geheimnisse nicht zugestehen kann, der wird auf Dauer an diesem Lebensmodell scheitern.

Eifersucht – Verhängnis oder Liebesversicherung?

Fernliebende leiden unter dem grundsätzlichen Gefühl, zu wenig vom eigenen Partner abzubekommen. Als wäre das nicht schon genug, gesellt sich zu diesem Dauerschmerz die Tatsache, dass sie sein Verhältnis zu potenziellen Konkurrenten auf die Distanz nicht richtig einschätzen können. Kein Wunder, dass viele Long-Distance-Partner von einer permanenten diffusen Eifersucht geplagt werden und latent befürchten, der andere könnte die Lücke, die durch die räumliche Trennung entstanden ist, mit jemand Neuem füllen. Gerne zugeben tun das allerdings die wenigsten, ganz zu schweigen von den wüsten Betrugsszenarien, die so manchem an einsamen Abenden durch den Kopf spuken.

Wut, Angst, Misstrauen, Trauer, Hass – Eifersucht ist ein Cocktail aus negativen Gefühlen, der uns im schlimmsten Fall das Leben zur Hölle macht. Von jeher haftet ihr außerdem ein ausgesprochen schlechtes Image an. Wer sich als eifersüchtig outet, gilt schnell als unmodern, kleinlich, besitzergreifend, abhängig und wird von seiner angeblich weitaus souveräneren Umgebung mitleidig belächelt. Tränen, Geschrei, Rachegelüste, wie schwach, wie hysterisch, wie peinlich – wie menschlich! Eifersucht ist nicht nur in allen Kulturen, sondern auch in jedem Individuum angelegt, sagt der amerikanische Psychologieprofessor David Buss. Es ist also vollkommen normal, dem Partner gegenüber manchmal misstrauisch zu sein oder sich vermeintliche Nebenbuhler einzubilden. Jeder kennt, wenn er ehrlich ist, diese Zweifel, die Ohnmacht, die Angst, die sich heimtückisch in Herz und Hirn schleichen und einen schon mal um den Schlaf bringen. Wer von sich behauptet, Eifersucht sei ihm vollkommen unbekannt, macht sich, laut Psychologen, verdächtig, dieses Gefühl aus seinem Bewusstsein zu verdrängen oder ein übersteigertes Selbstwertgefühl beziehungsweise kein echtes Interesse am Partner zu haben. Liebe ohne Eifersucht, konstatiert David Buss, ist keine Liebe. Auch der Psychotherapeut Hans Jellouschek nennt Eifersucht eine vollkommen natürliche Reaktion auf die Verletzung des eigenen Territoriums. Wer einen Menschen liebt, der wünscht sich einen Bereich, der nur ihm und dem Partner gehört. Ist dieser Raum gefährdet oder wird er zerstört, reagieren wir verständlicherweise mit Schmerz, Wut und Trauer.

David Buss hat in seinen Studien festgestellt, dass sich Eifersucht bei Männern und Frauen auf unterschiedliche Tatbestände bezieht. Männer sehen bei einem Seitensprung ihrer Liebsten rot. Dahinter steckt laut Buss die von den Urahnen ererbte Angst, ein Kuckuckskind untergeschoben zu bekommen. Frauen dagegen leiden mehr unter einem emotionalen Betrug ihres Partners. Diese Erkenntnis belegt Buss mit den Ergebnissen eines spannenden Experiments: 60 Männern und Frauen wurden Sensoren an die Finger und ins Gesicht geklebt, mit denen Stirnrunzeln und Schwitzen gemessen wurden. Dann sollten die Probanden sich ihren Partner so realistisch wie möglich beim Sex mit einem Dritten vorstellen. Die Männer zeigten insgesamt eindeutig stärkere Stresssymptome als die Frauen – waren demnach also eifersüchtiger. Wenn die Männer sich dagegen vorstellten, dass ihre Partnerin eine tiefe emotionale Bindung zu einem anderen Mann einging, fielen die Stressreaktionen deutlich geringer aus. Bei Frauen war das Ergebnis genau umgekehrt. Sie erlebten größeren körperlichen Stress bei der Vorstellung eines emotionalen Treuebruchs.

Eifersucht – eine Versicherung für die Liebe

Eifersucht wird oft als Schwäche ausgelegt. Dabei bringt sie, wohl dosiert, eine positive Dynamik in unsere Beziehung. Sie macht uns bewusst, wie sehr wir unseren Partner lieben und weckt unseren Kampfgeist. Überschreitet sie nicht die Grenze zum Pathologischen, wirkt Eifersucht wie eine Art Liebesversicherung, behauptet Partnerschaftsforscher David Buss. Nach seinen Erfahrungen ist sie der wichtigste Faktor, der eine Beziehung lebendig bleiben lässt. Eifersucht hält bei Langzeitpaaren die Neugierde aufeinander wach und motiviert die Partner dazu, einander immer wieder neu zu erobern. Der Verdacht, ein Konkurrent könnte die Gunst des Lebensgefährten auf sich ziehen, steigert seine Anziehungskraft auf den anderen und stabilisiert so die Beziehung. Es ist der Liebe – und der Lust – in einer Fernbeziehung demnach durchaus zuträglich, wenn wir nicht über jeden Schritt informiert sind, den unser Partner unter der Woche tut. Das Wiedersehen am Wochenende fällt dann vermutlich umso leidenschaftlicher aus.

Anstatt Ihre Eifersucht aus falscher Scham zu unterdrücken, sollten Sie also das Potenzial nutzen, das in ihr steckt. Man darf dem Partner ruhig signalisieren, dass einen nicht kalt lässt, was er wann, wo und mit wem tut. Geben wir uns immer gelassen, könnte er unser Vertrauen am Ende als Desinteresse auslegen. In den Studien von David Buss bewerteten jedenfalls sowohl Männer als Frauen die Eifersucht des Partners als Zeichen tiefer Liebe.

Krankhafte Eifersucht – ein Verhängnis für die Liebe

Sie kann unsere Liebe beflügeln, aber sie kann auch eine zerstörerische Kraft entwickeln. Zu was ein rasend Eifersüchtiger fähig ist, können wir regelmäßig in den Zeitungen nachlesen. Fühlt sich jemand seiner Eifersucht regelrecht ausgeliefert und weiß sich nicht mehr zu helfen, sollte er dringend die Hilfe eines Experten in Anspruch nehmen (Kontakte siehe Seite 222).

Zwei Dinge sollten sich alle, die zu starker Eifersucht neigen, bewusst machen: Wer sich von krankhaftem Misstrauen getrieben dazu hinreißen lässt, den Partner mit Vorwürfen und Verdächtigungen zu malträtieren und ihm mit Geheimdienstmethoden hinterher zu spionieren, der bringt damit sein Liebesglück in große Gefahr. Kontrolle und Anschuldigungen haben noch niemanden vom Fremdgehen abgehalten. Im Gegenteil, unterstellt man dem Partner nur oft genug, untreu zu sein, trifft erfahrungsgemäß genau das irgendwann tatsächlich ein bzw. lässt ihn wegen des andauernden Psychoterrors resigniert aufgeben und die Beziehung beenden. Außerdem beraubt man durch sein Verhalten nicht nur den Partner, sondern auch sich selbst aller Lebensfreude. Extrem eifersüchtige Menschen stehen ständig unter Druck. Jede Minute des Tages in Alarmbereitschaft sein, jede Regung des anderen überwachen, jeden Augenblick darauf gefasst sein, die Katastrophe zu entdecken – das zermürbt und lässt wenig Platz für unbeschwerte Zweisamkeit. Ein viel zu großes Opfer für ein Unglück, das nur in der eigenen Vorstellungswelt existiert.

Der Eifersucht Grenzen setzen

Was können wir tun, damit sich unsere Eifersucht im grünen Bereich bewegt und unsere (Fern-)Beziehung belebt anstatt sie zu vergiften? Wichtig ist, zu akzeptieren, dass wir allein für unser Seelenheil verantwortlich sind und nicht unser Partner. Die Angst, betrogen und verlassen zu werden, hängt in erster Linie mit einem angeschlagenen Selbstwertgefühl zusammen, sagen Eifersuchtsexperten. Schätzt man sich selbst nicht genug, kann der andere noch so viele Beweise für seine Treue erbringen. Die Befürchtung, ihn an jemand anderen zu verlieren, bleibt. Übertriebene Eifersucht ist deshalb ein Problem, das jeder – teilweise mit Unterstützung des Partners – selbst lösen muss.

Ursachenforschung
Der eigentliche Grund für heftige Eifersuchtsattacken liegt häufig in der Vergangenheit und nicht im angeblichen Fehlverhalten des Partners. Die Eltern sind fremdgegangen oder haben einem zu wenig Geborgenheit und Zuwendung geschenkt, ein früherer Partner hat uns das Herz gebrochen oder wir selbst haben es mit der Treue nicht so ernst genommen. Darüber nachzudenken hilft, die eigenen Reaktionen besser einzuordnen, sich nicht mehr von seinen negativen Gefühlen beherrschen zu lassen und dem Partner gegenüber fair zu bleiben. Wer mag, kann die Schlüsselerlebnisse, auf die er bei seinen Recherchen stößt, dem anderen erzählen. Versteht der Partner, warum wir in bestimmten Situationen empfindlich reagieren, kann er auf sensible Punkte Rücksicht nehmen und uns helfen, mehr Vertrauen aufzubauen.

Selbstbewusstsein tanken
Je weniger jemand von sich selbst hält, desto weniger glaubt er, in den Augen des Partners einzigartig, liebenswert und unersetzbar zu sein. Wer sich aus dem Würgegriff der Eifersucht befreien möchte, muss deshalb aktiv werden und sein Selbstbewusstsein stärken. Unser Selbstvertrauen steigt, sobald wird auch außerhalb der Beziehung Bestätigung und Erfüllung finden – indem wir für kleine und große Erfolgserlebnisse im Beruf sorgen, uns mit eigenen Hobbys und Interes-

sen beschäftigen, eigene Freundschaften pflegen. Hier gereicht es Fernliebenden ausnahmsweise einmal zum Vorteil, dass sie ihren Partner unter der Woche nicht sehen und dadurch Zeit haben, sich auf andere Lebensbereiche zu konzentrieren.

Kopfkino ausschalten

Eifersucht entsteht im Kopf, und zwar im eigenen. Das heißt, wir selbst führen im Kopfkino Regie und bestimmen das Programm, und nur wir selbst können uns von unseren Wach-Alpträumen befreien. Gaukelt Ihnen die Fantasie in einsamen Nächten wieder und wieder quälende Betrugsszenen vor, dann drücken Sie beim nächsten Mal sofort auf Stopp und wechseln Sie die Filmrolle. Der neue Streifen zeigt Lieblingsszenen aus der gemeinsamen Vergangenheit – einen Spaziergang am Meer, einen innigen Kuss, eine Liebeserklärung, eine heiße Nacht ... Das ist die Realität!

Eifersucht akzeptieren

Wer eifersüchtig ist, sollte seine Gefühle ernst nehmen und sie nicht vor sich und dem Partner herunterspielen. Damit soll hier keine Generalvollmacht für fliegende Kaffeetassen, Brüllen und andere Temperamentsausbrüche erteilt werden. Es geht darum, negative Emotionen zuzulassen und sie dem Partner gegenüber auszusprechen. Eifersucht ist ein normales Warnsignal dafür, dass unser Bedürfnis nach Sicherheit und Bestätigung in der Beziehung nicht ausreichend befriedigt wird, sagt der Eifersuchtsexperte Wolf Jordan. Wer dieses Signal aus Angst oder Scham ignoriert, bringt sich um die Chance, seine Partnerschaft zu verbessern und Missverständnisse auszuräumen.

Signale wahrnehmen

Haben sich Eifersüchtige so richtig in ihren Schmerz verbissen, kommen Liebessignale des Partners erst gar nicht mehr bei ihnen an. Schade drum, denn sie täten ihrer geschundenen Seele so gut. Außerdem ist es doppelt unfair, dem Partner Untreue zu unterstellen und andererseits die Zeichen seiner Zuneigung auszublenden. Die beste Sehhilfe sind auch hier positive Erinnerungen. Anstatt sich einmal mehr auszumalen, wie Ihr Partner Sie betrügt, sollten Sie sich ausnahmsweise ins Gedächtnis rufen, was Sie an ihm lieben. Seinen Charme, sein Lachen, seine Wärme, seine Klugheit. Und plötzlich fällt Ihnen auch der liebe Satz wieder ein, den er gestern Abend am Telefon gesagt hat oder ihre zärtliche Liebeserklärung am letzten Wochenende.

Spionieren verboten!
Was tut er gerade? Mit wem war sie Mittwochabend zusammen? Die Versuchung ist groß, doch den Partner zu kontrollieren, wenn einen die Eifersucht umtreibt, ist absolut tabu. Man fühlt sich schäbig dabei, und bekommt der Partner Wind davon, dass man seine Post durchstöbert, das Handy auf verdächtige SMS untersucht oder sein Tagebuch gelesen hat, ist man obendrein seinem Spott oder Zorn ausgesetzt. Noch dazu wird man die Angst, betrogen zu werden, durch Überwachungsmaßnahmen garantiert nicht los.

Seitensprung und Affäre – das Aus für die Beziehung?

In einer Fernbeziehung ist das Seitenspringen keine große Kunst. Nachprüfen kann der Partner die Angaben über nächtliche Aktivitäten nicht. Die Wahrscheinlichkeit, dass er und das Verhältnis sich jemals über den Weg laufen, geht gegen Null, und man muss nicht einmal die Schauspielkunst und den Mut aufbringen, dem anderen ins Gesicht zu lügen. Als Grund für einen Treuebruch scheinen die günstigen Rahmenbedingungen nicht auszureichen, sonst würden weit mehr Distanzliebende als andere fest Gebundene in fremden Betten landen.

Warum gehen Männer und Frauen überhaupt fremd, wenn ihnen doch angeblich so viel an Treue liegt? Weil Monogamie nicht unseren natürlichen Anlagen entspricht, behaupten viele Wissenschaftler. Der Sex dient ihrer Ansicht nach immer noch der Erhaltung der Art. Das heißt, Männer wollen möglichst viele Kinder zeugen, um ihre Gene zu verbreiten. Und Frauen suchen sich Bettgefährten mit einem guten Genpool, denn nur für gesunden Nachwuchs lohnt es sich, die Mühen der Schwangerschaft, Geburt und Aufzucht auf sich zu nehmen.

Bringt der eigene Partner zwar die finanziellen und charakterlichen Voraussetzungen für eine Vaterschaft mit, aber nicht das optimale Erbgut, holen Frauen es sich bei einem anderen Mann. Untersuchungen lassen darauf schließen, dass in den Industrienationen rund zehn Prozent der Kinder von Vätern großgezogen werden, die, ohne es zu ahnen, nicht die Erzeuger ihrer Sprösslinge sind.

Weil wir uns aber seit der Steinzeit weiterentwickelt haben und unseren Urinstinkten nicht hilflos ausgeliefert sind, gibt es außer den rein biologischen auch psychologische Erklärungen für unseren ausgeprägten Hang zum Seitensprung. Beim Fremdgehen wird oft das gesucht, was die eigene Partnerschaft nicht (mehr) bietet, sagen Experten. Verliebtheit und sexuelles Begehren lassen nach einigen Jahren nach und wandeln sich in Intimität und Vertrauen. Die Partner erleben dann zwar Geborgenheit und Sicherheit miteinander, aber das Bedürfnis nach Erregung und Abenteuer kommt zu kurz. Andere fühlen sich in ihrer Rolle als treu sorgender Ehemann oder liebevolle Mutter eingesperrt und wollen endlich einmal wieder ihre leidenschaftliche, lustbetone Seite ausleben. Manche haben das Gefühl, mehr in die Beziehung zu investieren als sie zurückbekommen und tanken in einer Romanze Zuwendung und Aufmerksamkeit. Und wer sich vom Partner dominiert fühlt, holt sich die fehlende Anerkennung zur Not außer Haus. Fernliebende suchen in einer Affäre häufig die Geborgenheit, die sie in den vielen Stunden des Alleinseins schmerzlich vermissen. Männern gehe es bei einem Seitensprung vor allem um Bestätigung, meinen Psychologen, und sie ließen sich auch dann auf sexuelle Abenteuer ein, wenn sie eigentlich zufrieden mit ihrer Beziehung sind. Frauen gingen dagegen nur fremd, wenn sie mit ihrer Partnerschaft unglücklich sind oder sich ungeliebt fühlen.

Die meisten Affären, so der US-Therapeut Don-David Lusterman, erweisen sich früher oder später als Illusion, weil wir in die neue Eroberung alles hineinprojizieren, was uns in der Partnerschaft fehlt. Er fühlt sich bewundert, sie schwärmt vom Einfühlungsvermögen des Bettgefährten – man schafft sich ein idealisiertes Bild von seinem oder seiner Geliebten und stellt irgendwann ernüchtert fest, dass man sich leider etwas vorgemacht hat.

Tu ich's oder tu ich's nicht?

Steckt man mitten drin, in diesem Sog aus begehren, verführen, sich erobern lassen, den ersten Berührungen, dem ersten Kuss, ist es zum Nachdenken oft zu spät. Deswegen sollten sich Fernliebende, die einem Seitensprung oder einer Affäre nicht abgeneigt sind, in einer ruhigen Stunde ein paar Gedanken über sich und ihre Beziehung machen.

- Der Partner ist weit weg, und die Einsamkeit lässt sich manchmal schwer aushalten. Stimmt. Aber was, wenn der andere von dem Seitensprung/der Affäre erfährt?
- Sind die Konsequenzen eines Treuebruchs nicht viel dramatischer und die Einsamkeit am Ende noch viel größer?
- Wäre es nicht einen Versuch wert, den eigenen Partner für ein aufregenderes Liebesleben zu gewinnen?
- Vielleicht träumt er selbst von mehr Abwechslung und neuen erotischen Erlebnissen. Hat er diese Chance nicht verdient?
- Wie viel ist mir meine Beziehung wert? Lohnt ein Seitensprung/eine Affäre das Risiko, den Partner zu verlieren?
- Warum bin ich bereit, mich auf einen Seitensprung/eine Affäre einzulassen?
- Was müsste in meiner Partnerschaft anders laufen, damit mich andere Frauen oder Männer nicht mehr interessieren?
- Macht es nicht mehr Sinn, diese Probleme zu lösen und wieder glücklich mit dem festen Partner zu werden – oder sollte man die Beziehung sogar beenden?

Nach dem Seitensprung: Reden oder schweigen?

Ganz gleich, ob die Nacht aufregend und schön war oder eine Enttäuschung, am Morgen danach blüht den meisten Seitenspringern ein Seelenkater. Wie mit dem Geschehenen umgehen? Soll das Abenteuer ein Geheimnis bleiben oder legt man beim Partner ein Geständnis ab? Wird der andere den Verrat verzeihen oder riskiert man mit einer Beichte die Trennung? Welche Konsequenzen der Partner aus einem Treuebruch zieht, lässt sich nur schwer abschätzen. Vermutlich weiß er selbst es erst in dem Augenblick, in dem er mit der Situation konfrontiert ist. Auch wenn ein Paar sich einst geschworen hat, einen Seitensprung auf jeden Fall zu offenbaren und die Krise gemeinsam zu meistern, ist ein Happy End nicht garantiert.

Bei der Entscheidung für oder gegen eine Aussprache mit dem Partner kann Ihnen niemand helfen. Selbst Psychologen und Paartherapeuten sind sich nicht immer einig, welches im konkreten Fall die bessere Alternative ist. Plausible Argumente gibt es für beide.

Reden

Nicht jeder ist zum Geheimnisträger geboren, und schon gar nicht, wenn das Schweigen mit einem schlechten Gewissen verbunden ist. Die Vertreter dieser Spezies Mensch können dem Partner nach einem Treuebruch nicht mehr in die Augen sehen. Der Betrug brennt ihnen jede Sekunde des Beisammenseins auf der Seele. Beim Thema Fremdgehen geraten sie ins Stottern, weil die Lüge »Ich würde dich nie betrügen« nicht über ihre Lippen will. Der Gedanke, dass der Seitensprung ein Leben lang zwischen ihnen und dem Partner stehen wird, ist ihnen unerträglich. Wer so tickt, sollte lieber früher als später seinen Fehltritt einräumen, denn erstens wird dem Partner sein verdächtiges Verhalten keinesfalls entgehen und zweitens bringen ihn die Gewissensbisse sowieso irgendwann dazu auszupacken.

Einige Psychologen raten grundsätzlich dazu, dem Partner reinen Wein einzuschenken, sowohl bei einem einmaligen Seitensprung und erst recht, wenn man sich auf eine längerfristige Affäre eingelassen hat. Sie gehen davon aus, dass Fremdgehen immer auf ein Defizit oder einen Konflikt in der Partnerschaft zurückzuführen ist. Nur wenn der Betrogene von dem One-Night-Stand oder der Liaison erfährt, sagt der Psychotherapeut Dietmar Luchmann, hat das Paar die Chance, gemeinsam mögliche Probleme aufzudecken, sie aus der Welt zu schaffen und damit langfristig die Beziehung zu retten. Wer eine ernsthafte Zweitbeziehung begonnen hat, sollte sich allerdings überlegen, ob das überhaupt in seinem Interesse ist. Vielleicht ist seine alte Liebe erloschen und es wäre an der Zeit, die Partnerschaft zu beenden.

Dem Partner zu eröffnen, dass man ihn betrogen hat, fällt niemandem leicht. Will man den anderen nicht verlieren, sollte man zugeben, einen Fehler begangen zu haben und klarmachen, wie Leid einem das tut. Will der andere wissen, wie genau sich alles zugetragen hat, sollte man ihm Rede und Antwort stehen. Wer ist der oder die andere? Wie sieht er oder sie aus? Wie oft haben sie es miteinander getan? Wie kam es überhaupt dazu? Erotische Details behält man besser für sich, auch wenn der Partner danach fragt. Einzelheiten über sexuelle Praktiken oder die körperlichen Vorzüge des Gespielen oder der Gespielin verletzen ihn nur noch mehr und geben seiner Fantasie neue Nahrung.

Schweigen
So wie die einen zum Wohl der Partnerschaft ein klärendes Gespräch empfehlen, raten andere Psychologen, ein sexuelles Abenteuer unter Umständen um des lieben Beziehungsfriedens willen zu verschweigen. Geht man aus einem One-Night-Stand oder einer kurzen Affäre zum Beispiel gestärkt und mit neuem Selbstbewusstsein hervor, kann das der Partnerschaft durchaus gut tun. Auch wenn eine eingefahrene Beziehung durch die Inspiration von außen neuen Schwung bekommt, würde ein Geständnis den positiven Effekt gefährden. Tangiert ein flüchtiges Abenteuer die Liebe zum Partner nicht im Mindesten, ist zu überlegen, ob man ihm mit seinem Schweigen nicht den größeren Gefallen täte. In einer Fernbeziehung ist es, wie man sich vorstellen kann, besonders schwierig, das verletzte Vertrauen des Partners wieder herzustellen. Gleiches gilt, wenn es sich um einen einmaligen Ausrutscher handelt, den man bitter bereut – warum ein persönliches Desaster zum Beziehungsproblem aufbauschen, das endlose Diskussionen, Leid und Verzweiflung nach sich zieht?

Angeblich verfahren relativ viele Fernliebende nach dem Motto: ›Was ich nicht weiß, das kann mich nicht verletzen. Hauptsache, die gemeinsam verlebte Zeit ist harmonisch und glücklich.‹ Hat ein Paar gute Erfahrungen mit so einem Arrangement gemacht, warum sollte man plötzlich die Regeln brechen und von seinen Amouren berichten? Zumal hinter dem Wunsch, den Partner auf Teufel komm raus über seinen Ausflug in ein fremdes Bett zu informieren, nicht immer lautere Motive stecken. Im Stillen hofft nach Meinung des Paartherapeuten

Hans Jellouschek so mancher Seitenspringer, dass der Betrogene ihm die Absolution erteilt und ihn damit von seinem schlechten Gewissen und seinen Schuldgefühlen erlöst. Und wer weiß, vielleicht springt sogar noch ein lobendes Wort für so viel Bekennermut dabei heraus.

Vom Partner betrogen! Und jetzt?

Hintergangen von dem Menschen, dem man am meisten vertraut hat – das zieht einem den Boden unter den Füßen weg. In den Stunden, Tagen und Nächten nach der Aufdeckung des Betrugs surren einem tausend Fragen und Gedanken durch den Kopf. Wie konnte er mir das antun? Bedeute ich ihr so wenig? Was hat der oder die andere, was ich nicht bieten kann? Dieser Mistkerl! Ich hasse sie! Liebt er mich denn nicht mehr? Was soll denn nun werden? Entsetzt ertappt man sich beim Schmieden übler Mordkomplotte, kramt in seinem Gedächtnis, wie man es dem anderen möglichst schmerzhaft heimzahlen kann. Alles scheint zerstört: das Herz gebrochen, das Selbstbewusstsein zerschmettert, die Zukunft vernichtet. Glück – das war gestern.

Zwischen zwei Tobsuchtsanfällen versucht man sich vielleicht einzureden, dass von einem Seitensprung doch nicht die Welt untergeht. In einer Fernbeziehung könne so etwas eben passieren, mit dieser Möglichkeit müsse man immer rechnen. Als selbstbewusster, moderner Mensch müsse man mit so etwas umgehen können. Also Schluss mit durchheulten Nächten, schwarzen Ringen unter den Augen und der Leichenbittermiene.

Aus falsch verstandener Souveränität einfach zur Tagesordnung überzugehen, davon kann der Psychotherapeut Hans Jellouschek nur abraten. Wenn wir unsere Trauer verdrängen, verschwindet sie nicht einfach, sondern zerfrisst uns innerlich. Warum sich noch zusätzlich quälen? Man hat ein Recht darauf, seinen Liebeskummer herauszuschreien. Tränen, Wut, Angst und Enttäuschung zuzulassen. Und man braucht den Partner dabei nicht zu schonen. Der Treulose soll ruhig in vollem Umfang erfahren, wie sehr er einen verletzt hat. Nicht (nur), damit er sich möglichst mies fühlt, sondern damit er die Situation ernst nimmt und bereit ist, sich mit seinem Tun auseinanderzusetzen.

Trotz aller Gefühlsstürme sollten Sie sich keinesfalls zu einer voreiligen Entscheidung gegen den Partner hinreißen lassen. Eine Schnellschussreaktion könnten Sie später bereuen. Auch keine gute Idee: Dem Untreuen den Verrat heimzahlen, indem man sich mit einem Seitensprung revanchiert. Der kurzzeitigen Genugtuung haftet immer ein schaler Beigeschmack an. Außerdem macht die Retourkutsche eine eventuelle Versöhnung nicht eben einfacher. Besser ist es, wenn Sie mit den Konsequenzen abwarten, bis die Wogen sich ein wenig geglättet haben. Als Distanzpartnern bietet Ihnen die Trennung unter der Woche Ruhe und Zeit, sich über Ihre widersprüchlichen Gefühle klar zu werden. Gehen oder bleiben, gehen oder bleiben …

Gut, wenn man in dieser Phase jemanden zum Reden und Ausweinen hat. Ebenfalls gut ist, sich dabei auf eine Person seines Vertrauens zu beschränken, denn nach dem ersten Schock könnten Sie sich darüber ärgern, zu viele Menschen zu Zeugen Ihres Liebeskummers und der Ausbrüche gegen den Fremdgänger gemacht zu haben, weil Sie plötzlich der gesamte Freundeskreis mit mitleidigen Blicken und Worten bedenkt oder nach einer Versöhnung mit dem Partner in großer Runde diskutiert wird, wie Sie sich auf so einen rücksichtslosen Egomanen überhaupt noch einmal einlassen können.

Untreue – das Ende der Liebe?

Viele Männer und Frauen warnen ihre Partner zu Beginn einer Beziehung: Ein Seitensprung, und ich bin weg! Doch nicht immer behält dieser Vorsatz über Jahre oder Jahrzehnte hinweg Gültigkeit. Im Lauf der Zeit verschieben sich die Koordinaten des Wertesystems mitunter. So viele Erlebnisse und Erinnerungen verbinden Sie mit dem Partner: Streit und schwierige Phasen, die Sie überstanden haben, traumhafte Urlaube, gemeinsame Triumphe, Glücksmomente, Zukunftspläne und sehr viel gewachsene Zuneigung. Das alles könnte es durchaus wert sein, einen Verrat zu verzeihen, auch wenn Sie sich das vorher nie haben vorstellen können oder Angst hatten, dem Partner durch dieses Bekenntnis einen Freifahrtschein fürs Fremdgehen auszustellen.

Oft ist ein Seitensprung aber auch der Tropfen, der das Fass zum

Überlaufen bringt. Nicht wenige nehmen eine Affäre zum Anlass, ihre bereits angeschlagene Partnerschaft endgültig zu beenden. So gaben 80 Prozent der für eine Studie der Universität Mannheim befragten geschiedenen Paare zu Protokoll, dass Untreue der finale Auslöser für den Gang zum Scheidungsanwalt war.

Ob er bei seinem Partner bleiben will oder geht, muss der Betrogene sich in aller Ruhe überlegen. Gut gemeinte Ratschläge von außen helfen da wenig. Bei der Entscheidung spielt nicht nur eine Rolle, wie tief der Riss, der durch die Beziehung geht, schon vor dem Betrug war. Es macht auch einen großen Unterschied, ob der Partner sich auf ein kurzes erotisches Abenteuer oder eine ernst zu nehmende Affäre eingelassen hat. Beim einen geht es um Sex, doch beim anderen spielen echte Gefühle mit. Wie groß ist die Wiederholungsgefahr? Ist der Partner schon in früheren Beziehungen fremdgegangen oder entpuppt er sich als notorischer Don Juan, sollte man sein Herz besser vor weiteren Attentaten in Sicherheit bringen. Aus Angst vor dem Alleinsein bei einem Partner zu bleiben, der einen ständig betrügt, lässt sich mit einem intakten Selbstwertgefühl nicht vereinbaren. Die Trennung ist man sich selbst schuldig. Ein ›Ja‹ zum anderen fällt dagegen leichter, wenn Sie ganz gut nachvollziehen können, wie es zu dem Ausrutscher gekommen ist. Und auch, wenn offensichtlich ist, dass der andere seinen Fehler bereut und sich bemüht, ihn wieder gutzumachen, statt so zu tun, als sei nichts geschehen.

Ist die Entscheidung für die Beziehung gefallen und zeigen beide Partner aufrichtiges Interesse an einer gemeinsamen Zukunft, hat ein Rettungseinsatz in Sachen Liebe Aussicht auf Erfolg. Vielleicht wird einiges sogar besser als früher. Viele Paare erkennen erst durch die Affäre, was schon seit Jahren in der Beziehung schief läuft, meinen Psychologen. In Krisengesprächen erleben sie immer wieder, dass die Partner den großen Knall brauchten, um sich endlich mit diesen Problemen auseinander zu setzen und gemeinsam nach Lösungen zu suchen.

Wege aus der Krise

Das Leid ist groß, doch die Liebe immer noch da. Also will man es noch einmal miteinander versuchen. Es gibt Paare, die nehmen einfach ihr altes Leben wieder auf. Spulen ihre Lovestory ein Stück zurück, schneiden die Seitensprungsequenz heraus und drücken wieder auf Start. Dass sie damit die große Chance vergeben, ihre Beziehung weiterzuentwickeln und Dinge miteinander auszuleben, von denen sie immer geträumt haben, ahnen sie irgendwie. Doch es fehlt der Mut, sich mit schmerzhaften Wahrheiten auseinander zu setzen und gemeinsam neues Terrain zu erobern.

Damit der Akt der Untreue nicht ausschließlich als düsteres Kapitel des gemeinsamen Lebens in die Annalen eingeht, sondern als Initialzündung für eine Generalüberholung der Partnerschaft, muss das Paar psychologische Schwerstarbeit leisten. Zunächst gilt es, sich von der klaren Rollenverteilung zu verabschieden. Sicher, bei einem Seitensprung gibt es einen Täter und ein Opfer: Der eine hat, der andere wurde verletzt. Trotzdem ist dem Paar wenig geholfen, wenn der Untreue auf die Anklagebank verbannt und zum allein Schuldigen erklärt wird, der nun zusehen muss, wie er die Sache wieder in Ordnung bringt. Soll die Beziehung neue Impulse bekommen und erstarkt aus der Krise herausgehen, müssen beide Partner, wenn auch nicht zu gleichen Teilen, mitarbeiten, denn wie sich meistens erweist, trägt der Betrogene zumindest eine Teilschuld an der Beziehungsmisere.

Bei der Aufbereitung des Seitensprungs schlägt Ihnen die Stunde der Wahrheit. Auf der Suche nach den Motiven für den Treuebruch kommen oft zahlreiche, lang verdrängte oder unterdrückte Unzufriedenheiten und Probleme ans Licht. Es braucht viele intensive Gespräche, absolute Offenheit und Aufrichtigkeit, bis alles ausgesprochen ist. Dabei immer die Nerven zu behalten und fair zu bleiben ist nicht leicht, denn die Offenbarungen sind nicht immer schmeichelhaft. Wer hört schon gern, dass der Sex mit ihm langweilig ist oder er das Feingefühl einer Büffelherde an den Tag legt – auch wenn der andere das so direkt nicht ausgedrückt hat. Achtung! Schuldzuweisungen, gegenseitige Vorwürfe und Rechtfertigungen bringen Sie nicht weiter. Anstatt aufzulisten, was der andere jeweils alles falsch gemacht hat, sollten Sie sich gegenseitig erzählen, was Sie sich für die Zukunft von Ihrer Beziehung und dem anderen wünschen. Mehr Zärtlichkeit, mehr Verständnis, mehr Lob, endlich (wieder) an einem Ort leben, häufigere Gespräche über Ängste, Sorgen und Sehnsüchte, mehr Abwechslung beim Sex, mehr Anerkennung, mehr Liebesbeweise, mehr Gemeinsamkeit ... Danach wird ausdiskutiert, ob und wie diese Wünsche in die Realität umzusetzen sind. Regeln und Tipps für solche schwierigen und oft Konflikt geladenen Verhandlungen stehen ab Seite 139. Ist ein Paar zwar bereit, sich auszusprechen, kommt allein aber auf keinen grünen Zweig, hilft es, einen Psychologen als Moderator einzuschalten (Kontakte siehe Seite 222). Anders als gute Freunde ist ein Außenstehender unparteiisch und dadurch in der Lage, sinnvolle Lösungswege anzubieten.

Zurück zum Vertrauen

»Das passiert nie wieder!« Versprechen lässt sich so etwas leicht. Der Betrogene aber will Beweise sehen. Beweise, dass er geliebt wird und dass der Treulose seine Zuneigung und sein neues Vertrauen auch wirklich verdient. Am geläuterten Seitenspringer ist es, die Verantwortung für sein Tun zu übernehmen und zu zeigen, wie viel ihm seine Beziehung und sein Lebenspartner bedeuten. Nicht indem er sich jeden Tag Asche aufs Haupt streut oder permanent zu Kreuze kriecht, er muss aber Worte und Taten für sich sprechen lassen und alles daransetzen, das verlorene Vertrauen zurückzugewinnen. Das bedeutet zum Beispiel, nicht erst auf Nachfrage zu erzählen, was man den vergangenen Abend über getrieben hat oder dass einem der Affärenpartner zufällig über den Weg gelaufen ist. Es bedeutet auch, dem anderen kleine Liebesbotschaften zu schicken, sich peinlich an Absprachen und vereinbarte Termine zu halten – egal, ob das ein versprochener Anruf ist oder die ausgemachte Uhrzeit, zu der man freitagabends zu Hause eintrudelt. Es heißt auch, dem anderen das Gefühl zu geben, ganz und jederzeit für ihn da zu sein und ihm keine leeren Versprechungen zu machen.

Die Rolle des Opfers beinhaltet nicht, sich einfach zurückzulehnen und die Liebesbeweise des anderen huldvoll entgegen zu nehmen. Auch der Betrogene muss deutlich machen, dass er am anderen und einer gemeinsamen Zukunft weiterhin interessiert und bereit ist, sich an bestimmte Regeln zu halten. Über einen Seitensprung oder eine Affäre ist man nicht von heute auf morgen hinweg. Die Enttäuschung, die Trauer und die Angst, den anderen zu verlieren, kriechen Betrogenen immer wieder ins Herz. Das ist ganz normal. Es ist auch weder wehleidig noch albern, sondern ehrlich und wichtig, dem Partner von seinen Rückfällen und kleinen Zusammenbrüchen zu erzählen. Durch solche Tiefs müssen Paare gemeinsam gehen. Dass der alte Schmerz immer mal wieder hochkommt, gibt Betrogenen allerdings nicht das Recht, dem Partner hinterherzuspionieren und zu kontrollieren, ob er sich an die gemeinsam getroffenen Abmachungen hält. Ein anderer wichtiger Schritt in Richtung Versöhnung ist Folgendes: Verzeihen bedeutet ein Buch zu schließen und dem anderen sein Fehlverhalten von damals nicht bei jeder Meinungsverschiedenheit aufs Neue vorzuhalten. Verzeihen muss bedingungslos sein, sonst bleibt der Seitensprung immer als Mauer zwischen Ihnen stehen.

Blick in die Zukunft
Beide Partner brauchen viel Geduld, bis die Beziehung über den Berg ist. Ob der Betrogene jemals in der Lage sein wird, den Vertrauensbruch zu überwinden, erweist sich erst nach Monaten, manchmal Jahren. Das hängt zum Beispiel davon ab, wie lange das Paar vor dem Treuebruch bereits zusammen war. Je älter die Beziehung, desto schwerer wiegt häufig der Betrug. Kehrt das Vertrauen zurück? Fühlt man sich mit dem Partner wieder wohl und glücklich? Blühen an seiner Seite Lebensfreude und Unbeschwertheit auf oder will der Schatten auf der Seele nicht mehr weichen? Das auszuloten braucht eine Weile. Und dann? Beide Partner müssen sich erst einmal daran gewöhnen, dass es zwischen ihnen nie wieder wie früher sein wird. Ihre Unschuld hat die Beziehung ein für allemal verloren, aber dafür hat die Liebe möglicherweise neue Qualitäten hinzugewonnen: Mehr Ehrlichkeit bezüglich eigener Wünsche zum Beispiel und die Möglichkeit sie miteinander auszuleben. Eine bessere Gesprächskultur, einen achtsameren Umgang miteinander, ein erneuertes, ganz bewusstes ›Ja!‹ füreinander und das Wissen, dass diese Liebe nichts auseinander bringen kann.

5. Kommunikation

»Alles am Telefon bereden zu müssen ist an einer Fernbeziehung das Allerschlimmste. Ich denke so oft, ›das muss ich Max erzählen‹, und dann erreiche ich ihn nicht und bleibe auf meiner Geschichte sitzen. Noch unerträglicher sind Meinungsverschiedenheiten. Ich finde, man kann eine schlechte Stimmung am Telefon nicht richtig bereinigen. Da bleibt immer ein blödes Gefühl zurück. Ich brauche es, dass wir uns nach einem Streit umarmen und küssen. Dann weiß ich ganz sicher, dass alles wieder gut ist. So ein Telefonkrach dagegen hängt mir noch tagelang nach. Wir versuchen deshalb, schwierige Themen von vornherein aufs Wochenende zu verschieben. Viele Sachen muss man in einer Fernbeziehung aber mit sich allein ausmachen, weil man am Wochenende schließlich nicht nur Probleme wälzen mag, sondern ein schöne Zeit haben will.«

Kathrin, 29

»In manchen Situationen ist es schon sehr schwer, nicht direkt miteinander reden zu können. Wenn Isabelle traurig ist und ich an ihrer Stimme höre, dass sie kurz davor ist, loszuweinen, dann fühle ich mich so hilflos. Am Telefon kann ich sie nicht richtig trösten. Wenn ich bei ihr wäre, würde ich sie einfach in den Arm nehmen. Das hilft viel mehr als Worte. Andererseits finde ich unsere Abendtelefonate sehr schön. Wir rufen uns immer abwechselnd vor dem Schlafengehen an und erzählen, was am Tag alles passiert ist. Ich glaube, seit ich nach Dresden gezogen bin, weiß Isabelle mehr Details über meinen Alltag als je zuvor. Wir reden irgendwie bewusster miteinander als vorher.«

Bernd, 33

»Ich weiß bei Caro oft nicht so genau, woran ich eigentlich bin. Ist sie sauer wegen irgendetwas? Ist ihr eine bestimmte Sache nun wichtig oder nicht? Liebt sie mich wirklich? Sie sagt nie offen, was sie denkt und was sie fühlt. Wir sind seit einem Jahr zusammen und ich kenne sie immer noch nicht richtig. Klar, sie studiert in Göttingen und ich arbeite in Hamburg. Trotzdem sehen wir uns ziemlich oft. Da müsste sie mir so langsam mal vertrauen und aufmachen. Ich merke ganz genau, wenn sie etwas beschäftigt oder wenn etwas nicht stimmt. Aber frage ich nach, kommt nur ein vages Um-den-heißen-Brei-Gerede als Antwort. Ich weiß nicht, ob das auf Dauer Sinn macht.«

Adrian, 25

Der amerikanische Psychologieprofessor John Gottman behauptet, er brauche einem Paar nur fünf Minuten lang beim Reden zuzuhören, um mit 91-prozentiger Sicherheit voraussagen zu können, ob die Beziehung eine Zukunft hat oder scheitern wird. Auch andere Psychologen lesen an der Qualität der Kommunikation ab, wie glücklich oder unglücklich zwei Partner miteinander sind. Fernliebende haben, vor allem wenn sie sich nicht jedes Wochenende sehen können, weit weniger Zeit als andere Paare, um sich auszutauschen. Trotzdem bekommen sie in Sachen Kommunikation oft die besseren Noten. Die räumliche Trennung scheint vielen Paaren anscheinend bewusst zu machen, wie wichtig und wohltuend intensive Gespräche mit dem Partner sind.

Reden ist Gold

Wenn Paare überhaupt miteinander reden, ist das schon viel wert. Ob allerdings nur der reibungslose Ablauf des Alltags davon profitiert oder auch der Gefühlshaushalt der Beziehung, hängt von den Gesprächsinhalten ab. Eine Untersuchung des Bundesministeriums für Familie ergab 1996, dass deutsche Paare kaum mehr als zwei Minuten pro Tag miteinander über persönliche Dinge sprechen. Diese Zahl hat sich, behaupten Paartherapeuten, in den letzten Jahren nicht wesentlich verändert. Vor ihnen sitzen tagtäglich die Opfer der eigenen Sprachlosigkeit, die verzweifelt versuchen herauszufinden, wie ihre Beziehung in einen derart desolaten Zustand geraten konnte, dass sie kurz vor dem Aus steht. In vielen Fällen lautet die einfache Antwort: Weil die Partner nicht richtig miteinander sprechen.

Um eine glückliche Beziehung zu führen reicht es nicht, sich darüber ins Einvernehmen zu setzen, in welchem Kindergarten der Sprössling angemeldet wird, wann das Auto zum TÜV muss und ob morgen Bohnen oder Broccoli auf den Tisch kommen. Eine Partnerschaft lebt von Gesprächen, die mit Fragen beginnen wie »Was magst du an deinem neuen Chef?«, »Was würdest du am liebsten manchen, wenn du jetzt zwei Wochen frei hättest?« oder »Wie hat sich dein Verhältnis zu den Kindern verändert, seit du nur noch an den Wochenenden hier bist?«. Freuden, Ängste, persönliche Meinungen, Träume, Wünsche, darüber zu reden schafft Intimität und Vertrauen zwischen den Partnern. Wo solche Gespräche fehlen, verdorrt die Liebe. Vor allem Paare, die sich auf Distanz lieben, verlieren so den emotionalen Draht zueinander (mehr dazu ab Seite 184).

Ein offener, einfühlsamer Umgang miteinander gehört zu einer guten Beziehung wie Zähneputzen zur Körperpflege. Vergessen wir das zu oft, leidet die Substanz. Vor allem Frauen beklagen sich häufig (zu Recht, wie Psychologen meinen), ihrem Partner würde es an der nötigen Bereitschaft fehlen, sich wirklich auf eine Unterhaltung jenseits von Alltagskoordination, Urlaubsplanung oder der Weltwirtschaftslage einzulassen, vom mangelnden Verständnis ganz zu schweigen. Viele Männer tun ihrerseits so, als wollte ihre Partnerin ihnen rund um die Uhr Beziehungsgespräche aufzwingen.

Kein Mensch muss 24 Stunden am Tag seine Antennen auf Empfang geschaltet haben und man muss auch nicht alles zum Thema machen und zu Brei zerreden. Wenn aber der Partner Redebedarf anmeldet, sollten Sie seinen Wunsch ernst nehmen und sich mit ihm, wenn es gerade nicht passt, auf einen Zeitpunkt verständigen, an dem Sie sich voll auf ihn konzentrieren können. Nach dem Abendessen, wenn das Buchkapitel zu Ende gelesen ist, im Anschluss an die Radtour zum Beispiel.

Paaren, bei denen intime Gespräche bisher immer zu kurz kamen, empfiehlt der Paartherapeut Michael Lukas Moeller ein fest vereinbartes 90-minütiges Zwiegespräch pro Woche. Viele Fernliebende haben so einen fixen Termin nicht nötig. Nachdem sie sich mehrere Tage nicht gesehen haben, können sie es kaum erwarten, dem anderen zu erzählen, wie es ihnen ergangen ist. Doch auch Distanzpaare vergessen manchmal, neben den harten Fakten einander aus ihrer Gefühlswelt zu berichten. Für diese Kandidaten sind solche Zwiegespräche ideal, denn neben Regelmäßigkeit lautet die oberste Regel: Einziges Thema ist das eigene Erleben. »Was bewegt mich zurzeit am stärksten?« Im Job, im Bett, in der Beziehung, im Umgang mit den Kindern oder Freunden – nur darum dreht sich alles in diesen eineinhalb Stunden. Der eine redet, der andere hört zu. Beide bemühen sich, die Gedanken, Positionen und die Seelenlage des anderen zu verstehen und angemessen zu reagieren. Mal genügt es, einfach zuzuhören, mal braucht der Partner Trost, mal Anerkennung oder, wenn der Schuh drückt, einen guten Rat.

Wünsche: Wer schweigt, geht leer aus

Zu einer guten Gesprächskultur innerhalb einer Fernbeziehung gehört, seine Wünsche nicht unausgesprochen mit sich herumzutragen. Leider kursieren nach wie vor absurde Glaubenssätze, die Experten schon vor Jahren zum Mythos erklärt haben.

- Erster Glaubenssatz: »Wir verstehen uns auch ohne Worte.«

  In einigen Situationen mag das durchaus zutreffen, vor allem wenn die Partner auf einer Wellenlänge schwingen und sich das auch durch die räumliche Trennung nicht geändert hat. Wenn sie sich noch dazu regelmäßig gegenseitig über ihre Vorlieben und Abneigungen aufklären, können sie schon mal ohne vorherige Absprache Kinokarten reservieren oder die Getränke zum Frühstück ordern: Actionfilm oder französisches Kino, Kaffee oder Tee, sie wissen genau, wo die Präferenzen des anderen liegen. Verfährt ein Paar aber grundsätzlich nach dieser Devise, ist Misstrauen angebracht. Man mag sich noch so sehr als Einheit empfinden, noch so vertraut miteinander sein, ein Paar setzt sich nun einmal aus zwei Individuen zusammen, deren Innenleben nicht identisch ist. Selbst eineiige Zwillinge treffen nicht immer die gleiche Wahl. In einer Fernbeziehung kommen außerdem die unterschiedlichen Geschmäcker und Vorlieben, die sich in der Zeit des Zusammenlebens vielleicht angeglichen hatten, wieder zum Vorschein (siehe auch Seite 164). Ist ein Paar sich grundsätzlich in allem einig, liegt der Verdacht nahe, dass ein Partner sich den Wünschen und Vorstellungen des anderen von vornherein unterordnet. Mit der Konsequenz, dass er sich auf Dauer unterdrückt und frustriert fühlen wird.

- Zweiter Glaubenssatz: »Wenn mein Partner mich liebt, weiß er, was ich mir wünsche.«

  Die Chancen, dass man mit dieser Einstellung bekommt, was man will, stehen ziemlich schlecht, Menschen mit hellseherischen Fähigkeiten trifft man nämlich höchst selten, zumal sich in einer Fernbeziehung obendrein keine Gelegenheit bietet, nonverbale Signale wie zum Beispiel sehnsüchtige Blicke entsprechend auszuwerten. Anstatt also auf die telepathischen Kräfte des oder der Liebsten zu vertrauen und damit die Verantwortung für das eigene Glück aus den Händen zu geben, sollten Sie besser klar und deutlich aussprechen, dass Sie Wert auf einen Cafébesuch am Nachmittag legen, sich über eine tägliche E-Mail freuen würden oder jetzt lieber inlineskaten als joggen gehen möchten.

Wenn man sich etwas wünscht, sollte der Partner das auch mitbekommen. Also drucksen Sie nicht herum, sondern machen Sie eine klare Ansage. Vor allem Frauen formulieren ihre Wünsche häufig so, dass sie ungehört verhallen. »Die Ausstellung scheint interessant zu sein, was meinst du?« Ja, das sieht er auch so. Dass sie ihn mit dieser Bemerkung eigentlich bitten wollte, die Ausstellung gemeinsam mit ihr zu besuchen, ist ihm jedoch entgangen. Frauen neigen dazu, ihre Wünsche in unverbindlichen Aussagen zu verstecken, statt konkret zu sagen, was sie wollen und was nicht. Manchmal erahnt der Partner, welches Anliegen sich hinter einer dezenten Andeutung verbirgt, oft aber auch nicht, und dann kann er überhaupt nicht verstehen, warum seine Liebste plötzlich sauer auf ihn ist. »Warum hast du denn nichts gesagt?«, lautet seine berechtigte Frage, wenn sie irgendwann doch noch auspackt, was ihr die Laune verdorben hat. Nicht, dass er nach einem »Ich hätte große Lust, diese Ausstellung mit dir zu sehen. Wann passt es dir denn?« mehr Lust auf einen Nachmittag im Museum hätte. Wenn er jedoch weiß, dass ihr viel daran liegt, wird er sich sehr genau überlegen, ob er sie enttäuschen will oder nicht.

Unausgesprochene Wünsche sind unfaire Wünsche, wie die Psychotherapeutin Julia Onken sagt. Und erst mit dem Aussprechen eines Wunsches oder einer Bitte erwirbt man sich das Recht, bei Nichterfüllung enttäuscht, beleidigt oder sauer zu sein. Samstagvormittag gemeinsam Unterhosen und einen Fahrradschlauch für ihn kaufen, kochen, abends vor dem Fernseher hängen und sich am Sonntag mit dem Mountainbike durch den Schlamm wühlen oder Samstagvormittag Schuhe für sie kaufen, Unkraut jäten, abends vor dem Fernseher hängen und sich am Sonntag mit tausend anderen Pflanzenfreunden durch den Botanischen Garten schieben – so hatte man sich das erste gemeinsame Wochenende nach drei Wochen Trennung nicht vorgestellt. Wer vorher keine eigenen Programmvorschläge eingereicht hat, sollte sich mit Beschwerden, Meckern und Nörgeln zurückhalten. Dafür, dass man wenig Freude an den Aktivitäten hatte, kann der Partner nichts. Schließlich hätte man selbst für Alternativen sorgen können. Anstatt zu stänkern, sollten Sie also lieber vor dem nächsten Besuch anmelden, wie Sie sich ein gelungenes Wochenende vorstellen.

Entscheidungen: Wer gibt den Ton an?

»Ich habe zwei Wochen Skiurlaub für uns gebucht.« »Ich habe für übernächstes Wochenende einen Flug für dich reserviert.« Wer über den Kopf des Partners hinweg Entscheidungen für ihn fällt, braucht sich nicht zu wundern, dass die Reaktion wenig erfreulich ausfällt. Solche Grenzübertretungen können ganz leicht dazu führen, dass man irgendwann auch am Wochenende nur noch Singleportionen in seinen Einkaufswagen zu stapeln braucht. Zu einer guten Partnerschaft gehören gegenseitige Achtung und Respekt vor den Wünschen, Gedanken und Meinungen des anderen.

Eine Fernbeziehung kann im Vergleich zu anderen Partnerschaften noch weniger als Diktatur funktionieren, in der einer den Ton angibt und der andere schweigend folgt, denn beide Partner managen ihren Alltag in Eigenregie und treffen jeden Tag kleine oder größere Entscheidungen für sich. Sie sind es gewohnt, eigenverantwortlich zu handeln und nicht bereit, ihre Souveränität an jemand anderen abzutreten. Soll eine Distanzbeziehung Bestand haben, müssen deshalb beide zu allen wichtigen Entscheidungen, die den anderen in irgendeiner Weise tangieren, seine Meinung einholen.

Leider haben viele Männer, so die Erkenntnis von Psychologieprofessor John Gottman, immer noch Probleme mit der Demokratie innerhalb ihrer Partnerschaft. Sie vermeiden nach Möglichkeit anstrengende Verhandlungen und neigen dazu, einsame Entscheidungen zu fällen. Kommt es doch zu einer Diskussion, spielen sie die Argumente ihrer Liebsten häufig mit abfälligen Bemerkungen oder Sarkasmus herunter oder setzen sich einfach über sie hinweg. Dieses patriarchalische Gebaren lässt sich heute kaum mehr eine Frau gefallen, und es passt schon gar nicht in eine moderne Fernbeziehung. Selbst wenn hinter seinem eigenmächtigen Verhalten keine böse Absicht steckt, sondern er aus falsch verstandenem Verantwortungsgefühl handelt, weil er glaubt, für eine bestimmte Aufgabe allein zuständig zu sein – die Meinung und Wünsche seiner Partnerin sollte jeder Mann respektieren und berücksichtigen.

Telefon, Handy, Internet: Der heiße Draht zum Partner

Plaudereien ohne Ziel und Zweck, länger als drei Minuten sinnlos herumalbern, Grundsatzdiskussionen, in aller Ruhe ein Problem erörtern – für Fernliebende findet Kommunikation ohne Zeitlimit nur am Wochenende statt. Und selbst da bleibt das eine oder andere Themenfeld unbeackert, weil gleich die Freunde zu Besuch kommen, die Kinovorstellung in einer halben Stunde anfängt oder der Flieger in zwei Stunden abhebt. Distanzpartner müssen sich, wenn ihre Beziehung lebendig und die emotionale Nähe bewahrt bleiben soll, zu echten Kommunikationsexperten entwickeln. Sie brauchen ein gutes Gespür dafür, was ausführlich besprochen werden muss, was bis zum nächsten Treffen oder noch länger warten kann und wann eine kurze E-Mail genügt.

Ein Gespräch bei Kerzenschein oder eine Trost spendende Umarmung können sie nicht ersetzen, doch die modernen Kommunikationsmittel sind für Long-Distance-Paare eine große Hilfe bei der Beziehungspflege. Sie machen es getrennten Liebenden möglich, schnell und spontan Kontakt miteinander aufzunehmen, wichtige Informationen und Liebesbotschaften auszutauschen und obwohl sie an verschiedenen Orten sind, am Leben des anderen teilzuhaben.

Liebe per Telefon

Einmal kurz im Büro und einmal kurz am Abend, nie im Büro, dafür jeden Abend mindestens eine Stunde: Wie oft und wie lange Paare es tun, ist sehr unterschiedlich. Es gibt Anruf-Puristen, die das Telefon nur zum Austauschen wichtiger Nachrichten nutzen und lange Gespräche verabscheuen, egal wie selten man sich sieht. Und es gibt Marathon-Telefonierer, die nie ein Ende finden. Führen Herr »Ich wollte nur mal kurz deine Stimme hören« und Frau »Was ich dir noch erzählen wollte« eine Fernbeziehung, prallen die Erwartungen schon mal heftig aufeinander. Sie fühlt sich abgewürgt und abgelehnt, er fühlt sich vergewaltigt. Klingelt das Telefon im Zwei-Stunden-Takt und jedes Mal ertönt ein fröhliches »Ich bin's wieder«, stößt das ebenfalls nicht immer auf Gegenliebe. Distanzpaare sollten so früh wie möglich abklären, wie viel Telefonieren jeweils erwünscht ist und bei unterschiedlichen Vorstellungen einen Kompromiss suchen.

»Übermorgen um halb neun. Ich rufe an.« Hat einer ein wichtiges Anliegen, sollten Sie sich zum Telefonieren verabreden. Das klingt vielleicht übertrieben, macht aber Sinn. Wenn Sie feste Anrufzeiten ausmachen, können Sie sich Zeit und Ruhe für das Gespräch nehmen, sind ganz bei der Sache und haben nicht eigentlich gerade etwas anderes vor. Viele Fernliebende integrieren regelmäßige Telefonate zu einem fixen Zeitpunkt als Liebesrituale in ihren Alltag: ein täglicher kurzer Guten-Morgen-Call im Büro, jeden Abend vor dem Einschlafen gemeinsam ein Resümee des Tages ziehen – so haben sie immer etwas, auf das sie sich freuen können.

Die nächsten drei Tage volles Programm im Job und abends voraussichtlich keinen Nerv mehr zum Telefonieren: Solche Ausnahmezustände sollten Sie vorher ankündigen. Drei Tage Funkstille sind kein Problem, solange der andere nicht vor dem Telefon sitzt und verzweifelt, weil der oder die Liebste weder anruft noch erreichbar ist.

Kind ja oder nein, Urlaub auf Gomera oder in Griechenland, neues Auto kaufen oder nicht – viele Themen lassen sich am Telefon schlecht besprechen. Weil man Stunden braucht, um sich zu einigen, weil Augen- und Körperkontakt fehlen, weil man sich noch nicht gut genug kennt, um an der Stimme zu erkennen, wann der andere an seine Grenzen kommt oder weil es einfach mehr Spaß macht, sich beim Reden gegenüberzusitzen. Ehe Sie sich in Missverständnisse verstricken oder in die Haare bekommen, sollten Sie wichtige Gespräche lieber auf das nächste Treffen vertagen. Ein Beziehungskrach über hunderte Kilometer hinweg ist nämlich eine echte Tortur. Steht der Partner nicht vor uns, sind wir viel leichter zu verunsichern und noch dazu verletzlicher. Plötzlich nehmen wir Sprüche übel, die wir sonst mit einem Achselzucken übergehen würden. Außerdem gibt es keinen, der uns hinterher liebevoll in den Arm nimmt, es gibt keinen Versöhnungskuss, der alles wieder gutmacht. Deshalb: Lieber einen großen Bogen um Themen machen, bei denen Streit vorprogrammiert ist. Wird der Ton bei einem Telefonat schärfer, brechen Sie das Gespräch freundlich, aber bestimmt ab und nehmen Sie es am darauf folgenden Wochenende wieder auf. Besser verkneifen sollten Sie sich beim Telefonieren doppeldeutige Bemerkungen, sonst liegt Ihr Partner am Ende die halbe Nacht wach und brütet über dem Satz, der vielleicht gar nichts bedeutet, aber alles bedeuten könnte.

Die nächste typische Telefonfalle: Schmachtmusik, Kerzenschein, Sehnsucht. Jetzt schnell den Liebsten anrufen und ein bisschen Zuneigung tanken. Dumm nur, wenn der gerade Besuch von zwei Kumpels hat und die Championsleague mit Dosenbier feiert. Festzeltstimmung statt Liebessäuseln – was für eine Ernüchterung! So kann es jedem ergehen, der bei Gefühlswallungen spontan zum Telefonhörer greift.

Fernliebende bekommen leider nicht immer das Feedback, das sie sich erhoffen. Egal, ob einen der Blues beutelt oder ein Problem drückt, in Krisenstimmung den Partner anzuwählen, kann manchmal schief gehen, weil der andere nicht immer in der Verfassung ist, einen aufzurichten oder der Anruf im Augenblick höchst ungelegen kommt. Folge: A sitzt noch frustrierter in der Ecke und B fühlt sich schuldig, weil er nicht helfen konnte. Nicht den Kopf hängen lassen, beim nächsten SOS-Ruf klappt's vielleicht wieder.

Mobiltelefon: Immer auf Empfang

»Hallo Schatz, ich bin gerade am Flughafen und wollte nur noch mal deine Stimme hören.« Nein, mit diesen Handy-Poseuren, die den gesamten Check-in-Bereich mit ihren Wichtig-wichtig-Anrufen terrorisieren hat das nichts zu tun. Distanzliebende, denen der Abschiedsschmerz im Herzen brennt, würden niemals lautstark wie ein aufgeblähter Business-Gockel in ihr Gerät krähen. Sie flüstern Koseworte, einen letzten Kuss. Bis bald … Das Handy ist das Pflaster auf der Seele, wenn sie hier und sofort ein paar liebe Worte vom Partner brauchen oder ihn an einem Erlebnis live teilhaben lassen wollen: »Ich bin beim Tori Amos-Konzert, hörst du's? Es wäre so schön, wenn du hier wärst!«.

Liebescodes per Handy: SMS

Es gibt Menschen, die nutzen ihr Handy ausschließlich zum SMS-en. Ein Leben ohne die verliebten, verrückten, verruchten kleinen Botschaften mögen sich viele Paare gar nicht mehr vorstellen. Fernliebende kontrollieren ständig ihr Handy, ob der Partner in einem spontanen Sehnsuchtsanfall zärtliche Worte oder geheime Liebescodes an sie abgesetzt hat. »vermiss d. g. schrecklich. ild. :-) k.« oder »küsse du weißt schon wohin. ;-) r.«. Ich bin ihm wichtig, sie liebt mich, versprechen diese Kurzmitteilungen, neben denen sich eine Focus-Meldung wie ein Roman ausnimmt. Mit den rund 160 Anschlägen lassen sich innige Gefühle über Hunderte von Kilometern transportieren. Sprachminimalismus mit maximaler Wirkung. Manchmal reicht ein Wort, manchmal ein

Emoticon (zum Beispiel :-x (Kuss!) oder @—>—>—> (Rose für Dich)), um dem anderen ein Leuchten in die Augen oder ein Lächeln ins Gesicht zu zaubern. Sehnen sie sich in trüben Stunden nach Zuwendung, rufen einsame Long-Distance-Liebende ihre alten, besonders romantischen oder beglückenden Botschaften einfach zum 30. Mal ab.

Internet: Küsse aus dem Kabel

Ist das praktisch! Zwischen zwei Geschäftsmails schnell ein paar Zeilen an den Partner tippen, ›Senden‹ anklicken, fertig. Selbst Männer, die oft keinen großen Hang zu schriftlichen Mitteilungen verspüren, werden beim Mailen plötzlich von der Schreiblust gepackt. Vielleicht weil sie hier nicht mühsam um jedes einzelne Wort ringen müssen. Rechtschreibung und Virtuosität des Ausdrucks sind beim virtuellen Schriftverkehr nicht verlangt.

Es gibt wohl niemanden, der sich nicht freut, in seinem Postfach eine Nachricht von seinem Liebling zu entdecken, und man weiß nie, was einen erwartet: Das Schreiben kann zwei Worte oder vierhundert Zeilen umfassen, je nach Tagesform oder Mitteilungsbedürfnis des Partners. Und das Beste: Als Anhang lässt sich per E-Mail jede Menge Schnickschnack verschicken, Fotos vom letzten Wochenende oder Freunden, lustige Filmchen oder Musik.

Wer vom Büro aus in ständigem Mailkontakt mit dem Partner steht, sollte abklären, ob private Mails im Haus erlaubt sind. Und: Wer hat Zugang zum persönlichen Mailkonto? Tipp: Private E-Mails kann man verschlüsseln, die Software dazu gibt's kostenlos im Internet.

Richtig unterhalten kann ein Paar sich beim so genannten Live Chat. Sind beide Partner gleichzeitig online, können sie sich in einem Forum, auch Konferenzraum oder Café genannt, treffen. Der Vorteil: Die Tastatureingaben vom einen tauchen simultan beim anderen auf dem Monitor auf. Der Nachteil: Alle anderen Forumsbesucher können mitlesen. Wer ungestört sein will, sollte die einschlägigen Online-Treffs vermeiden und sich lieber in fachspezifischen Foren (zum Beispiel für Wissenschaftler) treffen. Rein deutschsprachige Fachforen sind zu später Stunde mit großer Wahrscheinlichkeit unbesucht. Speziell für Treffen zu zweit gibt es in einigen Chatrooms auch die Möglichkeit, sich in so genannte Séparées zurückzuziehen. Da im Internet nur selten etwas lang beim Alten bleibt, probieren Sie am besten einfach verschiedene Adressen im Netz aus.

Für wahre Romantiker: der Liebesbrief

Für einige Distanzpaare ist es die Entdeckung: Briefe schreiben. Sie notieren jeden Tag wie in einer Art Logbuch wichtige Ereignisse und Gedanken und schicken die gebündelten Seiten einmal die Woche in einem Umschlag an den fernen Partner. Andere schreiben einfach alle schönen Gedanken auf, die der oder die ferne Liebste in ihnen auslöst, einen echten Liebesbrief eben. Manchmal liegt ein Foto bei, ein Zeitungsausriss, eine getrocknete Blume oder ein schön geformtes Blatt. Manchmal duftet der Brief nach Parfum. Ja, altmodisch, aber unglaublich romantisch! Steht der Partner sowieso jeden Freitagabend in der Tür, lohnt der Aufwand kaum. Müssen Paare sich aber mit längeren Trennungsphasen abfinden, sind Briefe eine wunderschöne Art, in Kontakt und immer auf dem aktuellen Stand zu bleiben. Und sie kommen nicht so kühl und technisch daher wie eine SMS oder E-Mail. Außerdem ist es ein beglückendes Gefühl zu sehen, dass der Partner so viel Aufwand betreibt – ein wertvoller Liebesbeweis.

Richtig streiten

Es ist eine der angenehmen Seiten einer Fernbeziehung: Distanzliebende streiten deutlich weniger als andere Paare. Das lässt sich damit erklären, dass zum einen klassische Alltagsstreitthemen wie schmutzige Socken oder zu viele Überstunden wegfallen. Zum anderen wissen Long-Distance-Partner, dass ihre Beziehung krisenanfälliger ist als eine Fulltime-Partnerschaft und gehen deshalb besonders rücksichtsvoll miteinander um. Außerdem wollen sie die wenige gemeinsame Zeit möglichst störungsfrei und glücklich verbringen und lassen sich gar nicht erst auf Kabbeleien über Kleinigkeiten ein.

Dieser Hang zur Harmonie sorgt für eine entspannte Stimmung, birgt aber gleichzeitig ein gewisses Risiko. Das eine ist, sich nicht wegen jedes Problems gleich in die Haare zu kriegen. Manches erledigt sich erfahrungsgemäß sowieso von selbst. Etwas anderes ist es aber, ständig seinen Missmut, unerfüllte Wünsche oder Konfliktthemen unter den Teppich zu kehren, um sich und dem Partner das kostbare Wochenende nicht zu verderben. Negative Emotionen verschwinden nicht einfach, wenn man sie verdrängt. Sie stauen sich in unserem Inneren auf und gären dort weiter. Fernliebende haben noch dazu die ganze Woche über Zeit, ihren Frust zu pflegen und sich immer wieder in ihren Zorn auf den Partner hineinzusteigern. ›Immer hat sie nur ihr Vergnügen im Sinn‹, ›Wie arrogant er wieder reagiert hat‹. Am Wochenende braucht es dann nur ein falsches Wort, und alles bricht explosionsartig aus ihnen heraus. Was folgt, ist kein Streit wegen ihrer nicht mit ihm abgesprochenen Verabredung am Samstag oder ihrer Zurückhaltung im Bett, wegen seiner unsensiblen Bemerkung über ihr angebliches Klammerverhalten oder seines Bundesliga-Abends vor der Glotze, sondern eine Generalabrechnung über die letzten zehn Jahre. Die andere, ebenso wenig konstruktive Variante: Die aufgestauten Aggressionen entladen sich in allen möglichen (unpassenden) Situationen, und der gescholtene Partner kommt aus dem Staunen gar nicht mehr heraus, wie man sich über ein zu hart gekochtes Ei oder ein bisschen laute Musik im Auto derart erregen kann. Er fühlt sich ungerecht behandelt, und schon ist ein satter Streit im Gange. Im Extremfall schlucken besonders harmoniebedürftige Distanzpartner ihre negativen Emotionen lange Zeit tapfer herunter und gehen mit einem Lächeln über jeden Ärger hinweg – was in einer Fernbeziehung leichter zu praktizieren ist, als wenn man tagtäglich aufeinander trifft. Bis sie eines Tages feststellen, dass der angesammelte Gefühlsunrat ihre Liebe zum Partner erstickt hat.

Es ist vollkommen normal, nicht immer einer Meinung mit dem Partner zu sein oder sich über ihn zu ärgern. Und es ist wichtig, sich mit ihm darüber auseinander zu setzen, denn häufig offenbaren wir erst beim Streiten, was uns wirklich bewegt, wie wir wirklich denken und was wir wirklich brauchen. Wie wir das tun, hängt davon ab, welcher Streittyp wir sind. Manche Streithähne verleihen ihren Ansichten unter Einsatz von Geschrei, Beleidigungen, fliegenden Untertassen, Büchern und Kleidungsstücken besonders stürmisch Ausdruck. Sanftere Naturen verkneifen sich jedes laute Wort und regeln ihre Angelegenheiten mit wenigen besonnenen Sätzen, abgefedert von zahlreichen Liebesbekundungen. Glücklich können Sie mit jedem Streitstil werden, solange Sie sich an ein paar Regeln halten, die Experten wie der amerikanische Psychologieprofessor John Gottman oder sein deutscher Kollege Kurt Hahlweg in langjährigen Studien als ausschlaggebend für konstruktives Streiten ausgemacht haben.

Die goldenen Regeln für faires Streiten

Fernliebende haben zu wenig Zeit, um sie mit fruchtlosen Kontroversen zu vergeuden. Außerdem ist es ein denkbar schlechter Start in die neue Woche, wenn ein Distanzpaar sonntagabends nach einer schlecht gelaufenen Auseinandersetzung gekränkt oder niedergeschlagen auseinander geht.

Die folgenden Regeln sollen Ihnen helfen, Konfliktsituationen konstruktiv zu lösen – also Kompromisse auszuhandeln, mit denen beide Partner zufrieden sind. Natürlich bringt es nichts, diese Regeln einmal durchzulesen und dann wieder zu vergessen. Sinnvoll ist, sich die Punkte herauszusuchen, die für Ihren persönlichen Streitstil relevant sind und eigene Schwachstellen betreffen, und sie sich so lange immer wieder anzusehen, bis sie in Fleisch und Blut übergegangen sind. Es kann auch nicht schaden, sich mit dem Partner darüber auszutauschen, was Sie an Ihrem Streitverhalten positiv verändern könnten. Die Mühe lohnt sich. Psychologen wie Franz Thurmaier vom Münchner Institut für Kommunikationstherapie haben festgestellt, dass Paare, die erfolgreich an ihrer Art zu streiten gearbeitet haben, mit ihrer Beziehung wesentlich zufriedener und glücklicher sind als zuvor. Außerdem trennen sich Paare, die ein spezielles Kommunikationstraining absolviert haben weitaus seltener als andere (Informationen und Kursangebote im Internet unter www.akf-bonn.de).

Zeit und Ort der Aussprache

Es gibt Themen, die lassen sich schlecht am Telefon diskutieren. Also müssen Sie sich manchmal ein paar Tage gedulden, bis Sie sich von Angesicht zu Angesicht gegenüberstehen. Die Begrüßung am Freitagabend war trotz der Gewitterwolken herzlich, das Abendessen und der Wein köstlich und irgendwann später abends liegen Sie sexmüde im Bett. »Du. Liebling…« Stopp! Der richtige Zeitpunkt, um über Probleme oder die Beziehung zu diskutieren, ist nicht direkt nach dem Liebesspiel und der richtige Ort nicht das Schlafzimmer.

Verlegen Sie Konfliktgespräche besser auf den nächsten Tag und tragen Sie sie grundsätzlich ausgeruht und nüchtern an einem neutralen Ort wie dem Wohnzimmer oder einem einsamen Waldweg aus.

Wie der Anfang, so das Ende

Wer seine Kritik oder einen Protest sachlich und in ruhigem Ton vorbringt, hat die besseren Chancen, dass der Partner auf das Thema eingeht und man gemeinsam eine Lösung des Problems findet. Zum Beispiel: Er ruft künftig öfter an, nachdem sie erklärt hat, dass sie sich vernachlässigt fühlt. Oder sie sieht ein, dass ein günstigeres Hotel dem Urlaubsvergnügen keinen Abbruch tut, wenn man sich dafür, wie er ihr vorgerechnet hat, mehr Tauchgänge leisten kann. Wer seinen Partner dagegen attackiert, bringt eine Lawine von Vorwürfen, Anschuldigungen und Rechtfertigungen ins Rollen.

Vor allem Frauen sollten bei der Eröffnung einer Diskussion mit diplomatischem Geschick vorgehen, denn wenn es um Problemgespräche geht, sind Männer echte Drückeberger. In über 80 Prozent der Ehen sprechen die Frauen heikle Themen an, während ihr Partner mit allen Mitteln versucht, um die unangenehme Diskussion herumzukommen, sagt John Gottman. Mit traurigen Konsequenzen für die Beziehung: Gottman prognostiziert Männern, die ihre Partnerin bei Konflikten abblitzen lassen, eine zu 80 Prozent höhere Wahrscheinlichkeit, eine unglückliche Partnerschaft zu führen.

Erklären statt angreifen

»Ich bin dir doch total egal, du denkst nur an dich!« Beginnt eine Auseinandersetzung mit einem pauschalen Vorwurf, sind die Aussichten auf eine gütliche Einigung mehr als getrübt, sagt Kommunikationsexperte Franz Thurmaier. Der Partner ist wütend, enttäuscht, fühlt sich missverstanden, herabgesetzt und in die Defensive gedrängt. Empört weist er die Anschuldigung von sich und belegt das ihm widerfahrene Unrecht mit entsprechenden Gegenbeispielen. Oder er geht seinerseits in die Offensive. Schuldzuweisungen werden zwischen den Kampfhähnen hin und her geschoben und jeder gibt dem anderen das Gefühl, komplett daneben zu liegen. Anstatt aufeinander zuzugehen, driften die Partner immer weiter auseinander.

Die klügere Strategie ist, genau zu beschreiben, was Sie ärgert oder unglücklich macht: »Das letzte Wochenende hast du total verplant. Ich hatte gar keine Chance, meine Wünsche loszuwerden. Das hat mich frustriert.« So eine Aussage gibt dem Partner die Chance, ganz ruhig seine Position zu erklären und sein Verhalten zu überdenken. Gut ist auch, eine Beschwerde in einen Wunsch zu verpacken: »Ich würde im Bett gerne mal etwas Neues mit dir ausprobieren.« Wer sagt da schon nein …

Um was geht es eigentlich?

Die Steuererklärung ist noch nicht gemacht, die Autopapiere sind spurlos verschwunden, die Kinder sehen zu viel fern. Daran wird sich nur etwas ändern, wenn das Paar sich beim Streiten auf diese konkreten Themen beschränkt und keine Grundsatzdiskussion über Gelassenheit, die Chaostheorie oder die Kunst der Kindererziehung lostritt. Genauso uneffektiv sind Ausflüge in die Vergangenheit. Wer dem Partner alle Verfehlungen der vergangenen Monate auflistet, bewirkt nur, dass er sich ungerecht behandelt, nicht geliebt und persönlich angegriffen fühlt. Am Ende sind beide sauer, reden womöglich stundenlang aneinander vorbei, und die Steuererklärung liegt noch immer auf dem Schreibtisch, die Papiere sind nicht wieder aufgetaucht und die Kinder sitzen gemütlich vor dem Fernseher, während Mami und Papi sich wieder mal streiten.

Tiefschläge

Es ist ziemlich einfach, den Partner mit einem Totschlag-Argument schachmatt zu setzen. »Du bist so ein Ignorant! Wie willst du mitreden können, wenn du nie hier bist?« Was soll er darauf antworten? Es stimmt ja, dass er nicht live miterlebt, wie die Dreijährige der Mutter unter der Woche auf der Nase herumtanzt, nachdem der Papa ihr am Wochenende mal wieder jeden Wunsch von den Augen abgelesen hat. Zu einem Umdenken bewegt die Mutter ihn mit ihrer abwertenden Bemerkung allerdings garantiert nicht. Mit dem Tritt unter die Gürtellinie fordert sie höchstens eine Trotzreaktion oder einen Gegenschlag heraus. Bei vielen Langzeitpaaren läuft so ein Schlagabtausch beinahe wie ein Ritual ab – ein (bereits bekanntes) böses Wort gibt das andere (bereits bekannte), und am Ende kommt nichts dabei heraus als zwei verletzte Seelen und eine gestiegene Trennungswahrscheinlichkeit. Hätte die Mutter beschrieben, wie schwer die Tochter ihr manchmal das Leben macht und wie ungern sie die Rolle der strengen »bösen Mama« spielt, hätte ihr Partner vermutlich Verständnis gezeigt und das Verwöhnprogramm reduziert.

Ein glattes Eigentor fängt sich auch ein, wer dem Partner bei jeder Gelegenheit mit einem Ultimatum droht. »Entweder wir sehen uns öfter oder du kannst deine Möbel abholen.« Wie soll der Partner solche Drohungen beim x-ten Mal noch ernst nehmen? Und woran soll er erkennen, wenn wirklich die Grenze des Erträglichen erreicht ist?

Auf Empfang bleiben

Die Gemüter sind erhitzt, die Nerven liegen blank. Zuhören fällt jetzt besonders schwer. Trotzdem: Immer nur einer spricht, und der andere hört aufmerksam zu. Jeder darf seine Sätze zu Ende bringen, ohne dass der Partner ihm ins Wort fällt, weil er schon ahnt, was jetzt kommt oder meint, die zumutbare Redezeit sei überschritten. Ein Kompromiss beinhaltet nun einmal, dass die Standpunkte und Wünsche beider Seiten berücksichtigt werden. Zu diesem Zweck kann es auch nicht schaden, dem anderen zwischendurch zu signalisieren, dass man seine Argumente verstanden hat und ihnen zumindest in Teilen zustimmt.

Fragen statt schmollen
Es ist schon erstaunlich, wie ein Satz auf dem Weg vom Mund des einen ins Ohr des anderen plötzlich eine ganz neue Bedeutung erhalten kann. Da war etwas ganz wertfrei oder nett gemeint, und der andere reagiert, als habe man eine grobe Beleidigung oder etwas ausgesprochen Heimtückisches von sich gegeben. Sind Sie sich nicht ganz sicher, fragen Sie nach, wie das eben Gesagte zu verstehen sei. Ein Trick, um Missverständnissen vorzubeugen: Die Aussagen des Partners in Kurzform wiedergeben und fragen, ob man ihn richtig verstanden hat. Wenn ja, kann man immer noch eingeschnappt sein, wobei wir nicht alles, was dem anderen im Zorn entfährt, auf die Goldwaage legen sollten.

Vorsicht, hochexplosiv!
Ein höhnisches Grinsen, verächtliches Abwinken, genervt verdrehte Augen, ironische Übertreibungen – wer sich im Streit respektlos verhält, macht ein konstruktives Gespräch unmöglich. Brandgefährlich sind, wenn es richtig zur Sache geht, auch zweideutige Bemerkungen. Bekommt der Partner sie in den falschen Hals, eskaliert die Situation und ein Kompromiss rückt in weite Ferne. Gleiches gilt für Überheblichkeit. Den intellektuell Überlegenen herauszukehren, nur weil der Partner rhetorisch weniger versiert ist oder emotionaler reagiert, manövriert den anderen in eine Verteidigungshaltung, aus der heraus sich nur schwer ein Weg zur Versöhnung bahnen lässt. Ebenfalls Gift für einen positiven Diskussionsverlauf sind Beleidigungen und Schimpfwörter. Nicht vergessen: Der »miese Arsch« oder die »saublöde Ziege« könnten schneller als uns lieb ist aus unserem Leben verschwinden.

Den Friedensengel muss niemand spielen, aber kleine Friedensangebote sollte jeder in sein Streitrepertoire aufnehmen. Kluge Kämpfer bleiben auch, wenn es schwer fällt höflich, nehmen den Partner ernst und flechten in ihre Sätze hier und da ein verbindliches »Bitte« oder »Ich verstehe dich ja« ein. Mit Fragen wie »Wie siehst du das?« signalisieren sie, dass sie am Standpunkt des anderen interessiert sind. Das sorgt für Entspannung und erhöht beim anderen die Kompromissbereitschaft.

Bodytalk
Wir drücken uns nicht nur mit Worten aus, manchmal verrät unser Körper viel mehr über unseren Gemütszustand. Die Argumente sind weiterhin logisch und werden ruhig hervorgebracht, doch die zusammengekniffenen Lippen und die arbeitenden Finger signalisieren, dass einer der Streitenden kurz davor ist, die Fassung zu verlieren. Wer den anderen während eines Disputs nicht aus den Augen lässt, erkennt sofort, wann der Zeitpunkt gekommen ist, Samthandschuhe überzustreifen und einen Gang herunterzuschalten.

Fortsetzung folgt
Hat der Partner sich im Ton vergriffen, zeigt sich, was wahre Souveränität ist. Anstatt mit unüberlegten Worten sofort zurückzuschlagen, sollten Sie kurz durchatmen, sich beruhigen, die Gedanken sortieren und sachlich antworten. Dem anderen einen schlechten Streitstil vorzuwerfen, macht ihn nur noch wütender. Erklären Sie lieber, wie verletzend seine Attacken sind. Hilft das nicht, sollten Sie eine Pause zum Abkühlen einlegen. Das gilt auch für den Fall, dass Sie selbst kurz davor stehen, die Beherrschung zu verlieren. Rund 20 Minuten braucht der Körper laut Psychologen, um das Stresslevel wieder auf Normalmaß herunterzufahren. Danach geht's – sollten Sie vom Zanken nicht die Nase voll haben – in die nächste Runde.

Eine Auszeit haben Sie sich schon genommen und wieder hängt die Diskussion am gleichen Punkt fest. Sie drehen sich mit Ihren Argumenten nur noch im Kreis. Zu einer Einigung kommen Sie jetzt sicher nicht mehr. Die beste Lösung ist, den Streit abzubrechen und auf morgen zu vertagen. Nach einer Atempause sind Sie eher bereit, sich in Richtung Kompromiss zu bewegen oder Sie haben über Nacht sowieso festgestellt, dass das Gewitter ein Sturm im Wasserglas war.

Win-win-Strategie
Ausgehen oder Videonacht auf dem Sofa? Biken oder Baggersee? Ostern bei ihren Eltern oder im Ferienhaus der Freunde? Glückliche Partner streben von vornherein einen Kompromiss an, der beide zufrieden stellt. So können sich hinterher beide als Gewinner fühlen.

XY Aktenzeichen ungelöst
Es gibt Konflikte, die sollten Paare spätestens bei der zehnten Neuauflage als unlösbar zu den Akten legen. Man kann sich nicht in allen Belangen einig sein. Die Liebe nimmt dadurch keinen Schaden, im Gegenteil: Wer eine olle Kammelle immer wieder aufwärmt, provoziert eine Streit-Endlosschleife, die einem die Laune unnötig verdirbt. Paarforschungspapst John Gottman meint sogar, dass 69 Prozent aller Streitpunkte nie gelöst werden, weil sie auf die unterschiedlichen Persönlichkeiten oder Werte der Partner zurückzuführen sind.

Alles wieder gut
Auweia! Dieses Mal lagen wir aber voll daneben. Und jetzt? Zähne zusammenbeißen, tief durchatmen und raus mit dem Geständnis: »Du hast Recht. Tut mir Leid.« Es ist keine Schande, einen Irrtum, einen Fehler oder ein Missverständnis einzugestehen.

Haben die Partner sich auf eine Lösung geeinigt, sollten sie nicht versäumen, sich für Verbalinjurien und andere Entgleisungen zu entschuldigen. John Gottman stellte in seinen jahrelangen Studien fest, dass folgende Regel unbedingt von Paaren eingehalten werden sollte: Auf jede Kritik oder andere negative Äußerung müssen mindestens fünf positive, liebevolle kommen.

Bitte verzeih mir!

In einem Streit ist es schnell passiert, dass der Partner mit voller Absicht oder aus Versehen einen wunden Punkt trifft. Doch auch in friedlichen Zeiten lassen sich Verletzungen nicht vermeiden, ganz gleich, wie liebevoll ein Paar miteinander umgeht. Jeder Mensch hat seine Schattenseiten und jeder ist mal schlecht gelaunt oder bockig, ungerecht oder egoistisch. Manchmal bekommen wir auch etwas in den falschen Hals und jaulen auf, obwohl sich hinterher alles als großes Missverständnis herausstellt. Und ab und zu werden wir schmerzhaft daran erinnert, dass uns mit dem anderen zwar eine große Nähe verbindet, er aber immer noch ein Individuum mit eigenen Vorstellungen,

Bedürfnissen und Eigenarten ist. Wie viel Zeit brauche ich für mich allein? Muss ich jedes Wochenende nach Hause kommen? Wann geht das Ich vor, wann das Wir? Bei der Klärung solcher Fragen lassen die Partner schon mal Federn.

Solche Blessuren, erklärt der Psychotherapeut Hans Jellouschek, hinterlassen Spuren in unseren Herzen und in unseren Seelen. Schaffen wir sie nicht gemeinsam mit dem Partner aus der Welt, schwächen sie die Liebe oder werden der Beziehung sogar zum Verhängnis. »Schon gut, macht nichts.« Großmütig über eine Verletzung hinwegzugehen, scheint häufig die einfachere Lösung zu sein als das Ringen um eine Entschuldigung. Doch meist bleibt der Stachel in der Seele sitzen und verrichtet heimlich sein Zerstörungswerk. Der Groll auf den anderen wächst mit jeder neu hinzugekommenen Verletzung und treibt einen Keil zwischen die Partner. Nach außen hin mag noch alles in Ordnung scheinen, sagt Hans Jellouschek, aber in den Herzen ist die Liebe tot. Wichtig ist deshalb, seine Gefühle ernst zu nehmen, wenn der Partner einen verletzt hat, und sich nicht einzureden, man sei eben überempfindlich.

Zu einer Versöhnung kann es nur kommen, wenn der andere erfährt, dass und womit er uns verletzt hat. Ihn mit Schweigen zu bestrafen, führt höchstens zu Missverständnissen und neuen Kränkungen. Heilsamer für die verwundete Seele und die Beziehung ist, dem anderen genau zu erklären, was sein Tun oder Reden bei uns angerichtet hat. Dann ist es an ihm, seinen Teil zur Versöhnung beizutragen.

Sich richtig entschuldigen

Ob eine Entschuldigung fällig ist oder nicht, hat allein einer zu entscheiden: derjenige, der sich verletzt fühlt. Maßstab sind einzig seine persönlichen Gefühle, die Meinung anderer zählt nicht. Auch die des »Täters« nicht. Wie eine Bemerkung eigentlich gemeint war, böse Absicht oder nicht, die eigene Unempfindlichkeit gegenüber Spötteleien, das spielt alles keine Rolle. Wer die Reaktion des Partners verharmlost oder versucht, sich herauszureden, tritt nach, anstatt zu trösten. Sicher, keiner fühlt sich wohl in seiner Haut, wenn er zugeben muss, einen Fehler gemacht zu haben. Vor allem Männer hoffen oft im Stillen, um das Schuldeingeständnis herumzukommen. Sie tun sich mit Entschuldigungen grundsätzlich schwerer als Frauen, lautet eine Erkenntnis der amerikanischen Linguistik-Professorin Deborah Tannen. Männer befürchten, das Eingeständnis, etwas falsch gemacht zu haben, könnte ihnen als Schwäche ausgelegt werden. Außerdem würden ein paar Worte sowieso nichts ungeschehen machen.

Wie hört sich denn nun eine richtige Entschuldigung an? Erste Regel: Eine Entschuldigung muss von Herzen kommen. Ein lapidar hingeworfenes »Sorry« kann man sich sparen. Der Empfänger muss klar erkennen können, dass man einsieht, ihm wehgetan zu haben, was man falsch gemacht hat, und dass diese Tatsache einem Leid tut. Bevor Sie zu großen Erklärungen für das Missgeschick ansetzen, sollten Sie also erst sagen »Es tut mir wirklich Leid, dass ich dich gestern am Telefon abgewürgt habe. Das war wirklich nicht gut, dich mit deinem Problem hängen zu lassen. Kannst du mir noch mal verzeihen?« Aber Vorsicht: Werden diese einsichtigen Worte von einem sarkastischen oder genervten Ton oder einer entsprechenden Mimik begleitet, ist die positive Wirkung gleich Null. Ist die Entschuldigung glaubwürdig angekommen, können Sie eine Erklärung für Ihr Verhalten anhängen: »Ich hatte nicht mitbekommen, dass es so ernst ist. Ich dachte, du willst einfach nur reden, aber ich war total fertig von dem Tag und vermutlich zu müde um zu kapieren, wie schlecht es dir geht. So was passiert mir nicht noch einmal, versprochen!« Was der andere vorher als faule Ausrede gewertet hätte, kann jetzt sein Verständnis wecken. Totalerschöpfung nach Feierabend, Kopfschmerzen, ein Stau, Spontankonferenzen, jeder kennt solche Ausnahmezustände. Die Tatsache, dass Sie halbwegs oder vollkommen unverschuldet in Ihre Rolle als Übeltäter gerutscht sind, macht eine Verletzung nicht ungeschehen. Aber sie macht das Verzeihen leichter.

Manchmal reichen bloße Worte nicht aus, um eine Wunde zu schließen und die Tat verlangt nach Wiedergutmachung. Schuld und Sühne lassen sich nicht gegeneinander aufrechnen, doch am Bemühen des Täters um Schadensbegrenzung erkennt das Opfer die aufrichtige Reue. Konzertkarten, ein toller Ausflug, ein kleines Geschenk, alles, was signalisiert, ich will dir etwas Gutes tun, unsere Beziehung ist mir wichtig, trägt zur Versöhnung bei. Männer bringen es, wie bereits erwähnt, manchmal nicht übers Herz sich mit Worten zu entschuldigen. Drückt der Liebste Ihnen stumm, aber zerknirscht Rosen in die Hand oder nimmt Sie reumütig in den Arm, dürfen Sie das, je nach Schwere des Vergehens, ruhig als Entschuldigung akzeptieren.

Warum Verzeihen so wichtig ist

Anderen Menschen zu verzeihen wird gerne als Akt großer Selbstlosigkeit oder christlicher Barmherzigkeit dargestellt. Irrtum! Wenn wir jemandem vergeben, tun wir vor allem uns selbst einen Gefallen. Sich nicht tage-, wochen- oder monatelang mit Rachegelüsten und glühendem Zorn zu belasten, schont zum Beispiel die Gesundheit. Wissenschaftler der Stanford-Universität in Kalifornien entdeckten bei Studien, dass nachtragende Menschen häufiger an körperlichen Stress-Symptomen wie Bluthochdruck, Schweißausbrüchen und Schlafstörungen leiden. Auch das seelische Wohlbefinden gerät aus der Balance, wenn wir uns ständig das uns zugefügte Leid ins Gedächtnis rufen und in Selbstmitleid baden. Die negativen Gedanken kreisen um immer die gleichen Fragen: »Warum hat sie das getan?« »Womit habe ich das verdient?« Fernliebende schleppen den Seelenballast auf diese Weise von einem Wochenende zum nächsten und lassen sich zusätzlich zu der Verletzung die gesamte folgende Zeit vergällen. Bitterkeit, Zorn und Aggressionen machen niemanden glücklich, vor allem, wenn sie gegen den eigenen Partner gerichtet sind, der eher für die Versorgung mit positiven Energien, Emotionen und Empfindungen zuständig ist. Indem wir uns unversöhnlich geben und ihn mit Schweigen, Verachtung und Abweisung bestrafen, heilen wir nicht die Wunden auf unserer Seele, sondern verhindern, dass die Beziehung wieder zur Kraftquelle für uns wird. Der Partner hat verstanden, dass er uns verletzt hat und versprochen, beim nächsten Mal besser zuzuhören, sich nie wieder einen Scherz über unsere Großmutter zu erlauben oder das Wort »Trottel« aus seinem Wortschatz zu streichen. Was will man mehr zu seinem Glück?

»Du bist schuld!« Natürlich verleiht die Sünderrolle des Partners dem anderen eine gewisse moralische Überlegenheit. Die lässt sich nach Wunsch auch weiter ausbauen, indem man jede Verletzung, die neu hinzukommt, in einem heimlichen Sündenregister aufbewahrt, meint Hans Jellouschek. So wird der eine immer mehr zum Schuldigen, während der Heiligenschein des anderen von Mal zu Mal heller strahlt. In der Hand des Opfers liegt es dann, bei welcher Gelegenheit es seinem Partner die ganze Liste der Übeltaten auf einmal präsentiert und ihn so moralisch fertig macht. Sieg auf ganzer Linie. Doch was bringt es, den anderen klein zu machen und sich als der (vermeintlich) bessere Mensch zu fühlen?

Wahre Stärke ist – ebenso wie die Fähigkeit, um Verzeihung bitten zu können – dem Partner zu vergeben. Beides setzt ein gut entwickeltes Selbstwertgefühl voraus, denn nur, wenn wir uns selbst mit allen Schwächen akzeptieren, haben wir auch Verständnis für andere und werden ihren Fehlern gegenüber nachsichtiger.

Versöhnungsfest

Ob eine Verletzung die Liebe zwischen den Partner nachhaltig beschädigt, entscheidet nicht nur das Verhalten des Täters, sondern liegt auch in der Verantwortung des Opfers. Hat der Täter sich entschuldigt und um Verzeihung gebeten, ist er sozusagen von der Gnade des Opfers abhängig. Der vormals Schwächere hat nun die Macht, ihm zu vergeben oder die Absolution zu verweigern.

Wenn wir guten Willens sind, lassen sich die meisten Verletzungen wieder gutmachen. Wie leicht oder schwer es uns fällt, eine Kränkung zu vergeben, hängt unter anderen davon ab, wie wir als Kind gelernt haben, mit solchen Situationen umzugehen. Neigen wir dazu, dass uns selbst der kleinste Misston noch Wochen später wieder und wieder aufstößt, kann es helfen, sich auf einen Beobachterposten zu begeben und sich zu fragen: Wie würde ein Unbeteiligter das Verhalten des Partners bewerten? Steckt hinter meinem Ärger vielleicht ein ganz anderer Auslöser? Reißt die Kränkung alte Wunden wieder auf oder hat der Partner unbeabsichtigt meine Achillesferse erwischt? Das Ausmaß der Verletzung, die der Partner uns zugefügt hat, können allein wir beurteilen. Lügen: fünf Punkte, zu spät kommen: ein Punkt, anrufen vergessen: ein Punkt, einer anderen Frau hinterhergucken: drei Punkte – ein verlässliches Bewertungsschema gibt es leider nicht. Doch eines weiß jeder: Hat man dem Partner verziehen, überfällt einen meist eine ungeheure Erleichterung. Endlich darf man wieder glücklich miteinander sein und die Zweisamkeit genießen.

Doch was, wenn man dem anderen einfach nicht verzeihen kann, weil der Partner seit Jahren eine Affäre hat oder keine Gelegenheit zum One-Night-Stand ungenutzt lässt, weil er zuschlägt, wenn ihm die Argumente ausgehen oder sie ihn in einer Lebenskrise im Stich gelassen hat? »Das werde ich dir nie verzeihen!« Wer diesen Satz ausspricht, erklärt seine Beziehung für bankrott, sagt Hans Jellouschek. Will man sich nach diesem Schritt ein trostloses Nebeneinanderher-Leben ersparen, sollte man die Konsequenzen ziehen und gehen.

6. Entfremdung

»Das Schlimmste ist der erste Tag, wenn mein Mann von einem Auftrag im Ausland zurückkommt. Thomas baut überall auf der Welt Brücken und wir sehen uns teilweise mehrere Monate nicht. Ich freue mich natürlich sehr auf ihn, aber beim Wiedersehen sind wir jedes Mal gehemmt, als wäre eine Glasscheibe zwischen uns. Es dauert eine ganze Weile, bis wir das Fremdheitsgefühl überwunden haben und richtig miteinander reden können.«

Sabine, 37

»Ich habe schon das Gefühl, dass wir uns entfremden, je länger ich von zu Hause weg bin. Bereits nach einer Woche spürt man eine gewisse Distanz. Meine Frau und ich sind dann nicht mehr ein Team, sondern es gibt sie und die Kinder, und es gibt mich. Damit wir ein bisschen Alltagsnormalität haben und uns wie ein ganz normales Paar fühlen, erledigen wir immer den Samstagseinkauf zusammen. Das können andere vielleicht nicht nachvollziehen, aber solche ganz alltäglichen Dinge geben unserer Beziehung Halt.«

Oliver, 36

»Im jetzt-Magazin, das war das Jugendmagazin der Süddeutschen Zeitung, gab es eine tolle Rubrik. Aus den Einsendungen der Leser haben die jede Woche eine Liste zusammengestellt mit Dingen, die das Leben lebenswert machen. Diese Idee haben Gregor und ich geklaut. Jeden Mittwoch schreiben wir uns eine Mail mit zehn Dingen, die uns gerade glücklich machen. Natürlich steht bei mir Gregor immer an erster Stelle. Und ich bei ihm. Ich muss sagen, dadurch denke ich viel intensiver darüber nach, was mir wirklich Spaß macht. Und natürlich wissen wir dadurch, was der andere gerade mag, obwohl wir uns nicht jeden Tag sehen.«

Julie, 23

Arbeit, Abendessen, Ausspannen – alles wie und wann es mir gefällt. Unter der Woche ihr eigenes Süppchen kochen zu können, empfinden die meisten Fernliebenden als ausgesprochen angenehm, auch wenn sie den Partner vermissen. Nicht mehr zu wissen, welche Zutaten der andere in seine Suppe rührt, bereitet denen, die vorher zusammengewohnt haben, allerdings Kummer. »Odol« oder »Sensodyne«? Croissant oder Vollkornbrot? Robbie Williams oder Calexico? Was sind seine aktuellen Favoriten? Trägt sie noch den roten Lippenstift, wenn sie abends unterwegs ist? Was macht er nach Feierabend allein zu Hause und welcher Radiosender weckt ihn morgens? All diese kleinen intimen Details entgehen Partnern, die in zwei Städten leben. Man bekommt kaum mit, was der andere liebt, braucht und was ihm gut tut. Mit dem Wissen um die ganz persönlichen Details verschwindet ein großes Stück Vertrautheit. Das schmerzt.

Paare, die von Beginn an eine Wochenendliebe leben, haben ihre eigenen Probleme. Für sie ist Vertrautheit ein fernes Ziel und viel fremder als jetzt könnten sie sich kaum werden. Lange Zeit ahnen sie nur, auf wen sie sich eingelassen haben. Das gemeinsame Wochenende bietet viel zu wenig Zeit, um einander in wenigen Monaten richtig kennen zu lernen, die Eigenarten und Bedürfnisse des anderen auszuloten und Gemeinsamkeiten zu entdecken. Eine echte Chance haben solche Beziehungen nur, wenn beide Partner viel Geduld aufbringen und bereit sind, intensiv an der gemeinsamen Zukunft zu arbeiten.

Den anderen aber wird die schleichende Entfremdung häufig zum Verhängnis. Eines Tages stehen die einst so innig Verbundenen voreinander und fragen sich: Wer ist das? Was hat dieser Mensch noch mit mir zu tun? Kluge Paare bauen deshalb vor. Eine Long-Distance-Liebe lässt die Partner für eine begrenzte Zeit auf zwei Wegen statt auf einem durchs Leben marschieren. Man kann jedoch mit der richtigen Einstellung und intensiver Kommunikation dafür sorgen, dass diese Wege parallel laufen und der Blick auf den anderen nicht von Buschwerk und anderen Sichtblenden verstellt wird.

Aller Anfang ist schwer

Es ist der schönste Moment in einer Fernbeziehung: das Wiedersehen mit dem oder der Liebsten nach mehreren Tagen oder Wochen der Trennung. Je länger die Partner sich nicht gesehen haben und je neuer diese Lebenssituation, desto größer die Aufregung. Man hat die Wohnung geputzt und aufgeräumt, das Bett frisch bezogen, leckeres Essen eingekauft, Kinokarten reserviert und sich genau überlegt, in welchem Outfit man den anderen empfängt. Endlich steht der dann vor einem, man fällt sich in die Arme, küsst und drückt sich bis zur Atemnot. Ein Freudenfest. In langjährigen Fernbeziehungen fällt die Begrüßung meist bescheidener aus, wird an Aufwand und Ausgaben gespart. Man holt sich nicht mehr unbedingt vom Flughafen oder Bahnhof ab, und Handtücher kann der andere sich selbst aus dem Schrank nehmen (was eigentlich schade ist). Das Entzücken aber, sich wiederzuhaben, nutzt sich kein bisschen ab.

Der Wiedersehensfreudentaumel lässt sich leider nicht endlos ausdehnen. Im Gegenteil: Nicht selten fallen Fernliebespaare nach der stürmischen Begrüßung erst mal in ein Stimmungsloch. Die Euphorie verfliegt und macht Platz für weniger angenehme Befindlichkeiten: Ernüchterung, Zweifel, Enttäuschung, Irritation.

Verbale Ladehemmung

Mindestens fünf Tage, wenn nicht mehrere Wochen sind seit dem letzten Treffen vergangen. In der Zwischenzeit hat sich massenhaft Erzählstoff angesammelt. Fernliebende hätten sich beim Wiedersehen theoretisch viel zu sagen, doch irgendwie wissen sie oft nicht wie. Auf der Heimfahrt vom Flughafen oder bei der ersten Tasse Kaffee will die Unterhaltung nicht recht in Gang kommen. Beide Partner drucksen herum, fühlen sich nicht wohl in ihrer Haut. Es gibt so vieles, was sie loswerden möchten, aber es will ihnen nicht über die Lippen, denn vor oder neben ihnen sitzt zwar der engste Vertraute, doch gleichzeitig fehlt das Gefühl von Vertrautheit. Und nun? Den anderen mit einem oberflächlichen Bericht abspeisen, der für gewöhnlich Eltern und gute

Bekannte bei einem Treffen auf den neusten Stand bringt? Eine absurde Vorstellung. In solchen Situationen bietet sich der Mittelweg an: Wenn die Partner erst wieder warm miteinander werden müssen, kann es helfen, sich Geschichten aus dem Alltag zu erzählen. Anekdoten über Menschen, die beide kennen, den Talk of the Town. Man kann auch vom letzten Kinobesuch oder dem Elternabend im Kindergarten berichten. Intimität und Nähe entstehen nicht von einer Sekunde auf die nächste. Fernliebende sollten sich Zeit geben, wieder in der Beziehung anzukommen und für Gespräche den passenden Rahmen schaffen. Eine intime Atmosphäre entsteht zum Beispiel bei einem langen Spaziergang, einem gemeinsamen Entspannungsbad oder einem Begrüßungsdinner. Da kommt man beim Plaudern vom einen zum anderen und landet schließlich auch bei den ganz persönlichen Themen.

Aus eins und eins mach (wieder) zwei

Das kommt in der besten (Fern-)Beziehung vor: Unter der Woche mutieren die Partner zu Singles und das manchmal so gründlich, dass sie sich nicht sofort umstellen können, wenn am Wochenende der Partner vor der Tür steht. Es sind die Alltäglichkeiten, bei denen es dann plötzlich hakt. Essen um fünf oder um acht? Kochen oder eine Pizza vom Italiener holen? Vor dem Einschlafen noch ein paar Seiten im Buch lesen oder sofort Licht aus? Jeder Mensch entwickelt seinen eigenen Rhythmus und eigene Gewohnheiten, wenn er allein lebt. Zum Single-Dasein gehört auch, in den eigenen vier Wänden niemanden um sich zu haben. Musik läuft nur, wenn man sie selbst angestellt hat. Alle Dinge liegen genau dort, wo man sie haben will. Und keiner stört einen, wenn man sich gerade auf das Studium der Fernsehzeitung konzentriert. Lebt man von heute auf morgen, und das auch nur vorübergehend, wieder in einer WG, braucht es mitunter ein bisschen Zeit, um vom Singular zum Plural zurückzufinden.

Auch in diesem Punkt heißt das magische Wort, das alles gut werden lässt: Geduld. Nicht zu viel von sich und dem Partner verlangen. Nur wenige Menschen können binnen Minuten von Single auf Teamplayer, von totaler Selbstbestimmtheit auf totale Nähe umschalten.

Also regen Sie sich nicht gleich auf, wenn er eine Weile den eigenbrötlerischen Kauz gibt. Soll er sich ruhig in eine Ecke zurückziehen und seine Post durchschauen, Sie dürfen dafür allein unter die Dusche, ohne dass er ein beleidigtes Gesicht zieht.

Was die Mehrzahl der Long-Distance-Partner als Problem beklagt, ist für einige andere ein paradiesischer Zustand: Paar sein, ohne symbiotisch miteinander zu verschmelzen. Es gibt Menschen, die würden vermutlich nie zusammenziehen, selbst wenn sie in der gleichen Stadt wohnen. Weil sie Nähe – warum auch immer – nicht ertragen und sich nur dann ganz auf einen anderen Menschen einlassen können, wenn sie wissen, dass sie in absehbarer Zeit wieder für sich sein können. Haben sich zwei solche freiheitsliebenden Seelen gefunden, ist eine Fernbeziehung die ideale Lebens- und Liebesform.

Doch auch die Übrigen wissen den Vorteil einer gewissen Distanz gerade in einer langjährigen Beziehung durchaus zu schätzen. Spätestens wenn ihnen gute Freunde vorjammern, wie langweilig und von Routine erstickt doch ihre Beziehung sei. Diese Sorge haben Fernliebende selten. »Wie sie wohl heute aussieht?« »Was für eine Hose er sich wohl gekauft hat?« Distanzpartner können einander immer wieder überraschen. Mit einer neuen Frisur, neuen Vorlieben (»Seit wann hörst du Opern?«), bisher unentdeckten Qualitäten (»Du kannst ein Fahrrad reparieren?«). Sie bleiben immer interessant füreinander. Das ist auch im Bett das beste Mittel gegen Langeweile. Eine echte Bereicherung also – so lange die Partner sich noch wiedererkennen.

Team-Arbeit: Das hält uns zusammen

Ein bisschen Distanz versorgt jede Beziehung mit neuem Schwung. Doch Fernliebende müssen ständig auf der Hut sein, dass sie von dem, was andere Paare sich mühsam erarbeiten – nämlich Freiraum für eigene Aktivitäten und Unabhängigkeit vom Partner – nicht zu viel abbekommen. Sie brauchen nicht mehr Überraschung und Freiheit, sondern sehnen sich nach Verlässlichkeit und Aufgehobensein.

- Rituale
  Wie wichtig Rituale für eine Fernbeziehung sind, wurde bereits im Kapitel »Unsere Zeit« (mit vielen Beispielen ab Seite XX) beschrieben. Für Partner, die Angst haben wie die Hälften einer zerborstenen Eisscholle auseinander zu treiben, können sie eine Brücke bilden, auf deren Mitte sich die beiden immer wieder treffen. Ein Begrüßungsritual, zum Beispiel ein Glas Wein in einer bestimmten Bar oder eine halbe Stunde gemeinsam in die Sterne gucken, erleichtert am ersten Abend den Einstieg in die Zweisamkeit. Alltagsrituale – samstagabends zusammen kochen oder sonntags zwei Stunden gemeinsame Gartenarbeit – bringen Ruhe und Sicherheit in die Beziehung. Es sind oft ganz alltägliche Dinge, die das Vertrauen in die Zusammengehörigkeit stärken.

- Traumfabrik
  Fernliebende gehen die meiste Zeit getrennte Wege, doch sollten sie immer gemeinsame Ziele im Visier haben: Kleinere wie den nächsten Opernbesuch oder einen Grillabend, größere wie den Sommerurlaub oder ein neues Auto und ganz große Träume wie ein Ferienhaus auf den Kykladen, den Alterssitz in Andalusien oder ein Segelboot in einem Adriahafen. Glückliche Langzeitpaare pflegen ihre Träume, spinnen sie gemeinsam weiter, schmücken sie aus, diskutieren das Wann und Wie. »Stell dir vor …« – das ist eines der schönsten Spiele, die Paare spielen können. Visionen und Pläne sind nach Ansicht des Züricher Paar- und Familientherapeuten Jürg Willi die Gewähr für den Fortbestand einer Beziehung. Die beste Voraussetzung für eine dauerhafte Liebe sei, so Willi, sich gemeinsam eine eigene Welt zu schaffen und in ihr einzurichten.

- Freundschaft
  Glückliche Langzeitpaare verbinden nicht nur romantische Gefühle. Sie sind auch ein Team, das gemeinsam durch dick und dünn geht, beste Freunde eben. Je intensiver die Freundschaft zwischen den Partnern, desto glücklicher die Beziehung. Studien des amerikanischen Paarforschers John Gottman ergaben: Sogar, ob Frauen und

Männer mit der Romantik und dem Sex in ihrer Ehe zufrieden sind, hängt zu 70 Prozent von der Qualität der Freundschaft ab.
Damit ihre Freundschaft Bestand hat, gilt für Paare hundertprozentige Solidarität als oberstes Gebot. Egal, wie lange oder wie weit der eine weg ist, der andere muss in jeder Lebenssituation hinter ihm stehen, seine Geheimnisse bewahren, ihm bei Problemen den Rücken stärken, eigene Interessen, Pläne und Bedürfnisse mit den seinen abstimmen. Berichtet der Partner zum Beispiel von einem Streit mit einem Kollegen, sollte man sich erst einmal auf seine Seite stellen und Verständnis für seine Position zeigen – auch wenn er im Unrecht ist. In solchen Momenten hat das Wir-gegen-den-Rest-der-Welt-Gefühl absolute Priorität. Ist die erste Wut oder Enttäuschung verraucht, kann man seine Einwände immer noch vorbringen. Freundschaft heißt außerdem, sich für das Wohl des anderen mitverantwortlich zu fühlen, auch wenn er gerade am anderen Ende der Welt auf einer Ölbohrinsel sitzt. Wichtige Entscheidungen etwa, die man trifft, sollten immer für beide Partner akzeptabel sein, selbst wenn sie einem Kompromisse abverlangen, die wehtun. Belohnt werden Solidarität und Kompromissbereitschaft mit einem unerschütterlichen ›Wir‹-Gefühl, das Fernliebende wie ein langes, aber solides Tau zusammenhält.

Du bist so anders!

Irgendwie hatte man sich alles anders vorgestellt: die Reaktionen des Partners (»Er könnte ruhig ein bisschen begeisterter sein, mich zu sehen!«), seine Pläne für die gemeinsamen Tage (»Wieso Kino? Das kann ich auch ohne dich machen.«), vielleicht sogar sein Aussehen (»Was hat der denn für einen dämlichen Pulli an?«). Eine lebhafte Fantasie ist etwas Wunderbares. Schlecht nur, wenn man sie benutzt, um eine Schablone zurechtzuschnitzen, in die der andere gefälligst zu passen hat. Die Ferne verführt dazu, den Partner zu idealisieren (manchmal auch zu dämonisieren) oder ein Wunschbild von ihm zu entwerfen. Hier ein bisschen weglassen, dort ein bisschen dazudichten, wie unfair! Welche

Chance hat der Liebste, diesem Fantasieprodukt gerecht zu werden? Gar keine. Das Wochenende kann so ganz leicht mit schlechter Laune, Streit und beidseitiger Enttäuschung enden. Dabei hätte es so schön werden können, wenn beide hätten sein dürfen, wie sie sind.

Umkrempeln verboten!

Es gibt Eigenschaften und Eigenarten des Partners, die behagen uns gar nicht. Seine notorische Vergesslichkeit, ihr schrilles Lachen, sein Appetit auf Currywurst, ihre Lust am zu schnellen Fahren. Einige unliebsame Verhaltensweisen kann sich der andere auf unseren Wunsch durchaus abgewöhnen – wenn ihn unsere Argumente überzeugen. Partner, die lange zusammenleben, legen außerdem ganz automatisch die eine oder andere alte Gewohnheit ab. Man passt sich in der Regel mit den Jahren, häufig sogar ohne es zu bemerken, zunehmend aneinander an. Sie entwickelt zum Beispiel mehr Sinn für Ordnung, er nähert seinen Geschmack in Sachen Wohnambiente ihren Ansprüchen an. Doch eine grundlegende Wesensänderung darf niemand von seinem Lebensgefährten erwarten. Erstens nimmt das sowieso kein gutes Ende, denn irgendwann wird es dem viel Gescholtenen zu bunt und er sucht sich einen großmütigeren Partner. Zweitens: Mit welchem Recht krittelt man an ihm herum? Jeder Mensch hat Kanten und Schwächen und verliert dadurch nicht seinen Anspruch darauf, als der angenommen und geliebt zu werden, der er ist.

In einer Fernbeziehung haben die Partner ausreichend Gelegenheit, all ihre kleinen Eigenheiten aus der Vergangenheit wieder zu Tage zu fördern und auszuleben. Ärgerlich ist das schon, wenn man dem oder der Liebsten eine (vermeintliche oder tatsächliche) Untugend längst abgewöhnt hatte und nun wieder von vorne anfangen muss. Vielleicht nutzt man die Situation aber auch als zweite Chance, sich doch noch mit der einen oder anderen möglicherweise durchaus charmanten Eigenart des Partners auszusöhnen, denn er hat schließlich keine schlechten Absichten: Weder will er sie mit seinem Faible für Hard Rock in den Wahnsinn treiben, noch ist ihre Abneigung gegen Computerspiele als persönlicher Angriff gegen ihn gedacht.

Auf dem Laufenden bleiben

Lieblingsessen? Spaghetti vongole. Traumreiseziel? Neuseeland. Größte Angst? Den Job zu verlieren. Ganz sicher? Leben Partner schon ein paar Jahre zusammen, glauben sie, einander im Schlaf zu kennen. Neugierde auf den anderen – das war einmal. Nachfragen – lohnt längst nicht mehr. Was sollte der andere einem schon Überraschendes über sich zu erzählen haben? Das klingt zynisch, ist aber in vielen Beziehungen gang und gäbe. So gut meinen die Partner übereinander Bescheid zu wissen, dass sie zwar den Einkauf im Supermarkt besprechen, die Planung für die kommende Woche, die Ehekrise des Cousins oder den Kindergeburtstag, aber ihr Seelenleben, Wünsche und Visionen bleiben Verschlusssache. Eine klassische Beziehungsfalle, in die Langzeitpaare da tappen, warnen Psychologen. Studien haben ergeben, je länger Paare zusammen sind und je weniger die Partner sich austauschen, desto öfter liegen sie mit ihrer Einschätzung bezüglich des anderen daneben.

Jeder Mensch entwickelt sich mit den Jahren weiter, das heißt, er verändert sich auch. Berufliche Vorstellungen, Lebensziele, Kinder ja oder nein, Klamottengeschmack, die Haltung der Kirche gegenüber, Luxuslimousine oder Renault Twingo, bedeutet ein Seitensprung das Aus für die Beziehung oder nicht, nichts hat ewig Gültigkeit. Der eine wird mutiger, der andere bescheidener. Sie entdeckt bei sich neue Stärken, er will die radikale berufliche Wende in seinem Leben. Manche Menschen verändern sich mehr, andere weniger. Unter welche Kategorie der eigene Partner fällt, lässt sich nur in regelmäßigen, intensiven Gesprächen herausfinden. Eine unverkrampfte Methode, dem Partner Träume und konkrete Vorstellungen zu entlocken ist das »Was-wäre-wenn-Spiel«. Zum Beispiel: »Welchen Job würdest du dir aussuchen, wenn du die freie Wahl hättest?«, »Was würdest du mit einer Lottomillion anstellen?« oder »Für was würdest du dich entscheiden, wenn du dir ein Traumhaus oder eine Traumwohnung aussuchen könntest?«

Vor allem Fernliebende, die sich durch die räumliche Trennung eher als andere Paare aus den Augen verlieren können, sollten nie vergessen, miteinander über ihre Träume, Ängste, Sehnsüchte und emotionalen Erlebnisse zu sprechen. Immer wieder. Man will doch schließlich wissen, mit wem man in einem Bett schläft …

Lass uns reden: Ein kleiner Beitrag zur Geschlechterverständigung

Wer bist du? Was machst du? Wie fühlst du dich? Partner, die an irgendeinem Punkt ihrer Beziehung aufhören, einander diese Fragen zu stellen und zu beantworten, setzen eine unheilvolle Entwicklung in Gang. So eng die Bindung zwischen ihnen bis zu diesem Augenblick auch war, von nun an werden sie von Monat zu Monat mehr zu Fremden füreinander. Gespräche sind das Lebenselixier jeder glücklichen Partnerschaft, darin sind Psychologen und Paartherapeuten sich einig. Ohne intensiven Austausch gibt es keine Verbundenheit, kein Vertrauen, keine Nähe und damit kein Liebesglück. Warum vergessen das nur so viele Paare? Für Long-Distance-Partner sind ausführliche Gespräche die einzige Möglichkeit, am Alltagsleben des anderen teilzuhaben und wenigstens halbwegs mitzubekommen, wie es dem anderen in der Ferne ergeht. Wohl deshalb haben sie weit bessere Redezeit-Werte vorzuweisen als »normale« Paare. Das nennt man wohl aus der Not eine Tugend machen.

Nun wollen es die Natur oder das Schicksal, dass die Kommunikation zwischen Männern und Frauen nicht ganz reibungslos abläuft. Selbst Partner, für die lange Gespräche keine Ausnahme darstellen, stehen sich mitunter rat- und sprachlos gegenüber. »Du kannst mich einfach nicht verstehen«, bringt der bekannte Buchtitel der amerikanischen Linguistik-Professorin Deborah Tannen das Problem vieler Paare auf den Punkt. Die männliche und weibliche Art sich mitzuteilen (oder eben nicht), unterscheidet sich in einigen Punkten wesentlich. Das führt zu Missverständnissen, die tiefe Verletzungen hinterlassen oder einen handfesten Krach auslösen können. Vermeiden lässt sich das nicht immer, aber oft. Sobald zwei Partner die Merkmale und Eigenheiten ihrer Kommunikationsstile kennen und verstehen, fällt die Verständigung weit störungsfreier aus als bisher.

Harte Fakten – zarte Bande

Männer und Frauen verfolgen beim Sprechen unterschiedliche Ziele. Das ist eine der Erkenntnisse, die Kommunikationsexpertin Deborah Tannen aus ihren Studien gewonnen hat. Für Männer sind Gespräche dazu da, um Informationen zu sammeln, erfolgreich zu verhandeln und Wissen, Stärke und Macht zu demonstrieren. Deshalb ist ihre Ausdrucksweise sachlich und auf das Wesentliche reduziert. Wenn sie einen Wunsch haben, bringen sie ihn als klare, unmissverständliche Ansage zum Ausdruck (»Ich will jetzt etwas trinken.« »Ich will dieses Jahr nach Kreta.«).

Selbstverständlich verlassen auch Frauen die Diskussionsarena gern als Siegerin und wollen mit ihrem Wissen brillieren. Doch sie nutzen Gespräche primär um Beziehungen zu pflegen. Ihr Ziel ist Verbindung zu ihrer Umwelt aufzunehmen und Nähe und Harmonie herzustellen. Um niemanden vor den Kopf zu stoßen, benutzen sie eine vorwiegend indirekte Ausdrucksweise. Ständig flechten sie bestätigende, Konsens fördernde Formulierungen in ihre Sätze und bestücken sie mit abschwächenden Begriffen wie »vielleicht«, »ein bisschen«, »irgendwie«. Ihre Bedürfnisse drücken sie ebenfalls indirekt aus (»Hättest du Lust auf ein Getränk?«, »Kreta soll im Frühjahr sehr schön sein.«).

Missverständnisse und Krach sind bei diesen unterschiedlichen Arten, sich der Umwelt mitzuteilen, vorprogrammiert. Frauen empfinden die knappen Mitteilungen ihres Partners oft als lieb- und rücksichtslos. Außerdem gehen vielen die ständigen Nachbesserungen des Liebsten (»Der schöne Baum ist eine Linde, Schatz.« »Die Nudeln, die du platte Spaghetti nennst, heißen Linguine.«) auf die Nerven. Männer hingegen finden die Ausführungen ihrer Liebsten umstandskrämerisch und langweilig. Und ihre Wünsche überhören sie des Öfteren – nicht aus böses Absicht oder Egoismus, sondern weil sie sie gar nicht als solche wahrgenommen haben.

Zu wissen, was sich hinter der Art des Partners, sich auszudrücken, steckt, hilft vielen Paaren. Er kann zum Beispiel lernen, ihre verbindliche Ausdrucksweise nicht als Entscheidungsschwäche fehlzuinterpretieren. Und sie unterstellt ihm nicht gleich Kaltherzigkeit, wenn er sich wortkarg gibt. Vielleicht bemüht sie sich künftig um etwas mehr Präzision bei ihrer Wortwahl. Und er formuliert seine Vorstellungen so, dass sie etwas mehr nach Vorschlag klingen.

Um was geht es eigentlich?

Ein Aspekt weiblichen Sprechgebarens treibt Männer regelmäßig zur Verzweiflung: Frauen sind von Natur aus wahre Kommunikationsartistinnen. Sie haben kein Problem, mit mehreren Themen gleichzeitig zu jonglieren und diese womöglich auch noch in (für Männer) unübersichtliche Bandwurmsätze zu verpacken. Vom einen hüpfen sie zum nächsten, fügen hier und dort kleine Anekdoten ein, weichen auf Nebenschauplätze aus und kommen dabei vom Hundertsten ins Tausendste. Weiblichen Zuhörern entgeht nicht eine Nuance dieser virtuosen Sprechakte. Männer verstehen spätestens beim dritten neuen Seitenaspekt nur noch Bahnhof. Fröhlich erzählende und debattierende Frauenrunden sind unter anderem aus diesem Grund für männliche Zaungäste ein Gräuel. Diesem für ihre Ohren Kommunikationswirrwarr können sie schon nach kurzer Zeit nicht mehr folgen. Soll er also nicht die Lust an einem Plausch mit Ihnen verlieren, feiern Sie schön ein Thema nach dem anderen ab, mehr verkraftet er nicht. Gerade fernliebende Wortakrobatinnen, die im Begriff sind, schwungvoll mit der verbalen Aufbereitung der letzten Woche loszulegen, sollten sich dringend zügeln, sonst steigt der Liebste schon nach wenigen Minuten aus dem Gespräch aus.

Gefühle: Das Schweigen der Männer

Männer sind generell wortkarger als Frauen. Sie geben am Tag zwischen 2000 und 4000 Wörter von sich, Frauen 6000 bis 8000. Das haben Wissenschaftler mitgezählt. Vor allem, wenn es um seine Gefühle und seelischen Ereignisse geht, verschlägt es dem Mann die Sprache. Und der Versuch, über die Beziehung zu diskutieren, löst bei vielen augenblicklich den Fluchtreflex aus. Klingt nach Klischee, entspricht aber wissenschaftlichen Erkenntnissen. Männer reden lieber über schnelle Autos, Fußballergebnisse oder die Chancen einer gemeinsamen europäischen Außenpolitik als über ihr Innenleben. Diese Vorliebe für Sachthemen liegt in ihrer Kindheit begründet. Kleinen Jungs wird eingetrichtert, dass Emotionen zu zeigen schwach und unmännlich ist. Die negativen Gefühle, versteht sich, denn ein Mann darf lachen und jubeln, aber Tränen verkneift sich, wer ein gestandenes Mannsbild sein will. Über Ängste, Sorgen oder Kummer zu sprechen, haben Männer nie wirklich gelernt. Im Freundeskreis klopft man kernige Sprüche, reißt Witze oder erteilt halbherzige Ratschläge, wenn einer in der Runde emotional durchhängt. Bloß nicht als Weichei dastehen, diese Maxime gilt auch in der Beziehung. Und so schweigt mancher Mann sich eisern über seine Kümmernisse aus, selbst wenn ihm hundeelend dabei ist.

Frauen leiden unter der Sprachlosigkeit ihrer Partner und nennen sie in Befragungen immer wieder als Trennungsgrund. Fernbeziehungen finden tage- oder wochenlang ausschließlich in Form von Gesprächen statt. Lässt der Mann da nicht mehr raus als einen Wetterbericht oder eine knappe Beschreibung des Arbeitstages, kriegt die Frau die Krise. Sie will an seinem Leben und seinen Gefühlen teilhaben. Und sie will hören, dass er sie vermisst (tut er umgekehrt schließlich auch gern!). Sie wird sauer, wenn er standhaft den gut Gelaunten markiert, während sie vor Sehnsucht nach ihm Bauchschmerzen hat (würde er sich keine Gedanken machen, wenn ihr das Getrenntsein kein bisschen zusetzen würde?). In Long-Distance-Beziehungen bekommen es die Partner mit den unterschiedlichsten negativen Gefühlen wie Eifersucht, Misstrauen, Angst oder Wut zu tun. Spricht man nicht offen darüber, machen sie die Liebe mürbe. Psychologen und Therapeuten empfehlen Paaren deshalb dringend, an ihrem Kommunikationsverhalten zu arbeiten. Das heißt in diesem Fall für den Mann: den Mund aufmachen. Es verlangt ja niemand von ihm, seine Beziehung und jede seiner emotionalen Regungen mit der gleichen Leidenschaft zu sezieren wie eine Frau das tut. Trotzdem kann und muss jeder Mann lernen, seiner Partnerin einen Einblick in sein Seelenleben zu verschaffen. Die kann beim Lernprozess etwas nachhelfen:

Natürlich braucht es Fingerspitzengefühl und Geduld, um in die tieferen Emotionsschichten eines routinierten Gefühls-Verschweigers vorzudringen. Zunächst einmal sollten Sie ihm Mut machen, ihm immer wieder erklären, wie viel es Ihnen bedeutet zu erfahren, wie es in ihm aussieht, betonen, dass er nicht als Waschlappen dasteht, wenn er zugibt, unter der räumlichen Trennung zu leiden, oder wie traurig er über Ihren zickigen Tonfall beim letzten Telefonat war. Eine schöne Art, sich Zutritt zur Gefühlswelt des Partners zu verschaffen, sind Ausflüge in die Kindheit: »Was hast du damals am liebsten gespielt?« »Wovor hattest du Angst?« »Wie habt ihr Weihnachten gefeiert?« Bei solchen Gesprächen lernen Sie wichtige Details übereinander und verstehen so manche merkwürdige Reaktion des anderen künftig besser. Weicht der Liebste im Gespräch auf die Sachebene aus, konsequent nachhaken: »Und wie fühlst du dich dabei?« »Was empfindest du, wenn so etwas passiert?« Wichtig ist, keine Fragen zu stellen, die der Mann mit ›Ja‹ oder ›Nein‹ beantworten kann. Er wird jede Gelegenheit nutzen, sich möglichst kurz zu fassen. Auch nicht sehr konstruktiv: Den Partner unterbrechen oder seine Sätze zu Ende sprechen. Männer haben sich über vieles, was ihre Gefühle betrifft, noch nie Gedanken gemacht. Für sie sind ganze Regionen der eigenen Gefühlswelt Terra incognita. Da braucht es seine Zeit, bis sie sich dazu äußern können.

Zuhören macht die Liebe stark

Um etwas über das Innenleben des Menschen an seiner Seite zu erfahren, gibt es zwei Möglichkeiten: Man liest sein Tagebuch oder man hört ihm zu. Empfehlenswert ist nur die zweite Alternative. Um zuhören zu können, muss der andere natürlich erzählen. Das tut der aber wiederum nur, wenn er das Gefühl hat, seine Worte stoßen nicht auf taube Ohren. Deshalb ein paar Tipps für den optimalen Empfang.

Interesse zeigen

Partner in glücklichen Beziehungen sind voll bei der Sache, wenn der andere von sich erzählt. Sie legen die Zeitung zur Seite, rennen nicht andauernd aus dem Zimmer, schielen nicht pausenlos nach dem Handy. Sie zeigen dem anderen, dass ihnen wichtig ist, was er sagt. Statt zum Fenster hinaus, schauen sie dem Partner immer wieder in die Augen. Dass sie alles verstehen und Anteil nehmen, verraten sie durch kurzes Nicken, Kopfschütteln, Gesten oder mit kleinen Ausrufen wie »Oh je, du Armer« oder »Das gibt's ja nicht!«. Sie fragen nach und machen so dem Partner deutlich, dass sie ganz bei ihm sind.

Eine Frage des Stils

Nicht jeder verfügt über die Redegewandtheit eines Harald Schmidt oder einer Barbara Schöneberger. Manche Menschen tun sich schwer damit, ihre Gedanken schnell und präzise in Worte zu gießen. Andere wiederum neigen zu weit ausholenden, wortreichen Schilderungen. Jeder wie er kann und will. Ständig an der Erzählkunst des Partners herumzumäkeln, ist nicht fair. Sie gehört zu ihm wie seine blauen Augen oder die Form seiner Hände. Also folgen Sie dem anderen geduldig und ohne ihn zu unterbrechen bei seinen Ausführungen, egal wie viele Grübelpausen er einlegt oder wie viele Adjektive seine Sätze schmücken. Bekommt der Partner unseren Spott oder unsere Ungeduld zu spüren, verliert er die Lust, sich uns mitzuteilen und wir ihn aus den Augen.

Geduld

Zuhören heißt, sich auf das Gesagte einzulassen. Es ist unklug, die Ausführungen des Partners mit einem achtlosen »Ja ja, ich weiß schon, was du sagen willst!« abzuwürgen. Gedanken lesen ist bekanntlich keine weit verbreitete Kunst. Vielleicht will der andere etwas ganz anderes sagen, als wir glauben. Es wäre doch schade, den wichtigsten Teil seiner Rede – und so vielleicht den Anschluss an sein Leben zu verpassen.

Nur für Frauen

Was könnte wohl hinter dieser Bemerkung stecken? Viele Frauen haben die (schlechte) Angewohnheit, zwischen den Zeilen zu lesen und in die Worte ihres Partners etwas hineinzuinterpretieren. Das geht Männern gewaltig auf die Nerven, denn meistens meinen sie, was sie sagen. Bevor Sie ihm also irgendwelche Absichten oder Hintergedanken unterschieben, sollten Sie besser nachfragen, ob Sie ihn richtig verstanden haben.

Nur für Männer

In Fernbeziehungen kommt ein klassisches Missverständnis zwischen Mann und Frau besonders stark zum Tragen: Wenn Frauen ihren Partnern von einem Problem erzählen, denken die meist, dies sei als Hilferuf zu verstehen und sie müssten als Retter in der Not einschreiten und das Übel aus der Welt schaffen. Bei 500 Kilometern Entfernung lässt sich das mitunter schwer bewerkstelligen, was so manchen edlen Ritter schier zur Verzweiflung treibt. Trotzdem müht er sich mit der Suche nach einer Patentlösung ab und bekommt von seiner Liebsten zu seinem großen Erstaunen den Vorwurf zu hören, er würde sie nicht verstehen. Damit hat sie sogar Recht. Fakt ist: Männern geht es um die Sache, Frauen vor allem um Gefühle. Sie wollen, dass ihr Partner ihnen zuhört und Verständnis für ihre Situation oder Sorgen zeigt. Sie erwarten nicht, dass er ihnen mit konkreten Ratschlägen unter die Arme greift. Was zu tun ist, wissen sie selbst meist besser als jeder andere oder sie kommen auf eine Lösung, während sie Dampf ablassen. Was sie sich wünschen, ist seelischer Beistand, nicht praktische Hilfe.

7. Solo-Zeit

»Doris und ich haben uns vor einem Dreivierteljahr bei einer Fortbildungsveranstaltung kennen gelernt und sofort ineinander verliebt. Sie lebt in Chemnitz, ich in Frankfurt am Main. So langsam wird das schwierig. Am Anfang haben wir uns einfach nur sehr auf die Wochenenden gefreut, aber je länger wir zusammen sind, desto mehr vermissen wir uns, weil wir uns so wohl und glücklich miteinander fühlen. Das Getrenntsein wird dadurch immer mehr zur Qual. Ich will mit meiner Freundin nicht nur telefonieren, ich will sie bei mir haben. Am meisten vermissen wir einen ganz normalen Alltag. So was wie zusammen essen, fernsehen, diese ganz gewöhnlichen Sachen.«

Peter, 32

»Manchmal fällt man schon in ein Loch. Dann liege ich nachts im Bett und denke, ich lebe absolut nicht das Leben, das ich eigentlich haben will, nämlich ein Leben mit Johannes. Und dann ist ja längst nicht sicher, ob das ewige Warten sich überhaupt lohnt und wir am Ende wirklich zusammenziehen. Vielleicht geht es schief mit uns und ich habe mich dann für nichts so lange herumgequält. Am nächsten Morgen sind solche Bedenken zum Glück meistens verflogen. Meistens geht's mir ganz gut mit der Fernbeziehung. Meine Kollegen nerven allerdings. Die fragen immer mit so einem lauernden Unterton, wie es denn läuft mit uns. Als wollten sie unbedingt hören, dass wir Probleme haben. In deren Augen kann eine Fernbeziehung offenbar gar nicht funktionieren.«

Svenja, 27

»Bevor ich mit Ulli zusammenkam, hatte ich immer nur Affären. Kurze Geschichten, die mir nicht wirklich was bedeutet haben. Mit Ulli war es anders. Da wusste ich gleich, dieses Mal ist es was Ernstes. Dass sie sich just in diesem Moment für ein Auslandsstudium in Barcelona aus Hamburg verabschiedet hat, war für mich ideal, so verrückt sich das anhört. Ich habe sie in den eineinhalb Jahren natürlich vermisst wie ein Hund. Andererseits konnte ich mich langsam an den Gedanken gewöhnen, dass meine Freiheit ein für allemal dahin ist. Das Gute ist, dass wir beide unser eigenes Leben hatten. Es gibt ja solche Paare, die kleben nur noch zusammen. Schrecklich! Ulli hat sich nie an mich gehängt. Das hat sich auch nach dem Zusammenziehen nicht geändert. Wir machen viel zusammen, ziehen aber auch unser eigenes Ding durch. Ohne die Fernbeziehung wäre das vielleicht nicht so selbstverständlich gewesen.«

Ben, 35

In einer festen Beziehung und trotzdem frei, am Wochenende Zweisamkeit, Geborgenheit, Wir-Gefühl erleben und unter der Woche die Vorteile des Singlelebens auskosten: Wenn das kein Luxus ist! Was der Kopf ihnen ständig vorbetet, beeindruckt das Gefühlszentrum von Fernliebenden in den Phasen des Getrenntseins nur teilweise. Statt Dauerbegeisterung zu senden, pumpt es ihnen immer wieder Wut, Angst, Zweifel und andere negative Emotionen ins Gehirn. Schade eigentlich, denn wer sich vom Solo-Blues fangen lässt, an dem gehen die guten Seiten des Teilzeit-Singledaseins spurlos vorüber.

Gute Zeiten ...

Dem Umzug folgt die Leere. Keiner mehr da, der Programm macht und für Unterhaltung sorgt. Dafür gibt es plötzlich viele Stunden, die irgendwie mit Inhalt gefüllt werden wollen. Partner, die bislang unter einem Dach gewohnt haben, müssen sich in den Anfangswochen einer Fernbeziehung erst einmal an die neue Situation gewöhnen und sitzen leicht orientierungslos in ihren Wohnungen herum: »Was mache ich bloß mit der ganzen freien Zeit?« Jeden Abend vor dem Fernseher sitzen und zappen bis die Finger schmerzen, das nutzt sich schnell ab. Besonders der Umzügler hat oft Anlaufschwierigkeiten, was die Freizeitgestaltung in den Trennungsphasen angeht, muss er in der ersten Zeit doch meist ohne Bekannte und Freunde auskommen. Und so dauert es häufig eine ganze Weile, bis Fernliebende entdecken, was für ein Geschenk die gewonnene Zeit und Freiheit sind. Sich ganz auf sich selbst konzentrieren können, keiner, der einen vorzeitig aus dem Büro abkommandiert – die meisten Distanzpaare, so Mobilitätsexperte Norbert Schneider, sehen in der individuellen Autonomie letztendlich einen Vorteil ihres Lebensmodells.

Zeit für mich

Wann hat es das zuletzt gegeben? Die Abende ganz nach Lust und Laune gestalten, spontan und ohne Rücksicht auf jemand anderen. Endlich den Italienischkurs machen, den man seit Jahren vor sich herschiebt. Sich bei einem karitativen Projekt oder für den Umweltschutz engagieren. Ausgehen, eigene Freunde treffen, joggen oder Basketball spielen so oft man möchte oder sich stundenlang mit sich selbst beschäftigen. Das Privileg, so viel Zeit für sich selbst zu haben wie selten zuvor und vielleicht nie wieder, ist für manche jedoch zunächst eine Last, weil sie sich bis zu diesem Tag immer als Teil eines Doppels wahrgenommen und ihre eigenen Bedürfnisse und Ziele nach denen des Partners ausgerichtet haben. Auf sich allein gestellt, müssen diese Teilzeitsingles sich plötzlich selbst Gedanken darüber machen, wie sie ihre Freizeit gestalten und zu einem erfüllenden Alltagsleben kommen. Eine gute Gelegenheit für alle, einmal auseinander zu dividieren, was tatsächlich ihren eigenen Wünschen und Vorstellungen entspricht und was sie in der Zeit zuvor eigentlich nur getan haben, um dem Partner zu imponieren, zu gefallen oder ihm einen Gefallen zu tun.

Tagträumen, entspannen, sinnieren, ganz zu sich kommen, ohne dass der Partner dazwischenfunkt: Fernliebende können unter der Woche ihren eigenen Lebensrhythmus (wieder-)entdecken und in aller Ruhe ergründen, was sie sich für ihr Leben wünschen. Wo will ich hin? Was brauche ich – abgesehen von meinem Partner –, um glücklich zu sein? Was tut mir wirklich wohl? Was macht mir Freude? Von allem, was Sie in dieser Lebensphase über sich lernen und Neues für sich entdecken, können Sie auch nach der Wiedervereinigung profitieren, denn nur wer sich selbst gut kennt und dafür sorgt, dass er mit seinem Leben zufrieden ist, kann auch in seiner Partnerschaft glücklich sein.

Tagebuch: Mein ständiger Begleiter

Sortieren, konservieren, relativieren – in einer Fernbeziehung leistet ein Tagebuch unschätzbare Dienste. Beim Schreiben konzentrieren wir uns ganz auf uns selbst und unsere Gedanken und Gefühle. Wann immer uns das heulende Elend oder maßloser Zorn auf den Partner packt, ist es für uns da und ein verschwiegener Zeuge unserer emotionalen Ausbrüche. Es plaudert nicht aus, was wir von uns geben und verwendet sein Wissen – anders als so mancher unbedacht ausgewählte menschliche Zuhörer – niemals gegen uns. Ein Tagebuch funktioniert wie eine Art Seelenmülleimer: Aufschlagen, abladen, aller Unrat weg. Das Schöne dabei ist: Die Regeln der political correctness sind beim Schreiben außer Kraft gesetzt. Man darf unverschämt, ungerecht, maßlos sein, sich beklagen, sich bedauern oder den Partner verdammen. Man kann sein Innerstes nach außen stülpen und ordentlich Dampf ablassen. Danach fühlt man sich wunderbar entlastet, schämt sich unter Umständen ein wenig wegen seiner mangelnden Fairness, aber sieht klarer, wo man wirklich ein Hühnchen mit dem Liebsten zu rupfen hat, oder stellt erleichtert fest, dass alles nur halb so schlimm ist.

Ganz nebenbei ist das Tagebuch ein guter Assistent beim Lösen von Problemen. Was eben noch als Gedankenwirrwarr durch die Gehirnwindungen wuselte, wird beim Aufschreiben plötzlich klar. Was nach einem riesigen Hindernis aussah, entpuppt sich als durchaus überwindbar. Und in einer verfahrenen Situation tut sich mit einem Mal ein Ausweg auf. Hält man nicht nur seine Tobsuchtsanfälle fest, sondern auch schöne Erlebnisse, hat man auch etwas davon: Erfreuliche Dinge bleiben länger im Gedächtnis, wenn man sie im Tagebuch verewigt hat. Außerdem kann man sie in wenig sonnenverwöhnten Zeiten immer wieder nachlesen.

Ein Tagebuch schreiben wir für uns selbst, nicht für die Nachwelt. Was interessant genug ist, niedergeschrieben zu werden, bestimmen wir allein, und wie oft wir zu Stift und Buch greifen, ebenfalls. Die einen tun es jeden Abend vor dem Einschlafen, andere nur alle paar Tage oder Wochen. Manche schreiben auf, was ihnen gerade durch den Kopf geht, andere führen eine Art Logbuch. Viele kleben oder legen Eintrittskarten, Briefe, Fotos zwischen die Seiten, Puristen dagegen bleiben beim geschriebenen Wort. Jeder nach seinem Geschmack. Peinlich, peinlich, was man so alles von sich gibt? Egal! Schriftstellerische Qualitäten sind hier nicht verlangt und man muss sich für sein Gekrakel vor keinem Geschmacksgerichtshof rechtfertigen. Schmökert man selbst mal wieder in alten Zeiten, weicht die Scham sowieso meist fröhlichem Gelächter.

Reise in die Vergangenheit

»Was wohl Rita jetzt macht?« Wie oft ist einem diese Frage nicht schon durch den Kopf gegangen. Eine Fernbeziehung ist der perfekte Zeitpunkt, um sich auf Spurensuche zu begeben, denn Zeit hat man jetzt zu Genüge, um zu erforschen, was aus der Freundin geworden ist, mit der man fürs Abitur gepaukt hat, oder den Kumpel aufzuspüren, mit dem man jeden zweiten Tag auf dem Fußballplatz gestanden hat. Bei der Reise in die Vergangenheit erlebt man so manche positive Überraschung. Vielleicht hat es die Busenfreundin von einst in die gleiche Stadt verschlagen wie einen selbst und man hat endlich jemand Vertrauten, mit dem man nach Büroschluss Sport machen oder einen trinken gehen kann. Vielleicht wird aus der ehemaligen Pausenhof-jetzt auch eine inspirierende E-Mail-Freundschaft.

Der schnellste Weg, an alte Kontakte anzuknüpfen ist, sich in einer der einschlägigen Internet-Online-Datenbanken registrieren zu lassen. Auf diesem Weg kommt man in kürzester Zeit an die E-Mail-Adressen alter Freunde. Kosten: Fünf bis zehn Euro jährlich, einige Sites sind sogar gebührenfrei. Sein Glück versuchen kann man zum Beispiel unter www.freundedirekt.de, www.abschlussjahr.de, www.stayfriends.de oder www.passado.de.

GSV – Geheimes Singleverhalten

Nicht, dass diese Dinge definitiv unverzichtbar wären, aber sie machen Spaß, man fühlt sich gut dabei oder furchtbar sündig, cool oder wieder wie 20. Eine Distanzliebe ist DIE Gelegenheit, ein paar schöne alte Gewohnheiten oder Rituale, sprich sein geheimes Singleverhalten (GSV), wiederzubeleben. Vor seinem Partner hält man sein GSV meistens geheim, weil zu befürchten steht, dass es mit dem Status als ernst zu nehmendes Mitglied der Gesellschaft, stilvoller Feingeist oder erotisch ansprechende Person unvereinbar ist. Gemeint sind so herrliche Dinge wie Bauch-Beine-Po-Gymnastik auf der Wohnzimmerauslegeware exerzieren oder Dosenravioli aus dem Topf essen und dabei Sendungen wie »Die dümmsten Autofahrer der Welt« gucken. Die Bikinizone bei offener Badezimmertür epilieren, damit einem kein Wort von »GZSZ« entgeht oder zum Frühstückstee in der Küche mit einer Maske gegen geschwollene Augenlider im Gesicht die Fußnägel lackieren. Jeden Song im Radio mitpfeifen, vier Stück Bienenstich mit Weißwein herunterspülen, Mick Jagger auf der Luftgitarre begleiten... Schönes freies Single-Leben, da bin ich wieder!

Zeit für die Karriere

Die meisten Fernliebenden haben sich nicht freiwillig, sondern aus beruflichen Gründen für die räumliche Trennung entschieden. Weil sie zu Hause keine Stelle gefunden haben, die ihrer Qualifikation entspricht, weil sie sich finanziell und hierarchisch verbessern wollten oder weil sie einen inhaltlich spannenden Posten nicht ausschlagen konnten. Vor allem wenn beide Partner sich in ihrem Beruf sehr engagieren, empfinden sie eine Fernbeziehung oft als großen Vorteil. In ihrem Leben hat die Karriere Vorfahrt und eine Distanzliebe sorgt für ausreichend freie Kapazitäten. Weil man auf keinen Partner Rücksicht nehmen muss, wird der Tagesablauf ausschließlich vom Terminkalender im Büro diktiert. Man muss keine Absprachen wegen gemeinsamer Abendessen oder Verabredungen einhalten. Freiberufler, die zu Hause arbeiten, fühlen sich nicht durch die Anwesenheit eines Zweiten gestört und können sich an den Schreibtisch setzen, wann immer es ihnen passt oder sie einen Kreativitätsschub haben. Fest angestellte Distanzliebende sind eher bereit, Überstunden, Abendtermine und Dienstreisen anzutreten als Kollegen mit Familie oder ortsansässigem

Partner. Bei ihnen sitzt schließlich keiner zu Hause und wartet ungeduldig. Rund um die Uhr einsatzbereit – klar, dass davon die Karriere profitiert. Vor allem die von Frauen, denn zumeist sind sie es, die für Partner und Familie mit dem beruflichen Engagement zurückstecken.

Schlechte Zeiten ...

Die Solo-Phasen in einer Distanzbeziehung sind förderlich für die Karriere und die Entwicklung der Persönlichkeit. Sie sind jedoch gleichzeitig eine emotionale Belastungsprobe. Wie Versuchskaninchen bekommen Fernliebende immer wieder neue ätzende Gefühle injiziert: Wut pur oder gemischt mit Angst, Trauer gemischt mit Zweifeln, verzehrender Sehnsucht und so weiter. Kummer, Tränen, Weltuntergangsstimmung – das gehört zum Leben wie Freude, Lachen und Jubelfeiern. Den einen oder anderen Durchhänger darf man sich deshalb ruhig leisten. Eine Nacht grübeln oder Tempotaschentücher zu Brei heulen, einen Tag eine Stinkwut auf den Partner haben, dann aber muss es wieder gut sein. Wer nur noch in seiner Wohnung sitzt und Trübsal bläst, der sollte sich vom Lebensmodell Fernliebe schleunigst verabschieden. Erfahrene Fernliebende dagegen wissen sich in Krisenfällen zu helfen und haben für jedes giftige Gefühl ein Gegenmittel zur Hand.

Trotz: Reine Energieverschwendung

»Ach wäre das schön, wenn sie jetzt hier wäre und wir würden zusammen kochen. Dann könnte ich mich über meine Luxusküche viel mehr freuen.« Sie ist aber nun einmal nicht hier. Und dabei wird es noch eine ganze Weile bleiben. Warum also nicht zum Beispiel einen oder mehrere Kollegen oder Bekannte(n) einladen und bekochen? Das hätte vielleicht nicht ganz die Qualität eines romantischen Candlelight Dinners, aber es macht Spaß und vertreibt die Museumsstille aus der Prachtküche.

Am Anfang stemmen sich viele Distanzliebende innerlich gegen die

Tatsache, dass sie im Alltag ohne den Partner auskommen müssen. Laufend malen sie sich Wenn-du-hier-wärst-Szenarien aus, anstatt zu überlegen, wie sie ihre freie Zeit möglichst angenehm und sinnvoll verbringen können. Das erinnert an die Trotzreaktion eines Kleinkindes: »Ich will aber!« Doch leider geht leer aus, wer sich in einen unmöglichen Wunsch verbeißt. Auf eine Fernbeziehung übertragen bedeutet das: Der Partner verbringt die Arbeitswoche und vielleicht auch diverse Wochenenden für eine gewisse Zeit an einem anderen Ort. Das ist nicht schön, aber es ist ein Fakt, mit dem man sich abzufinden und zu arrangieren hat. Alles andere wäre reine Energieverschwendung und Selbstsabotage, denn zum prickelnden Vergnügen wird die Freizeit mit dieser Haltung gewiss nicht.

Also nichts wie raus aus der Trotzphase! Wer ständig mit seinem Schicksal hadert und gegen momentan Unabänderliches ankämpft, verpasst die schönen Seiten des Teilzeit-Singledaseins. Klüger ist es, mit fernöstlicher Gelassenheit ein paar Dinge hinzunehmen und sich auf die positiven Seiten der momentanen Lebenssituation zu konzentrieren. Mit Fatalismus oder einem schwachen Willen hat das nichts zu tun, eher mit Weisheit. Nichts bleibt schließlich wie es ist. Und auch eine Fernliebe ist keine Einrichtung für die Ewigkeit.

Einsamkeit: Raus aus der Isolation

Manchmal passiert es von einer Minute auf die andere: Gerade noch war es ein höchst gemütlicher Soloabend und im nächsten Moment fühlt man sich wie ein Schiffbrüchiger. Allein und verlassen auf einer einsamen Insel, weit weg vom Rest der Menschheit, der es vermutlich gerade verdammt nett hat, irgendwo in unerreichbarer Ferne. In der Regel sind es jedoch nur kurze Momente der Verlorenheit, die schnell vorübergehen wie eine Magenverstimmung. Es zwickt ein bisschen, aber es entsteht kein bleibender Schaden.

Fernliebende, bei denen die Einsamkeit sich allerdings häuslich eingerichtet hat, sollten sich Gedanken darüber machen, warum sie zum bevorzugten Opfer erkoren wurden. Nicht jeder, der allein ist, fühlt sich auch einsam, sagt der Psychologe Steffen Fliegel. Einsamkeit liegt meistens in uns selbst begründet. Also: Gehört man zu den Menschen, die mit sich allein nichts anfangen können oder zieht man sich zu sehr in sein Schneckenhaus zurück und lässt anderen keine Chance zur Kontaktaufnahme? Wer zur ersten Gruppe gehört, sollte vor allem lernen, selbstständig zu werden und die Verantwortung für das eigene Lebensglück zu übernehmen. Fernliebende, die sich eher der zweiten Gruppe zuordnen, sitzen oft einem klassischen Gedankenfehler auf: Am Wochenende bin ich nicht allein, da brauche ich unter der Woche niemanden. Nun sind sie aber alles andere als glücklich mit ihrem selbst gewählten Einzelgängertum und fühlen sich zunehmend blass und armselig. Erzählen die Kollegen vergnügt von ihren Freizeiterlebnissen mit Freunden und Bekannten, legt das Selbstbild noch ein paar Graustufen zu. »Alle amüsieren sich, nur ich erlebe nichts.« »Alle werden gemocht, nur ich nicht.« »Alle sind interessanter als ich.« »Mit einer traurigen Figur wie mir würde ich auch nichts unternehmen wollen.« Etage für Etage trudelt das Selbstwertgefühl abwärts in Richtung Tiefgeschoss. Und anstatt auf andere zuzugehen, zieht man sich immer weiter zurück.

Isolation macht auf Dauer depressiv. Das Schneckenhaus muss deshalb weg. Auch wenn es schwer fällt: Bleiben Sie nicht auf der Außenseiterposition kleben und blasen Sie kein Trübsal, sondern werden Sie aktiv! Überlegen Sie zum Beispiel, wer im Bekannten- und Kollegenkreis Single oder ebenfalls Teilzeitsingle ist (wenn man den Partner schmerzlich vermisst, ist das fröhliche Beisammensein mit einem glücklichen Paar schwer zu ertragen) und schlagen Sie ihm oder ihr einen spontanen Kino- oder Kneipenbesuch vor. Fast 40 Prozent aller Deutschen, in Großstädten sogar über die Hälfte der Bewohner, leben heute solo. Wäre doch gelacht, wenn sich keiner finden sollte, der nicht weiß, was er heute oder morgen Abend mit sich anfangen soll. Signalisiert ein Kollege oder Zufallsbekannter von sich aus Interesse an einem Treffen, gehen Sie nicht einfach darüber hinweg, egal wie unspannend man den Betreffenden auf den ersten Blick findet. Vielleicht lernt man über ihn neue Leute kennen oder er entpuppt sich als überraschend attraktiver Gesprächspartner. Eventuell ist auch die Nachbarin eine Etage tiefer nicht nur eine zuverlässige Blumenhüterin in Urlaubszeiten, sondern auch eine aufmunternde Anlaufstelle in einsamen Stunden. Mehr zum Thema neue Freunde ab Seite 172.

Sehnsucht: Ich kann ohne dich nicht leben!

Sehnsucht ist ein Gefühl mit vielen Facetten. Sie kommt als süße Wehmut daher oder als bohrender Schmerz. Sie kann uns beflügeln oder lähmen, verzaubern oder zur Verzweiflung treiben. Zeigt sie ihr freundliches Gesicht, flüstert sie Distanzliebenden zärtliche Gedanken an den fernen Partner ein: »Wie sie wohl heute aussieht?« »Ob er im Schlaf wieder meinen Namen sagt?« Beim sehnsüchtigen Tagträumen klammern sie alle negativen Eigenschaften des anderen aus, denken nur an das, was sie an ihm lieben. Romantische Sehnsucht weckt in Long-Distance-Partnern, die schon länger ein Paar sind, eine Verliebtheit und ein Verlangen nacheinander, die ihnen unter anderen Umständen wahrscheinlich längst abhanden gekommen wären.

Das hässliche Gesicht der Sehnsucht bekommen die Long-Distance-Liebenden zu sehen, die mit der räumlichen Trennung nicht zurechtkommen. Sie können dem Teilzeit-Singleleben weder etwas Positives abgewinnen, noch beglückt es sie, an den Partner zu denken. Sie fühlen sich ohne den anderen leer und verloren. Die Sehnsucht nach dem Zusammensein mit ihm bereitet ihnen Pein bis hin zur Depression. Ihr ganzes Sinnen und Trachten ist auf den Wunsch nach Aufhebung dieses unerträglichen Zustandes gerichtet.

Die Entdeckung der Selbstständigkeit

Wer im Zuge einer Partnerschaft sein ›Ich‹ vernachlässigt und sein Leben komplett auf den anderen abgestellt hat und sich dann plötzlich in einer Distanzbeziehung wiederfindet, hat schwer an den Fehlern der Vergangenheit zu knabbern. Plötzlich steht er ohne eigene Kontakte, Freizeitbeschäftigungen und Lebensinhalte da und durchleidet, neben anderen Defiziten, die Sehnsucht nach dem Abwesenden als unendliches Jammertal.

Fernliebenden bleibt, wollen sie das Projekt Distanzbeziehung nicht bereits nach wenigen Monaten wieder aufgeben, gar nichts anderes übrig, als Selbstständigkeit zu lernen und die Verantwortung für das eigene Lebensglück zu übernehmen. Für die einen stellt das kein großes Drama dar. Sie waren schon immer selbstbewusst und autonom und haben wenig Probleme mit der Umstellung auf den Solobetrieb. Andere tun sich mit der Abnabelung vom Partner weniger leicht. Doch gerade Menschen, die bislang stark auf den Partner fixiert waren, machen in Sachen Persönlichkeitsentwicklung einen großen Schritt nach vorne, wenn sie sich der Herausforderung des Alleinseins stellen.

Das müssen Fernliebende lernen: Zufriedene Partner machen ihr Selbstbewusstsein nicht voneinander abhängig, sondern holen sich auch außerhalb der Partnerschaft Anerkennung und Erfolgserlebnisse. Sie setzen Treffer im Beruf, überzeugen auf dem Golfplatz, polieren ihre Fremdsprachenkenntnisse auf, singen in einem Chor oder restaurieren alte Möbel. Alle Aktivitäten, die uns Freude machen, stärken nicht nur das Selbstbewusstsein, sie sind auch ein Auftanken mit Lebensenergie, sagt die Psychotherapeutin Julia Onken. Wir werden angeregt, aufgeheitert und fühlen uns rundum lebendig. Die daraus destillierte Freude schenkt uns nicht nur neue Kraft, sondern wirkt sich auch wie ein Turboeffekt auf unsere Beziehung aus.

Die meisten Fernliebenden entdecken im Laufe einer Distanzbeziehung, welches Potenzial und welcher Unternehmungsgeist in ihnen steckt und stellen mit Erstaunen fest, dass ihre neue Eigenständigkeit ihre Liebe zum Partner keineswegs schmälert, sondern die Beziehung im Gegenteil bereichert. Saß die Sehnsucht früher wie ein Stachel in ihrem Herzen, vergrößert sie jetzt die Freude auf das nächste Wiedersehen. Auch wenn sie mit dem Partner wieder zusammengezogen sind, wird die positive Wirkung der Emanzipation vom Partner anhalten, sagen Psychologen, denn was für Fernliebende gilt, besitzt für alle Paare Gültigkeit.

Wut: Du hast mich im Stich gelassen!

Die Entscheidung, den Job in 500 Kilometern Entfernung anzunehmen, hat man gemeinsam getroffen. Man hat den anderen sogar großmütig darin bestärkt, diesen Schritt zu tun, weil es für seine Karriere wichtig ist oder weil er schon lange von so einem Angebot geträumt hat. Wie selbstlos! Wie großherzig! Doch dann schlägt eines Tages das heulende Elend zu, spätestens, wenn der Partner ein Wochenende gecancelt hat: ›Allein, im Stich gelassen, verraten – wie konnte er/sie mir das antun?‹ Opfer sein ist armselig, also dreht man den Spieß um und drischt in Gedanken wütend auf den Abtrünnigen ein: ›Ich sitze hier und verzehre mich und dir ist unsere Beziehung vollkommen egal! Wenn du mich wirklich lieben würdest, hättest du unser Treffen möglich gemacht!‹ Ab und an in Selbstmitleid zu baden und den Trennungsfrust in pauschale Angriffe umzumünzen sei Ihnen gestattet. Hat sich das Teufelchen, das Ihnen Gift ins Ohr geträufelt hat, aus dem Staub gemacht, sollten Sie allerdings wieder klarsehen: Der Partner hat sich durch seinen Weggang nicht gegen die Beziehung entschieden. An seiner Liebe zu zweifeln, weil er ein Wochenende absagen musste, ist nicht fair. Und: Auch wenn er sein Leben in der anderen Stadt genießt, bedeutet das nicht automatisch, dass er ohne Sie glücklicher ist. Soll er jeden Abend zu Hause sitzen und sich langweilen, nur weil Sie unter sporadischen Verstimmungen leiden?

Auch wenn sie gelegentlich vom Gegenteil überzeugt sein mögen, sollten Partner einander stets die besten Absichten unterstellen. Untersuchungen bestätigen, dass in schwierigen Situationen tatsächlich beide bemüht sind, ihr Bestes zu geben um den anderen zu unterstützen und sich in die Beziehung einzubringen. Leider übersehen wir die Anstrengungen unseres Partners manchmal oder verdächtigen ihn sogar, gegen uns zu sein. Also: Wenn der andere sich bei einer Party amüsiert, während Sie selbst allein zu Hause hocken, machen Sie ihm keine Vorwürfe. Er will Ihnen keins auswischen, sondern ganz einfach Spaß haben. Und vielleicht ist die Situation beim nächsten Mal genau umgekehrt. Oder: Wenn die Kinder in Berlin schon wieder mit einem Magen-Darm-Infekt im Bett liegen und Sie alle 15 Minuten den Eimer entleeren und die Bettwäsche auswechseln müssen, sollten Sie nicht glauben, Ihr Mann im fernen Frankfurt drücke sich böswillig vor diesem Job. Wenn er die Möglichkeit hätte, wäre er jetzt sicher an Ihrer Seite.

Zweifel: Warum tue ich mir das an?

Tatsache ist: Eine Fernbeziehung ist eine Belastung. Emotional, finanziell, körperlich. Da braucht es nicht viel, um in einsamen Stunden ernste Zweifel an der Partnerschaft aufkommen zu lassen.

Liebst du mich wirklich/noch?
Schrecklich, diese Ungewissheit! Wer den Partner in der Ferne gerade erst kennen gelernt hat, zermartert sich an ruhigen Abenden mit tausend Fragen das Gehirn. Meint sie es ernst mit mir? Lohnt sich der ganze Aufwand? Kann ich ihm vertrauen, wenn er mit anderen Frauen ausgeht, oder mache ich besser Schluss, bevor es richtig wehtut? Frisch liierte Distanzpartner können nicht wirklich einschätzen, in wen sie sich da verliebt haben. Sie kennen nur die Schokoladenseiten ihrer Eroberung und wissen nicht, was sich hinter der perfekt scheinenden Fassade verbirgt. Bei eingespielten Langzeitpaaren, die bereits die eine oder andere Krise gemeinsam überstanden haben, stehen die Chancen auf eine funktionierende Fernbeziehung besser als bei jung Verliebten. Doch auch sie werden von Zweifeln an der Liebe des anderen heimgesucht. Nicht immer unberechtigt. Es kann durchaus passieren, dass der Partner sich nach seinem Umzug in der neuen Umgebung extrem wohl fühlt und ganz neue Möglichkeiten für sich entdeckt. Darüber kann das bisherige Leben schon mal an Reiz verlieren. Vielleicht verliebt er sich sogar neu. Auch der daheim Gebliebene kann plötzlich feststellen, dass er ohne den anderen eigentlich besser dran ist. Gelegentlich dauert es in solchen Fällen eine Weile, bis die Partner sich dessen bewusst werden und erkennen, dass ihre Treffen längst nur noch aus guter alter Gewohnheit stattfinden und nicht mehr, weil es ihnen ein Bedürfnis ist.

Garantiescheine für Beziehungen stellt leider niemand aus. Auf diese Unsicherheit mit totaler Vereinnahmung zu reagieren, ist ein weit verbreiteter, verhängnisvoller Fehler. »Liebt er mich nicht wirklich, wenn er ein Wochenende solo mit seiner Familie verbringt oder alte Freunde bei sich empfängt, wo ich doch mit ihm in die Berge fahren wollte?« In einer glücklichen Beziehung verfahren die Partner laut dem Psychotherapeuten Dietmar Luchmann nach dem Motto ›Ich habe meine, du hast deine Interessen. Fühle ich mich nicht wohl dabei, einem Wunsch von dir gerecht zu werden, lasse ich es bleiben. Trotzdem liebe ich dich.‹ Kann ein Partner diesen Deal nicht akzeptieren, wird es dem anderen häufig zu eng in der Beziehung und das Unheil nimmt seinen Lauf. Aus Angst, seine Freiheit zu verlieren (»Nichts kann man mal allein machen!«), zieht A sich ein Stück zurück. Verunsichert und aus Furcht verlassen zu werden, rückt B ihm noch enger auf die Pelle (»Wir machen viel zu wenig zusammen!«). A flüchtet wieder einen Schritt rückwärts, B setzt panisch nach. Je stärker B klammert (»Du liebst mich nicht!«), desto mehr entzieht sich A (»Du bist eine Klette!«). Beide fühlen sich im Recht mit ihrem Verhalten und ihren Vorwürfen. Um diesem Teufelskreis zu entkommen, hilft nur eine gründliche Aussprache. Wenn Sie sich in Ihrer Beziehung eingeengt fühlen, sollten Sie Ihrem Partner klar machen, dass Sie mehr Freiraum brauchen und ihn deshalb nicht weniger lieben. Es dauert vielleicht einige Zeit, aber er wird erkennen, dass seine Großzügigkeit ihm selbst neue Freiheiten bringt und auch der Partnerschaft in keiner Weise schadet.

Im umgekehrten Fall sollten Sie sich genau überlegen, warum Sie sich vernachlässigt oder ungeliebt fühlen. Haben Sie in einer Ex-Beziehung schlechte Erfahrungen gemacht? Haben die Eltern sich die Luft zum Atmen genommen oder links liegen lassen? Was genau verletzt Sie am Verhalten des Partners? Vielleicht kann man die Perspektive einfach einmal umdrehen und schauen, welche Vorteile die Solo-Aktionen des Partners mit sich bringen: Er ist besser gelaunt, bringt neue Anregungen mit nach Hause, entschädigt einen mit Aufmerksamkeiten und Liebeserklärungen für die gewährte Freiheit und genießt die gemeinsame Zeit doppelt, weil sie nicht erzwungen ist.

Ist mein Leben nur ein Provisorium?

Dieser Zweifel lässt sich nie ganz ausräumen, vor allem für denjenigen, den sein Job unter der Woche in eine andere Stadt führt und der jeden Freitag zurück in die Heimat reist. Am einen Ort kommt er nie ganz an und am anderen fühlt er sich nicht mehr wirklich zu Hause.

Die meisten können sich mit einer Distanzliebe auf Zeit mehr oder weniger gut arrangieren. Eine Open-end-Fernbeziehung empfinden Mobile in der Regel dagegen als nichts Halbes und nichts Ganzes. Hilft also nur eines: Perspektiven schaffen. Das bedeutet, einen Zeitrahmen abzustecken, wie lange die Fernbeziehung noch dauern muss oder darf. Das rote Kreuz im Kalender – selbst wenn es erst übernächstes Jahr so weit ist – nimmt die Angst, emotional auszubluten und ins Ungewisse hinein zu lieben. Es ist beruhigend, den genauen Überblick zu haben, bis zu welchem Stichtag der psychische und physische Kraftakt noch dauert. Unmöglich einen Job am gleichen Standort zu bekommen? Vielleicht legt man eine Babypause ein und danach sucht einer sich einen Halbtagsjob in einer anderen Branche. Vielleicht will einer auch ganz aufhören zu arbeiten oder macht sich selbstständig. Findet das Paar langfristig keine Alternative zur Distanzbeziehung, braucht es keine Horoskope zu lesen, um zu erkennen, dass die Sterne für eine gemeinsame Zukunft schlecht stehen.

Frust: Ich tue mehr als du für unsere Beziehung

Für unvergessliche Stunden sorgen, einen Billigflug für das nächste Wiedersehen organisieren oder die lange Autofahrt auf sich nehmen, die Kommunikation ankurbeln – bleibt die Hege und Pflege der Beziehung komplett an einem Partner hängen, gerät die Verbindung in Schieflage. Laut Psychologenmeinung engagiert sich fast immer ein Partner mehr als der andere dafür, dass der Liebesmotor in Schwung bleibt. Kein Problem, solange das Ungleichgewicht nicht bestimmte Grenzen überschreitet, denn ab einem gewissen Punkt beginnt es den aktiven Partner zu wurmen, mehr zu investieren als zurückzubekommen. Und nach langen Grübeleien vor dem Einschlafen kommt er irgendwann zu dem niederschmetternden Schluss, dass die Beziehung längst nicht mehr existieren würde, würde er nicht ständig Kohlen ins Feuer schaufeln. Wer in jeder Hinsicht weit mehr Einsatz zeigt als der Partner, fühlt sich unfair behandelt und nicht genug geliebt. Die Psychologen Hans-Werner Bierhoff und Elke Rohmann von der Ruhr-Universität Bochum bestätigen von wissenschaftlicher Seite, dass die Ausgewogenheit in den Gefühlen und im Engagement wichtig für die

Zufriedenheit mit der Partnerschaft sind – und für ihren Fortbestand. Stimmt die Bilanz zwischen Geben und Nehmen in einer Beziehung nicht, wird der Alleininvestor nach ihren Erkenntnissen zunehmend unzufrieden, frustriert und hat, so Bierhoff und Rohmann, eine geringere Bindung an die Beziehung.

Wem das alles bekannt vorkommt, der sollte Alarm schlagen, bevor es zu spät ist. Bitten Sie den Partner um eine Aussprache und handeln Sie aus, wie er sich mehr in die Beziehung einbringen kann. Für den anderen gilt: Signalisiert der Partner Unzufriedenheit mit dem Verhältnis von Geben und Nehmen, sollte er schnellstens für Ausgleich sorgen, wenn ihm etwas an seiner Partnerschaft liegt, denn für eine Fernbeziehung besteht doppelt erhöhte Lebensgefahr: Distanzliebende leiden sowieso schon unter der ständigen Unterversorgung mit Nähe und Zärtlichkeit. Kommt der Frust dazu, mehr für die Partnerschaft zu tun als der ferne Liebste, steigen die Chancen der Konkurrenz, zum Zug zu kommen. Will heißen: Taucht ein engagierterer Partner am Horizont auf, ist der frustrierte Dauergeber ganz schnell weg.

Tipps gegen den Solo-Blues

Das also ist mit emotionaler Belastungsprobe gemeint, werden Fernliebende sich nach dem Lesen der letzten Seiten gedacht haben. Stimmt, unter anderem. Trotzdem geht die Gleichung Alleinsein gleich Unglücklichsein nicht auf. Verschiedene wissenschaftliche Untersuchungen zeigen, dass Glücklichsein erstaunlich schwach mit unseren Lebensumständen korreliert. Wir selbst können einiges zu unserer Stimmung beitragen, meint der führende Glücksforscher Mihaly Csikszentmihalyi. Ist der Gefühlshimmel mal wieder grau und verhangen, liegt es an uns, ob wir uns in unser Elend fügen oder etwas unternehmen, um die bösen Geister zu vertreiben.

Aktiv-Programm

Glücksexperten weisen regelmäßig darauf hin: Im Lehnstuhl sitzen und gar nichts tun, macht weniger glücklich als Aktivität. Ist der Solo-Blues im Anmarsch, sollten Sie also nicht abwarten, bis er Sie in einen

Kokon aus Selbstmitleid und Hoffnungslosigkeit eingesponnen und bewegungsunfähig gemacht hat, sondern sich aufraffen und vor die Tür gehen. Ablenken, Anregen, Aufmuntern – das funktioniert auch allein. Sie können zum Beispiel einen Spaziergang machen und Traumhäuser und -wohnungen aussuchen, auf Schaufenster-Shopping-Tour oder allein ins Kino gehen. Nein, Kino allein ist nicht traurig und keiner tuschelt hinter vorgehaltener Hand: »Da, guck mal, ein Single!«. Filme entführen uns in eine andere Welt und hinterher wissen wir gar nicht mehr, worüber wir vorhin eigentlich so traurig waren.

Dem Frust davon laufen

Joggen? Jetzt? Jawohl! Rein in die Laufschuhe und raus in die Natur. Sport reinigt die Seele und belohnt einen so ganz nebenbei mit einem großartigen Körpergefühl. Jeder, der es ausprobiert hat, weiß: Trübe Gedanken und Aggressionen lassen sich ohne Unterstützung durch andere nirgendwo so gut abarbeiten wie beim Radfahren, Schwimmen, Walken, Joggen, Bladen oder im Fitnessstudio.

Aufräumen

Hört sich verrückt an, schafft aber Luft, in jeder Hinsicht: Die Strumpfschublade nach alten Socken durchforsten, eine Schreibtischschublade entleeren und gucken, was sich dort mit den Jahren angesammelt hat, den Küchenschrank durchstöbern, alte Fotos sortieren oder in ein Album kleben: Zum Ausmisten und Ordnen findet sich immer etwas. Und plötzlich kommt einem das ganze Leben irgendwie aufgeräumt und wohnlich vor.

Lachen

Liegen Mollklänge und Drama in der Luft, kann ein Lacher wie eine Erlösung wirken. Lachen tut, wie Sport, der Seele und dem Körper gut. Es aktiviert unter anderem das Herz-Kreislauf-System, versorgt das Gehirn mit einer Extraportion Sauerstoff, steigert die Abwehrkräfte und baut die Stresshormone Cortisol und Adrenalin ab. Weil der Körper währenddessen Endorphine, also Glückshormone ausschüttet, fühlen wir uns nach einem herzlichen Lachen rundum wohl.

Ist Ihnen so gar nicht zum Lachen zumute, simulieren Sie einfach Fröhlichkeit. Wissenschaftliche Tests haben bewiesen: Schon die Mundbewegung regt das Gehirn an und lässt die Stimmung automatisch steigen.

Dinner for one

Bewusst genießen macht glücklich, sagt die Glücksforschung. Teilzeitsingles sollten sich deshalb nicht nur von asiatischen Tütensuppen, Burgern, Reiscrackern und Ofenpizza ernähren. Weil ich es mir wert bin – nach diesem Motto können Sie, je nach Appetit und Lust, einen Salat mit gebratenem Geflügel anrichten, eine Rohkostplatte mit Quark-Dipp zusammenstellen, Fisch in Zitronensoße schmoren, Pasta mit Rucola, Olivenöl und Parmesan oder eine Gemüsepfanne nach Saison zusammenrühren. Vieles, was schmeckt, nimmt nicht viel Zeit in Anspruch und erfordert kein Sternekoch-Know-How.

Schöner wohnen

In der Küche stapelt sich das schmutzige Geschirr, in den Zimmerecken tummeln sich Wollmäuse, überall liegen getragene Klamotten herum – ein Bild der Verwahrlosung. Dass einen in so einer Umgebung der Blues anfällt, ist wenig verwunderlich. Es spielt keine Rolle, dass niemand anderes dieses Chaos zu sehen bekommt. Eine schöne, gemütliche Wohnung steigert das eigene Wohlbefinden. Eine glänzende Wanne etwa lädt zum Entspannungsbad ein, eine saubere Küche zum Genießen, ein gemachtes Bett zum Reinschlüpfen, eine Balkonpflanze erfreut das Auge. Wer viel allein ist, braucht seine vier Wände als Glücksspender – egal, ob sonst noch einer guckt oder nicht.

Lust-Liste

Schon wieder ein Abend allein, wie… TOLL! Wer vergessen hat, warum Alleinsein Spaß macht, sollte im Kopf alles auflisten, was man nur machen kann, wenn es keinen Zeugen gibt. Zur Anregung ein paar Beispiele:

- Die Fußnägel im Wohnzimmer mit dem Knipser bearbeiten, ohne dass sich jemand angeekelt abwendet.

- Einmal, zweimal, dreimal hintereinander mit einer Freundin telefonieren, ohne dass jemand meckert.
- Man kann sich überall in der Wohnung selbst befriedigen, ohne dass jemand beleidigt ist.
- Joghurt oder Spaghettisoße aufs weiße Sofa kleckern, ohne dass jemand Kommentare dazu abgibt.
- Zehnmal hintereinander sein aktuelles Lieblingslied hören und mitsingen, ohne dass am nächsten Tag die CD auf wundersame Weise verschwunden ist.
- Das zehnte Paar schwarze Pumps oder Sneakers nach Hause tragen, ohne dass die Frage kommt, wozu man zehn Paar schwarze Pumps oder Sneakers braucht.

Netze knüpfen
Eher eine vorbeugende Maßnahme gegen den Solo-Blues: Bauen Sie einen festen Kreis auf, der sich regelmäßig trifft, zum Essen, Austauschen, Tischfußballspielen, Bowlen oder im Dampfbad. Wer nicht genug private Kontakte für so einen Zirkel hat, mobilisiert einfach ein paar Kolleginnen oder Kollegen. Die meisten sind froh und dankbar, wenn jemand sich die Mühe macht, einen festen Abend im Monat oder alle zwei Wochen zu initiieren. Nach dem ersten Mal reicht dazu meist eine kurze Mail an alle: was, wann, wo. Bereits bestehende branchenbezogene Netzwerke und Stammtische kann man im Internet recherchieren. Networken macht Spaß, bringt einen mit interessanten Leuten zusammen und meistens auch beruflich weiter.

Selbstgespräche umschreiben
»Ist ja klar, dass er nicht anruft, so zickig wie du gestern am Telefon warst, du blöde Kuh!« »Das habe ich ja mal wieder super hingekriegt, ich dämlicher Idiot!« Niemand kann uns so gut in die Pfanne hauen wie wir selbst. Das Dumme daran ist, wir demontieren durch solche Selbstgespräche unser Selbstbewusstsein und nehmen uns selbst jeden Mut. Hallo Blues, komm und friss mich! Etwas mehr Respekt und Freundlichkeit sich selbst gegenüber würde vielen nicht schaden. Andere Menschen würden sie so schließlich auch nicht niedermachen.

Statt »Ich bin so allein« außerdem lieber sagen »Bis Freitag bin ich noch allein«. Statt »Wir finden nie eine gemeinsame Wohnung« besser »Wir finden vielleicht bald eine gemeinsame Wohnung«. Kleine Wörter wie ›noch‹ oder ›vielleicht‹ sind es, die eine Aussage zum Positiven verändern und Mut machen.

Heimkino
Gegen Beziehungsfrust sind Filme eine gute Medizin. Das meinen der US-Therapeut Gary Solomon und mehrere andere Therapeuten in den USA und Großbritannien, die nach seinem Vorbild mit der so genannten Cinema-Therapie arbeiten. Für die Selbsttherapie empfiehlt Solomon, sich ausgewählte Filme zu Hause auf Video oder DVD anzuschauen. Anders als im Kino könne man im heimischen Wohnzimmer seinen Gefühlen freien Lauf lassen. Außerdem könne man hinterher seinen Eindrücken und Emotionen besser nachgehen als nach einem Kinobesuch. Wichtig: Gleich mit einem vertrauten Menschen sprechen – weniger über die Handlung als über die Gefühle und Gedanken, die sie ausgelöst hat. Auch gut: Im Tagebuch aufschreiben, was man fühlt und denkt.

Gut für die Liebe

- Harry und Sally, USA, 1989, mit Meg Ryan und Billy Crystal.
  Die Story: Zwei befreundete Singles werden nach vielen Umwegen zum Liebespaar.
  Lerneffekt: Großartige Studie über Bindungsangst und die Freundschaft zwischen Männern und Frauen. Nach Ansicht vieler Cinema-Therapeuten einer der heilsamsten Filme zum Thema Liebe und Beziehung.

- Brot und Tulpen, Italien, 2000, mit Licia Maglietta und Bruno Ganz.
  Die Story: Eine Hausfrau nimmt sich eine Auszeit von der Ehe und findet ihre Lebensfreude wieder.
  Lerneffekt: Stärkt das Selbstvertrauen von Müttern und macht Mut, sich innerhalb der Familie eine bessere Position und Freiräume zu verschaffen.

- Wer hat Angst vor Virginia Woolf? USA, 1966, mit Elizabeth Taylor und Richard Burton.
  Die Story: Ein Abend bei einem Ehepaar, das sich gegenseitig demütigt und fertigmacht. Schockierendes Ehedrama.
  Lerneffekt: Der Film zeigt schonungslos, wie es aussieht, wenn Liebe in Hass umschlägt. Danach hat auch der Letzte verstanden, wie wichtig Respekt und ein liebevoller Umgang miteinander für eine glückliche Beziehung sind.

- Die Brücken am Fluss, USA, 1995, mit Meryl Streep und Clint Eastwood.
  Die Story: Fotograf trifft Ehefrau in der Provinz. Die beiden verlieben sich und müssen doch wieder auseinander gehen.
  Lerneffekt: Vor einem Seitensprung ist niemand gefeit. Regt zum Nachdenken über eigene Sehnsüchte und den eigenen Umgang mit dem Thema Treue an.

- My Big Fat Greek Wedding, USA, 2002, mit Nia Vardalos und John Corbett.
  Die Story: Griechin verliebt sich in Nicht-Griechen und kämpft gegen den Widerstand der Familie um ihre Beziehung.
  Lerneffekt: Liebe lohnt jeden Einsatz. Dieser Film wirkt wie ein Glückselixier.

- Die ultimative Fernsehserie zum Thema Sex und Beziehung (auch auf DVD und Video erhältlich): Sex and the City, mit Sarah Jessica Parker, Kim Catrell, Cynthia Nixon und Kristin Davis.
  Die Story: Jede Woche ein neues Kapitel zum Thema Sex und Liebe.
  Lerneffekt: Jede Woche gibt es eine neue Erkenntnis. Klug und humorvoll.

8. Freunde und Familie

»Es ist mir wahnsinnig wichtig, am Wochenende meine Freundinnen zu sehen. Sie sind für mich eine Art Familie. Meistens ist der Freitagabend für sie reserviert. Ich fahre vom Bahnhof nach Hause, sage meinem Freund hallo, zieh mich um und dann treffen wir die anderen. Peter unternimmt manchmal auch etwas mit seinen Kumpels. Da sind wir ganz locker. Der Samstag gehört nur uns, und sonntags machen wir öfter noch mal was mit den anderen. Aber wenn eine gute Freundin Probleme hat, bin ich natürlich immer für sie da, egal an welchem Tag.«

Katharina, 24

»Ich bin jetzt seit einem Jahr in Düsseldorf. Richtige Freunde habe ich noch nicht gefunden. Das liegt nicht daran, dass ich Probleme damit habe, auf Menschen zuzugehen. Es fehlt mir einfach die Gelegenheit, Kontakte zu knüpfen. Ich arbeite jeden Tag bis neun oder zehn Uhr abends, dann gehe ich nach Hause, esse etwas und gucke Nachrichten und damit ist der Tag gelaufen. Ich bin meistens zu kaputt, um abends noch wegzugehen. Ich bin auch nicht der Typ, der sich allein in eine Kneipe setzt. Im Büro habe ich ein paar Kollegen, mit denen gehe ich mal ins Kino, aber richtig warm bin ich mit keinem geworden.«

Martin, 32

»Ich habe letztes Jahr zum ersten Mal in meinem Leben Weihnachten nicht bei meinen Eltern in Würzburg verbracht. Weil wir uns so wenig sehen, haben Christoph und ich beschlossen, die Feiertage in Berlin zu bleiben und zu zweit zu verbringen. Ich habe das einfach gebraucht, obwohl ich ein schlechtes Gewissen wegen meiner Eltern hatte. Aber sie haben mich zum Glück verstanden. Klar waren sie enttäuscht, aber meine Eltern haben selbst eine Weile eine Fernbeziehung geführt und können nachvollziehen, wie es uns geht.«

Andrea, 38

Ein neuer Job oder die Versetzung an einen anderen Standort sind eine große Chance auf mehr Geld, einen Schritt nach oben auf der Karriereleiter, auf neue Erfahrungen. Trotzdem löst die Option, ohne den Partner umzuziehen, bei den wenigsten Begeisterung aus. Sie wissen, der Preis für diese Chance ist hoch, denn meistens bedeutet der Weggang ein doppeltes Opfer: Zum einen sieht man den Partner nur noch an den Wochenenden und zum anderen verliert man den direkten Kontakt zu Freunden und Verwandten. In der Studie von Norbert Schneider schätzte fast die Hälfte der Betroffenen ihre aktuelle Lebenssituation als negativ für ihre sozialen Beziehungen ein.

Der Verlust der Geborgenheit

Eine feste Partnerschaft schenkt uns das Gefühl, angekommen, gut aufgehoben und geborgen zu sein. Für die meisten Paare bedeutet dies das höchste Glück. In einer Fernbeziehung geht diese emotionale Sicherheit ein Stück weit verloren, denn Geborgenheit stellt sich nicht durch bloße Zugehörigkeit zu einem Menschen ein, ganz gleich, wie sehr zwei sich lieben. Zum Leidwesen vieler Distanzpaare reicht es auch nicht, täglich zu telefonieren oder sich zu mailen, um die Nestwärme zu bewahren. Wir brauchen dazu die konstante körperliche Präsenz des Partners und sollten die Begegnungen noch so kurz sein. Schon ein paar Worte am Abend, ein Gute-Nacht-Kuss oder eine Umarmung vermitteln uns das Gefühl des Aufgehobenseins.

»Das legt sich schon mit der Zeit ...« Einige Fernliebende glauben, sie müssten sich nur daran gewöhnen, den Partner nicht ständig um sich zu haben, dann wäre die räumliche Trennung halb so schlimm. Die Erfahrung belehrt sie meist eines Besseren. Angeblich tragen wir die Sehnsucht nach Wärme und Geborgenheit in unseren Genen. Evolutionspsychologen gehen laut der Zeitschrift »Psychologie Heute« davon aus, dass der Wunsch nach Geborgenheit und Bindung ein genauso zwingendes Bedürfnis ist wie das nach Nahrung.

In Fernbeziehungen leiden beide Partner unter dem Mangel an Geborgenheit. Doch besonders hart trifft es die, die ihren Heimatort und damit ihr vertrautes soziales Umfeld verlassen haben. Denn neben einer glücklichen Partnerschaft schenken erwiesenermaßen auch Freunde Geborgenheit – vorausgesetzt, man sieht sich alle paar Tage, kann einander vertrauen und ist füreinander da. Während dem Partner, der vor Ort geblieben ist, dieser Anteil an Nestwärme erhalten bleibt, entfällt er für den anderen oft ersatzlos. Vor allem Mobile, die jedes Wochenende nach Hause fahren, haben weder Zeit noch Gelegenheit, am Arbeitsort neue Freundschaften aufzubauen. Das steckt niemand locker weg. Jeder zweite Wochenendheimfahrer fühlt sich, so die Schneider-Studie, heimatlos, und jeder Dritte wird an den Abenden unter der Woche von Einsamkeitsgefühlen heimgesucht.

Wertvoll wie nie zuvor: Freunde

Ist der Partner plötzlich weg, merkt man manchmal erst, wie wichtig gute Freunde sind. Das Ausmaß der unvermeidlichen Einsamkeitsattacken hängt nämlich entscheidend davon ab, ob liebe Menschen zum Reden, Lachen und für gemeinsame Unternehmungen da sind – oder eben nicht. Spätestens in so einer Lebenssituation rächt sich, wenn man vor lauter Liebesglück bislang versäumt hat, intensive Beziehungen zu Dritten aufzubauen oder alte Freundschaften aufgegeben hat, um ganz für den Partner da zu sein.

Viele frisch gebackene Teilzeit-Singles stellen zu Beginn ihrer Fernbeziehung erstaunt fest: So viele echte Freunde, wie sie immer meinten, haben sie gar nicht. Zwar unternehmen sie dieses und jenes mit verschiedenen Bekannten, sind mit X öfter im Kino, treffen Y bei irgendwelchen hippen Events oder Partys, doch wirklich nah ist ihnen womöglich keiner dieser Menschen. Wissenschaftler nennen dieses Phänomen »qualitative Isolation«. Jeder Sechste, ergaben Umfragen, kennt zwar massenhaft Leute, hat aber keinen engen Freund, also niemanden zum Ausweinen, für persönliche Gespräche oder als Anlaufstelle in Krisensituationen.

»Ein guter Freund von mir« – das ist so leicht dahergesagt. Doch was zeichnet eine gute Freundschaft überhaupt aus? Es gibt gleich einen ganzen Katalog an Eigenschaften: Wahre Freunde akzeptieren unsere kleinen Macken wie Besserwisserei oder Unpünktlichkeit, sie mögen uns so, wie wir sind. Sie halten Kritik aus und sagen ehrlich ihre Meinung, fallen uns nie in den Rücken und sind im Ernstfall auch dann zur Stelle, wenn es eigentlich gerade nicht passt. Sie sind loyal und machen keine leeren Versprechungen, hören gut zu, sind verständnisvoll und versuchen aufrichtig Trost zu spenden. Sie sind uns ganz nah, aber klammern nicht. Lässt man einmal das Thema Sex außen vor, klingt diese Aufzählung wie der Steckbrief des perfekten Lebensgefährten. Und genau das sind Freude – Lebensgefährten. Besser gesagt: Lebensabschnittsgefährten, denn eine gute Freundschaft muss nicht ein Leben lang halten. Im Schnitt dauern Freundschaften heute sechs bis sieben Jahre. Experten glauben, dass sich in etwa diesem Zeitrhythmus unser Leben grundlegend verändert. Ein neuer Job, eine neue Stadt, Kinder – entwickeln sich die Biografien von Freunden dabei in verschiedene Richtungen, geht auch ihre Verbindung häufig auseinander und neue Menschen tauchen in ihrem Leben auf. Um einen guten Freund zu finden, ist es also nie zu spät.

So bleiben wir Freunde

Eine Freundschaft ist wie eine robuste Zimmerpflanze. Mit der richtigen Pflege hält sie viel aus. Lange Phasen der Trennung zum Beispiel. Laut Expertenmeinung brauchen sich gute Freunde nicht öfter als zwei- oder dreimal im Jahr zu sehen, um ihr enges Verhältnis aufrechtzuerhalten, wobei der eine oder andere Anruf zwischendurch oder sporadische Lebenszeichen per E-Mail oder SMS Erhebliches zum Fortbestand der Beziehung beitragen. Für alle, die für einen Job den Wohnort gewechselt haben, bedeutet dieser Umstand eine echte Entlastung. Sie müssen nicht befürchten, durch ihr Fortgehen automatisch sämtliche Kontakte zu verlieren, solange sie sich nur in regelmäßigen Abständen blicken oder zumindest von sich hören lassen. Trifft man die alten Freunde von Zeit zu Zeit, ist es jedes Mal, als hätte man sich erst gestern Abend voneinander verabschiedet. Eine Vertrautheit, die in Jahren gewachsen ist, wird durch längere Kontaktpausen nicht so schnell zerstört. An einsamen Abenden unter der Woche mag das nur ein schwacher Trost sein, aber ein beruhigendes Gefühl ist es allemal.

Ihr Terminmanagement bereitet Distanzpaaren häufig echtes Kopfzerbrechen. Generell haben die meisten Freunde Verständnis dafür, wenn ein Paar, das sich nur am Wochenende sehen kann, an diesen zwei Tagen auf Tauchstation geht. Trotzdem will man ihnen nicht das Gefühl vermitteln, unwichtig zu sein oder nur als Lückenbüßer unter der Woche herzuhalten. Also heißt es genau abwägen: Bei welchem Fest sagen wir zu, bei welchem ab? Wen müssen wir dringend mal wieder zum Essen einladen, welches Liebeswochenende opfern wir für den Besuch des Kumpels aus Wuppertal? Noch komplizierter erweist sich die Planung, wenn beide Partner getrennte Freundeskreise haben und somit noch mehr Personen im Kalender unterzubringen sind.

Für die Koordination unterschiedlicher Freundeskreise brauchen Fernliebende Toleranz, eine hohe Kompromissbereitschaft und Fingerspitzengefühl, denn alte Freunde haben, wie der Partner, ein Anrecht auf Exklusivität. Der beste Buddy fliegt extra ein – und möchte mit seinem Intimus aus Studententagen auch mal ohne weibliche Begleitung ein Bier trinken gehen. Umgekehrt ist ihr Liebster unerwünscht, wenn vertrauliche Frauengespräche mit ihren Mädels angesetzt sind. Natürlich wollen Distanzpartner möglichst viele Stunden des Wochenendes miteinander verbringen. Trotzdem muss es auch in einer Fernbeziehung möglich sein, bestimmte Personen allein zu treffen. Das empfiehlt sich vor allem dann, wenn der Partner absolut nicht nachvollziehen kann, was man an diesem oder jenem Menschen überhaupt interessant findet.

Dringend gesucht: Anschluss von Montag bis Freitag

Sich am Arbeitsplatz eingewöhnen, die Kollegen kennen lernen, die Wohnung einrichten, die ersten Wochenenden mit dem Partner organisieren – am Anfang ist alles aufregend und neu. Doch nach einigen Wochen sitzen viele Long-Distance-Liebende eines Abends vor dem Fernseher und fallen in ein tiefes Stimmungsloch. Kein Mensch, mit dem sie spontan ein Glas Wein trinken gehen können, niemand zum

Reden. Ein Gefühl von Verlorenheit. Deprimierend! Neue Bekannte müssen her, und zwar schnell.

Doch so leicht lassen sich Kontakte nicht schließen. Viele Mobile investieren alle Energie in ihren Job und machen überdurchschnittlich viele Überstunden. Zum Ausgehen fehlt dann abends oft die Kraft. Am Arbeitsplatz mangelt es an Gelegenheiten, sein wahres Gesicht zu zeigen. Ist man neu in einem Unternehmen oder Team, versucht man, seiner Rolle innerhalb des Kollegenkreises gerecht zu werden. Wer man wirklich ist, bleibt den anderen häufig verborgen. Viele Männer gehen auch aus Konkurrenzgründen lieber nicht auf Tuchfühlung mit den Kollegen. Weiter erschwert wird die Suche nach privatem Anschluss durch die Tatsache, dass die meisten Menschen ab Mitte 20 in eine Beziehung und einen festen Freundes- beziehungsweise Bekanntenkreis eingebunden sind. Jeder weiß, wie schwer es ist, all seinen privaten Verpflichtungen nachzukommen. Für neue Bekanntschaften ist da meistens kaum Platz. Man trifft sich ein Mal mit dem neuen Kollegen oder der neuen Kollegin, findet sie sogar ganz nett, und verspricht ein baldiges Wiedersehen. Doch bis dahin kann viel Zeit vergehen. Oder es heißt »Sorry, habe schon was vor, aber komm doch am Wochenende zum Brunch.« Schlechte Karten für Wochenendheimfahrer. Wer Samstag und Sonntag nicht in der Stadt ist, verpasst die besten Gelegenheiten, den Kontakt mit Kollegen und neuen Bekannten zu vertiefen.

Fernliebende, die sich jahrelang in einem festen Zirkel bewegt haben und nun mit dem Kontakten plötzlich wieder bei Null anfangen müssen, sind vermutlich aus der Übung, was das Rekrutieren neuer Bekannter angeht. Vor allem Männern ist es häufig nicht in die Wiege gelegt, mit Fremden anzubandeln. Wie und wo also findet man neue Freunde? Am leichtesten lässt sich mit Gleichgesinnten Bekanntschaft schließen, sagen Psychologen. Wer neu am Ort ist oder seinen Freundeskreis erweitern möchte, sollte sich deshalb abends in eine entsprechende Umgebung begeben: in einen Fitnessclub, ins Schwimmbad, zu Lesungen oder Konzerten, Vorträgen oder in einen Sprachkurs etwa. Hat man jemanden gesichtet, der so aussieht, als könnte man sich mit ihm verstehen, gilt es, die größte Hemmschwelle zu überwinden, nämlich sich ein Herz zu fassen und den sympathisch scheinenden Unbekannten anzusprechen. Ein gemeinsames Thema hat man ja schon mal. Stellt sich heraus, dass man tatsächlich auf einer Wellenlänge mit seiner »Neueroberung« liegt, heißt es dranbleiben. Vielleicht kann man im Anschluss an den Kurs oder die Vernissage gemeinsam etwas trinken gehen. Oder man macht einen Termin für die kommenden Tage aus. Bleibt es bei einer lockeren Verabredung, sollten Sie gleich am nächsten Tag anrufen oder eine SMS beziehungsweise eine E-Mail schicken, sonst verläuft sich der Kontakt wieder im Sand.

Für die ersten Gespräche gilt: Zurückhaltung bitte. Allgemeine Themen wie Bücher, Filme, Hobbys, Reisen stehen zuerst auf der Tagesordnung. Überfallen Sie den anderen auf keinen Fall mit intimen Bekenntnissen oder der kompletten Lebensgeschichte, sonst sind Sie ihn ganz schnell wieder los. Persönlich kann es trotzdem werden, indem man gegenseitig abcheckt, wo die individuellen Interessen liegen. Die Treffen nach der ersten Begegnung waren viel versprechend, trotzdem meldet sich der andere nicht zurück? Geben Sie nicht auf! Wer neue Freunde erobern möchte, muss hartnäckig bleiben und immer wieder beim anderen anklopfen. Der hat vermutlich einen vollen Terminkalender, in dem man sich seinen festen Platz erst noch erobern muss. Eine Freundschaft braucht Zeit, um zu wachsen. Und der, der Anschluss sucht, muss am Anfang mehr in eine Verbindung investieren. Bis zu einem Jahr kann es dauern, bis aus einer neuen Bekanntschaft eine echte Freundschaft wird.

Können Männer und Frauen Freunde sein?

Theoretisch ja, doch praktisch kommen Freundschaften zwischen Frauen und Männern mit zunehmendem Alter immer seltener vor. Das liegt nicht etwa an der Befürchtung, das Verhältnis könnte über eine rein platonische Beziehung hinausgehen. Grund sind vielmehr die unterschiedlichen Erwartungen, die Männer und Frauen an eine Freundschaft haben. Für Frauen bedeutet Freundschaft, sich alles zu erzählen, für Männer, etwas miteinander zu tun.

Über das unterschiedliche Kommunikationsverhalten von Männern und Frauen wurde im Kapitel »Entfremdung« (Seite 132) bereits ausführlich berichtet. So wie es in Partnerschaften zu Missverständnissen und Frustration führt, steht es Freundschaften zwischen den Geschlechtern meist als unüberwindbare Hürde im Weg, denn das Thema, über das Frauen am allerliebsten und in aller Ausführlichkeit mit Freunden sprechen, bringt Männer augenblicklich zum Verstummen: Gefühle. Eine Emnid-Studie bestätigte kürzlich einmal mehr, dass die Vertreter des starken Geschlechts nicht gern mit Freunden über ihr Seelenleben sprechen. 76 Prozent machen ihre Probleme lieber mit sich selbst aus, 70 Prozent glauben, Freunde könnten ihnen sowieso nicht helfen, 67 Prozent gaben an, das Thema ginge ihnen zu nahe, 59 Prozent befürchten, der Freund könnte das Geheimnis ausplaudern, 52 Prozent ist es schlicht peinlich und 49 Prozent wissen gar nicht erst, wie sie ein heikles Thema ansprechen sollten. Worüber Männer mit ihren Freunden reden? Nach der Emnid-Umfrage am häufigsten über den Job (46 Prozent), über Sport (35 Prozent), Frauen (29 Prozent) oder motorisierte Fortbewegungsmittel (26 Prozent). Das Lieblingsthema der Frauen, Partnerschaft, findet mit sechs Prozent so gut wie nicht statt. Wundert es da noch, dass Frauen und Männer so selten miteinander befreundet sind?

Ab und an findet sich trotzdem ein gemischtes Freundespaar zusammen. Steckt einer von beiden in einer Distanzbeziehung, ist Vorsicht geboten. Ist der Partner fern, wird aus einem bisschen Flirten schnell ein Spiel mit dem Feuer. Das macht Spaß, aber nur solange sich nicht einer ernsthaft verliebt. Ist das passiert, gerät er innerhalb der Freundschaft in die schwächere Position, und beide verlieren ihre Unbefangenheit. Keine gute Voraussetzung für ein entspanntes, freundschaftliches Miteinander. Zweite Falle: Der Fernliebende hat Ärger mit dem Partner und weint sich beim anderen aus. Der hört zu, sagt liebe Dinge, nimmt den Trauerkloß in den Arm … In so einer Situation sollten Sie aufpassen, dass nicht plötzlich mehr daraus wird und der Freund als Trostpflaster verheizt wird.

Familie: Alle Jahre wieder

Nicht genug Zeit für den Partner, nicht genug Zeit für die Freunde, nicht genug Zeit für die Familie – das Schicksal aller Fernliebenden. Die Eltern ziehen unter diesen Bedingungen meist den Schwarzen Peter und bekommen ihren Nachwuchs nur noch höchst selten zu Gesicht, insbesondere dann, wenn sie nicht im näheren Umkreis der Kinder leben. Obwohl sie sich längst daran gewöhnt haben, dass der Abnabelungsprozess beim Sohn oder der Tochter vollzogen ist, fällt es vor allem Müttern manchmal schwer, sich damit abzufinden, dass sich die Familie nur noch zu besonderen Anlässen wie Geburtstagen, Hochzeiten oder Weihnachten um einen Tisch versammelt. Den ewig gehetzten Kindern sitzt derweil das schlechte Gewissen im Nacken. Glauben doch die meisten ihren Eltern mehr schuldig zu sein als die paar Stippvisiten im Jahr. Doch was sollen sie tun? Erste Priorität hat die Beziehung – bei den Eltern war das seinerzeit vermutlich nicht anders. Und man kann nun einmal nicht allen Ansprüchen gerecht werden.

Meine Familie – deine Familie

Kaffee trinken bei ihren Eltern, das Abendessen bei seinen – an der Familie des Partners kommt keiner vorbei. Das hört sich bedrohlicher an als es ist. Versteht man sich bestens mit dem Clan des anderen, können Familientreffen und -feiern nämlich ein echtes Highlight sein. Hält die gegenseitige Sympathie sich dagegen in Grenzen, lässt sich der Kontakt ohne Probleme auf ein Minimum reduzieren. Arrangieren sollte man sich allerdings mit der Familie des Partners, so viel Loyalität muss sein. Dazu gehört auch, den anderen unter Einhaltung aller Regeln des Anstands zu dem einen oder anderen Familientreffen wie Papas Sechzigsten zu begleiten. Bei solchen Anlässen fahren Schwiegersöhne und -töchter mit Zurückhaltung am besten. Immer freundlich bleiben, nicht in Familienstreitigkeiten einmischen, die Nerven bewahren, auch wenn das Entgegenkommen der Schwiegereltern mehr als zu wünschen übrig lässt oder der Partner einem zu wenig den Rücken stärkt.

Besprechen sollte man übrigens jegliche Ärgernisse später auf der Heimfahrt, keinesfalls vor der versammelten Sippe.

Sympathiebekundungen für seine Familie nimmt jeder gern entgegen. Kritik an der Dauernörgelei der Mutter oder der politischen Haltung des Vaters dagegen tut weh und provoziert eine Abwehrreaktion. Mit negativen Bemerkungen über die nächsten Verwandten des Partners sollten wir uns zurückhalten, denn fast jeder fühlt sich persönlich angegriffen, wenn es gegen die Sippschaft geht. Die Vorwürfe können noch so berechtigt sein und den eigenen Ansichten vollkommen entsprechen, dennoch nimmt man seine Familie automatisch in Schutz. Besser ist deshalb zu versuchen, die Eigenheiten und Macken der Familie des anderen mit Humor zu nehmen und darauf zu setzen, dass man sich mit der Zeit schon daran gewöhnen wird.

Fröhliche Weihnachten!

Einmal im Jahr dreht sich alles um die Familie: an Weihnachten. Kein Paar, das sich nicht Gedanken darüber macht, ob, wann und wo man mit den Eltern feiert. Viele sehen den Festtagen mit gemischten Gefühlen entgegen. Einerseits freuen sie sich auf Kekse, Braten, Weihnachtsbaum schmücken. Andererseits liegt ihnen die Aussicht auf die ewig gleichen Rituale und die alle Jahre wiederkehrenden Zankereien schwer im Magen. Trotzdem entscheiden sich die meisten, die Eltern zumindest auf ein paar Stunden zu treffen. Paare, die sich Stress und Psychoterror ersparen wollen, sollten spätestens im Oktober entsprechende Vorkehrungen treffen.

Zunächst einmal ist beiden Partnern zu empfehlen, sich über vier grundlegende Fragen klar zu werden:

- Wie wichtig ist mir persönlich das Fest?
- Legen meine Eltern großen Wert auf mein Erscheinen?
- War Weihnachten mit den Eltern bisher immer gemütlich und schön oder Stress pur?
- Kann ich mir Weihnachten mit den Eltern des anderen vorstellen?

Das Ergebnis ihrer Überlegungen teilen die Partner einander mit und beziehen diese Erkenntnisse in die Pläne für die kommenden Festtage mit ein.

Wo und mit wem wird gefeiert? Dieses Jahr meine, nächstes Jahr deine Eltern, einen Tag hier, den nächsten dort. Alle zusammen einen Abend oder alle drei Feiertage bei uns, einmal Weihnachten ganz ohne Eltern etc. Der Möglichkeiten gibt es viele. Die beste Option ist in jedem Fall die, mit der die Partner selbst am glücklichsten sind und nicht die, von der sie meinen, sie sei im Sinne der Eltern. Oftmals liegen Kinder mit ihrer Einschätzung der Lage nämlich daneben. Manche Eltern finden es ganz erfrischend, alte Rituale zu durchbrechen, wenn sie sich erst mal an den Gedanken gewöhnt haben. Wichtig ist nur, den Eltern die Entscheidung möglichst früh mitzuteilen, damit sie ausreichend Zeit haben, sich auf die Situation einzustellen und vielleicht eigene Pläne zu machen.

Weihnachten zu zweit auf einer Tropeninsel, Weihnachten zu zweit in den eigenen vier Wänden, Weihnachten mit der Familie des Partners, sprich Weihnachten ohne die eigenen Eltern: Dieses Modell ist natürlich am schwersten vermittelbar. Wie sag ich es ihnen bloß? Mit 99-prozentiger Wahrscheinlichkeit wird die Enttäuschung bei den Eltern groß sein, vor allem, wenn es das erste Weihnachten ohne den Sohn oder die Tochter ist. Aber da müssen Eltern durch. Erstens bedeutet die Absage nicht, dass man nie wieder gemeinsam feiern wird. Und außerdem ist es der endgültige Beweis dafür, dass der Sprössling nun ein eigenes Leben führt – das gilt es zu respektieren. Reagieren die Eltern beleidigt, kann es helfen sie zu fragen, wann und wie sie zum ersten Mal Weihnachten ohne ihre Eltern gefeiert haben. Vielleicht stimmt die Erinnerung sie milde. Keinesfalls sollte man sich erpressen oder ein schlechtes Gewissen einreden lassen. Weihnachten allein mit dem Partner feiern zu wollen, ist ein vollkommen legitimer Wunsch.

Egal wo Weihnachten stattfindet, um Stress zu vermeiden sollten Sie in aller Ruhe mit sämtlichen Beteiligten sprechen. Sie können so bei den Eltern eventuell zu hohe Erwartungen dämpfen, eigene Wünsche zum Ausdruck bringen und die aller anderen abfragen: Kirche ja oder nein, wie lange sitzt die Familie Heiligabend zusammen, große oder bescheidene Geschenke, dürfen Freunde vorbeischauen, wann wird gefrühstückt … Je besser die Absprachen, desto weniger bietet Weihnachten die Gelegenheit für Nörgeleien, Enttäuschungen und Streitigkeiten.

Letzter Punkt: Überlegen Sie gut, wer für welche Vorbereitungen zuständig ist. Kekse backen, den Braten besorgen, Geschenke einpacken, den Baum schmücken: Alle teilnehmenden Parteien sind dringend anzuhalten, sich in der Vorweihnachtszeit nicht zu verausgaben. Mehrere gestresste Menschen unter einem Baum, das kann einfach nicht gut gehen …

9. (Fern)Liebesalltag

»Einige meiner Kollegen finden es beneidenswert, jeden zweiten Freitagabend nach Berlin zu fliegen. Die wissen nicht, was das bedeutet. Sicher, Berlin ist eine spannende Stadt, aber dieses ständige Hin und Her ist ausgesprochen anstrengend. Ich bin für meinen Job als Unternehmensberater genug unterwegs. Durch die Fliegerei am Wochenende komme ich nie richtig zur Ruhe. Der Trend zu mehr Mobilität ist meiner Meinung nach keine positive Entwicklung in unserer Gesellschaft. Er geht auf Kosten der Gesundheit und des Privatlebens und damit auf Kosten des Lebensglücks. Sicher, unter der Woche ist man frei und unabhängig, aber letztendlich hat man ständig Stress. Wenn so das moderne, junge, dynamische Lebensgefühl aussieht, dann kann ich für meinen Teil gut darauf verzichten.«

Volker, 43

»Ich beneide die Paare, die sich andauernd sehen können. Moritz und ich können uns den Flug nur einmal im Monat leisten, trotz Billigticket. Er arbeitet in London als Assistent bei einem Fotografen, da verdient man nicht viel. Und London ist total teuer. Für Moritz Zimmer geht mehr als die Hälfte seines Gehalts drauf. Das scheint da normal zu sein. Essen gehen und solchen Luxus können wir uns zurzeit nicht leisten. Ich habe als Jungredakteurin nämlich auch nicht gerade ein fettes Konto. Am liebsten würde ich zu Moritz nach London ziehen, aber solange ich dort keinen Job habe, geht das nicht.«

Sina, 25

»Der Abschied von Jan fällt mir jedes Mal noch genau so schwer wie am Anfang. Dabei bin ich jetzt schon zwei Jahre in Frankfurt. Auf der Fahrt zum Flughafen schweigen wir uns meistens an. Was soll man denn auch groß sagen? ›Sind ja nur ein paar Tage‹ oder so etwas? Das tröstet mich nicht, der Abschied tut trotzdem weh! Außerdem steckt mir, wenn wir uns länger nicht sehen, ein Kloß im Hals und ich würde

beim ersten Wort los heulen. Das wird sich wohl nie ändern. Aber die Vorfreude auf das nächste Wiedersehen ist immerhin etwas sehr Schönes. Das kann mich tagelang beschwingen.«
Johanna, 37

Für normale Paare heißt Liebesalltag jeden Morgen gemeinsam aufstehen und abends wieder zusammen ins Bett steigen. Sich küssen, schmusen, Sex haben, wann immer man will und über den leeren Kühlschrank oder benutzte Gläser auf dem Wohnzimmertisch streiten. Für die meisten Fernliebenden bedeutet Liebesalltag am Donnerstagabend Koffer packen und Freitag nach der Arbeit im Flugzeug, Zug oder Auto sitzen, so viel Beziehung wie möglich in ein Wochenende packen, am Sonntagabend den nur halb geleerten Koffer wieder einräumen und Abschied nehmen. Bis nächsten Freitag …

Immer auf Achse – große Freiheit oder Stress pur?

»Und was machst du am Wochenende?« »Ich fliege nach Hamburg.« Oder Berlin. Oder Budapest. Hört sich gut an, vor allem wenn der Tonfall gekonnt lässig daherkommt. Mobilität schmückt, wenn man sie zu verkaufen weiß. Am Wochenende unterwegs sein klingt in den Ohren anderer nach aufregendem Leben, nach Abenteuer und frischem Wind. Auf jeden Fall verlockender als zwei Tage Unkraut jäten im handtuchgroßen Reihenhausvorgarten oder Sonntagskaffee bei der lieben Schwiegermutti.

Fahrzeit, verschenkte Zeit

Was die neidisch blickenden Kollegen oft vergessen: (fast) jedes Wochenende unterwegs sein ist extrem anstrengend. Vor allem Fernliebende, die mit dem Auto allwöchentlich hunderte Kilometer zwischen Arbeitsplatz und Lebenspartner zurücklegen müssen, empfinden die viele Fahrerei als Belastung. Stundenlange Staus auf der Autobahn, nervenzehrende Schleichfahrten über Landstraßen und durch Dörfer.

Irgendwann kennt man jeden Baum, jeden Strommast und jeden Kirchturm an der Strecke zwischen Basel und Beuerberg, Stralsund und Schleswig oder Rostock und Rüsselsheim. Und zu Hause sitzt der Partner und bangt, dass man nicht von einem anderen gestressten Vielfahrer von der Fahrbahn geboxt oder von der eigenen Ungeduld aus der Kurve getragen wird.

Einzige Möglichkeit, den Pendelstress zu reduzieren: eine faire Reiseplanung. Ideal ist, wenn Long-Distance-Partner sich wechselweise besuchen. So hat keiner das Gefühl, aus dem Kofferpacken gar nicht mehr herauszukommen, und nicht nur einer sitzt viel zu viele Stunden in öffentlichen oder privaten Verkehrsmitteln ab.

Verspätete Flieger, endlose Bahnfahrten, Staus auf der Autobahn. Jede Stunde, die Fernliebende beim Reisen verlieren, geht vom gemeinsamen Zeitkonto ab, macht das Wochenende ein wenig kürzer. Diese Stunden mit Fluchen, Zähneknirschen, Weinen oder ohnmächtiger Wut zu verplempern, haben routinierte Liebespendler sich längst abgewöhnt. Sie stellen sich jedes Mal ein individuelles Unterhaltungs- oder Fortbildungsprogramm für unterwegs zusammen und nutzen die Fahrzeit für alles, wozu sie sonst niemals kommen würden: Hörbücher bis zum Schluss hören, Businessenglisch- oder Spanischvokabeln pauken, die ZEIT von vorne bis hinten durchlesen oder Fachzeitschriften studieren, ein Konzept für die Umstrukturierung der Unternehmenskommunikation austüfteln. Und so schöne Beschäftigungen wie dicke Romane schmökern, Briefe schreiben oder in aller Ruhe Musik hören gibt's sonst nur im Urlaub.

Abschied – der hässliche Bruder der Wiedersehensfreude

Es gibt Dinge, an die kann man sich einfach nicht gewöhnen. Der Zahnarztbohrer fällt unter diese Kategorie, der Geruch von Stinkbomben und Abschiede vom Liebsten. Für Fernliebende müssten sie nach spätestens einem Jahr Routine geworden sein. Aber nichts da! Schon Stunden vor der Abfahrt trübt die Stimmung ein, das letzte gemeinsame Essen schmeckt nach Henkersmahlzeit, und die Mundwinkel kriegen nur noch mit Mühe die Kurve nach oben. Kaum ein Paar, das über die bevorstehende Trennung einfach hinweggehen und die verbliebene Zeit bis zur letzten Minute genießen kann. Einer von beiden hängt mindestens durch.

Nicht jeder verliert beim Abschied die Fassung. Tränen, Seufzer und Wehklagen – oft sind es die Frauen, die ihrem Kummer freien Lauf lassen und sich hinterher nicht selten blöd vorkommen. »Ich heul' rum und er gibt sich vollkommen ungerührt, wie kann das sein?« Die äußere Coolness ihres Partners weckt in vielen Frauen den Verdacht, sie würden unter der Trennung mehr leiden als ihr Liebster. Schlussfolgerung: »Er liebt mich weniger als ich ihn.« Das kann man so nicht sagen, meinen Psychologen. Männer würden unter der Trennung in der Regel genauso leiden wie Frauen, sie würden es nur nicht offen zeigen. Als kleine Jungen wurde ihnen nämlich beigebracht, dass negative Gefühle nicht Männersache und deshalb unbedingt zu verbergen sind. Anstatt sich also ihrem Schmerz beim Abschied hinzugeben, greifen viele Männer lieber zu bewährten Verdrängungsstrategien: »Was muss ich noch für das Meeting morgen Nachmittag vorbereiten?« »Wie bringe ich Herrn Nolte schonend bei, dass mein übernächstes Wochenende wieder einen Tag in die Verlängerung geht?« So lässt sich diese heikle Situation für sie besser überstehen. Eigentlich eine clevere Art, den Kummer auf Abstand zu halten, die Frauen sich von ihren Partnern ruhig abschauen können.

Liebe auf Distanz – ein teures Vergnügen

Kaum ein Faktor bestimmt unser tägliches Leben so sehr wie Geld. Der Kontostand entscheidet, ob ein Distanzpaar sich einen Liebes-Wochenendtrip nach Sylt leisten kann und ob es sich in einem Monat zwei- oder nur einmal sehen kann. Oft genug ist Geld neben der Karriere ein Hauptgrund, warum ein Paar sich überhaupt für eine Fernbeziehung entschieden hat. Wer für den Job in eine andere Stadt wechselt, wird häufig mit einer Steigerung des Gehalts für seine Flexibilität belohnt. Schade nur, dass nicht alle Fernliebenden vom Plus auf ihrem Konto wirklich etwas haben. Eine Long-Distance-Beziehung geht nämlich ins Geld. In der Mobilitätsstudie von Norbert Schneider schätzte rund die Hälfte der Befragten, die vom Partner räumlich getrennt leben, das Leben in zwei Haushalten als negativ bis sehr negativ für ihre finanzielle Situation ein. Zwei Wohnungen müssen finanziert werden, die Reisekosten und – vor allem wenn die neue Wirkungsstätte im Ausland liegt – die Telefonkosten. Statt gemeinsam in einem großzügigen Haus oder einer Neid erweckenden Altbauwohnung zu residieren, lebt zumindest ein Partner meist halbwegs provisorisch auf wenigen Quadratmetern. Wenig Komfort für viel Geld, das lässt so manches Paar am Sinn und Zweck dieses Lebensmodells zweifeln.

Streit ums liebe Geld

»Bei uns ist Geld kein Thema.« Kann nicht sein. Geld ist in jeder Partnerschaft ein Diskussionspunkt. Kein Paar, Distanzliebende eingeschlossen, kommt darum herum sich über das ›Wie viel ist da und wie geben wir es aus‹ Gedanken zu machen. Und weil die Meinungen darüber häufig auseinander gehen, wird in vielen Partnerschaften heftig gestritten. Geld zählt neben Haushalt und Freizeitgestaltung zu den hochexplosiven Gesprächsstoffen in Beziehungen. Nach einer »Stern«-Umfrage aus dem Jahr 1998 gibt es in 40 Prozent der deutschen Partnerschaften Streit um die Finanzen. Und Paartherapeuten berichten laut »Stern«, dass 70 Prozent ihrer Klienten sich wegen pekuniärer Probleme in den Haaren liegen – und das nicht nur in Fällen von totaler Kassenebbe. Auch besser Gestellte müssen entscheiden: Mallorca-Urlaub und ein neues Sofa oder Malediven und dafür das alte Sitzmöbel behalten. Bezahlt der daheim Gebliebene die Nebenkosten für die Wohnung am Heimatort allein oder übernimmt der Umzügler die Hälfte?

Worum geht's beim Zank um den Zaster?

Wenn Lebenspartner sich um Geld streiten, geht es oft um mehr als finanzielle Engpässe oder die ungerechte Verteilung der Kosten. Auseinandersetzungen um die Moneten können zugleich ein Streit um die Macht in der Partnerschaft sein. Wer setzt sich bei wichtigen Entscheidungen durch? Wer sitzt am längeren Hebel? Wer gibt nach? Bezieht einer der Partner ein deutlich höheres Gehalt, geht das Machtgerangel häufig erst richtig los. Etwa wenn der potentere Partner der Meinung ist, das letzte Wort liege nach dem Motto ›Wer das Geld hat, hat das Sagen‹ automatisch bei ihm. Brisant wird es im Speziellen, wenn die Frau mehr Geld nach Hause trägt als ihr Lebensgefährte. Wer weniger auf dem Konto hat, fühlt sich dem anderen ausgeliefert, und damit kommen Männer besonders schlecht klar. Auch im 21. Jahrhundert haben sie sich von der Rolle des Ernährers und Versorgers noch nicht ganz verabschiedet. Weniger als ihre Liebste zu verdienen, kratzt mächtig an ihrem Selbstbewusstsein.

Neben Machtkämpfen können auch emotionale Belange beim Zank um den Zaster mitspielen. Lieber rechnet er ihr vor, welche Unsummen ihre Ausbildung zur Heilpraktikerin verschlingt, anstatt ihr seine Angst zu gestehen, wegen der Kurse künftig auch die Wochenenden ohne sie verbringen zu müssen. Oder sie betont ständig, was sie wieder alles fürs gemeinsame Wohl angeschafft hat, anstatt ihm zu erklären, dass sie zu wenig Aufmerksamkeit bekommt. Vorwürfe wegen des angeblich zu teuren DVD-Players oder der überflüssigen Kosmetikprodukte sind außerdem ein beliebtes Mittel, sich für eine Nachlässigkeit oder Ungerechtigkeit des Partners zu revanchieren. Die Lösung für Geldprobleme liegt fast immer auf dem Gefühlskonto, sagt der Psychologe Oskar Holzberg in der »Brigitte«. Wem die Streicheleinheiten knapp werden, der dreht am Geldhahn, denn über Finanzielles zu streiten fällt vielen leichter, als emotionale Enttäuschungen zu äußern. Es geht dann ja schließlich »nur« um Geld.

Paare sollten darauf achten, dass sie ihre wirklichen Probleme nicht unter einem monetären Tarnmäntelchen verstecken und ihre Beziehungskonflikte auf dem Nebenschauplatz Finanzmanagement austragen. In einer Fernbeziehung fühlen die Partner sich schnell einmal vernachlässigt, mit Liebesbeweisen unterversorgt oder im Stich gelassen. Beim Streit über Geldverschwendung und überzogene Konten sollten Sie also immer gut überlegen, ob Sie nicht vielmehr wegen einer anderen Sache sauer auf den Partner sind. Geht es tatsächlich um die Finanzen oder wird hier etwas ganz anderes abgerechnet? Haben Sie zum Beispiel Angst, dass er insgeheim nicht genug Geld für das geplante gemeinsame Haus zurücklegt, weil er nicht wirklich zu der Beziehung steht? Nimmt er Ihnen übel, dass Sie die Zeit ohne ihn mehr genießen können als er? Ist der Auslöser für den Unmut gefunden, sollten Sie den Mut aufbringen, das Thema offen zur Sprache zu bringen, um es ein für alle Mal aus der Welt zu schaffen.

Was machst du bloß mit deinem Geld?

Und wenn es beim Streiten tatsächlich um den Mammon geht? Oft entzünden sich solche Diskussionen an Grundsätzlichem: Ist Geld zum Ausgeben da oder lässt es sich nur mit soliden Rücklagen sorglos leben? Ist es okay, mit edlem Design und Statussymbolen bei den Kollegen Eindruck zu schinden, oder sollte man sein sauer Verdientes lieber in bleibende Werte investieren? Muss die teure Zweitwohnung sein oder spart man lieber für einen exklusiven Urlaub? Die einzig richtige Art mit Geld umzugehen, gibt es nicht, meint Oskar Holzberg. Jeder Mensch hat gute Gründe dafür, warum er jeden Cent zweimal umdreht oder auch nicht. Der Umgang mit Geld ist im Charakter angelegt und wird stark durch die Erziehung und die Erfahrungen im Elternhaus geprägt. Sind wir selbst flügge, übernehmen wir die Einstellung unserer Eltern oder verhalten uns genau entgegengesetzt. Waren zum Beispiel die Kassen zu Hause ewig leer und die Eltern von Geldsorgen geplagt, wird man als Erwachsener eher sparsam sein und bei Aldi und H&M kaufen, selbst wenn man sich den Feinkostladen und edles Tuch locker leisten könnte. Oder man lebt das genaue Gegenteil und schöpft ohne Rücksicht auf Verluste aus dem Vollen.

An unserer Einstellung zum Geld lässt sich im Nachhinein kaum noch etwas ändern. Für Beziehungen heißt das: Ein Sparfuchs wird eine großzügige Lebefrau niemals umerziehen können und umgekehrt. Wollen zwei unterschiedliche Geldtypen es auf Dauer miteinander aushalten, hilft nur gegenseitiges Verständnis. Beide sollten einmal in Ruhe über ihr Verhältnis zum Geld nachdenken, meint Paarexperte Oskar Holzberg. Welche Schlüsselerlebnisse und welche Sprüche meiner Eltern zum Thema Geld sind mir besonders im Gedächtnis geblieben? Was würde ich mit einem Lottogewinn von 10.000 Euro anfangen? Was wäre für mich die größte persönliche Katastrophe? Wie sind meine Eltern mit Geld umgegangen? Wie fühle ich mich, wenn mein Konto in den Miesen steckt? Beim Beantworten solcher Fragen wird einem relativ schnell klar, warum man so sehr auf Sicherheit bedacht ist oder Sparen als sinnlos und spießig empfindet und warum einen der Partner mit seinem Finanzgebaren wie kein Zweiter auf die Palme bringt. Soll sich das in Zukunft ändern, steht jetzt ein klärendes Gespräch an, in dem beide Partner offen und ehrlich berichten, was sie über sich herausgefunden haben. Konträre Geldtypen erkennen bei solchen Aussprachen häufig, dass sie sich mit ihrem Verhalten gegenseitig zu Überreaktionen provozieren und den Konflikt künstlich hochgeschaukelt haben. Die Mahnungen eines Sparsamen etwa veranlassen einen besonders leichtlebigen Partner schnell dazu, erst recht über die Stränge zu schlagen und den nächsten Kredit aufzunehmen. Der eine konsumiert gegen Enge und Pessimismus an, der andere wird aus Angst vor dem finanziellen Ruin immer geiziger und kleinlicher. Sind die Partner sich über die Motive des anderen bewusst, können sie besser mit seinen pekuniären Eigenheiten umgehen und sind eher bereit, auf seine Gefühle und Wünsche Rücksicht zu nehmen.

Finanzmanagement für glückliche Paare

Das Thema Geld kann Long-Distance-Paaren den Liebesalltag gründlich vermiesen. Damit die Finanzen nicht zum Schlechte-Laune-Faktor werden, sollten die Partner deshalb unbedingt ein paar Dinge regeln.

Karten auf den Tisch!
Kann ich ihr zwei Flüge im Monat zumuten? Müsste ich öfter den Esseneinkauf übernehmen, wenn ich ihn besuche? Um fair über die Verteilung der Ausgaben verhandeln zu können, sollten beide Partner ihre finanziellen Verhältnisse offen legen. Zumindest das Gehalt und regelmäßige Nebeneinkünfte sollten kein Geheimnis bleiben.

Zwei Partner – drei Konten
Für viele Paare ist ein gemeinsames Konto der ultimative Liebes- und

Vertrauensbeweis. Was gut gemeint ist, kann schnell zum Stolperstein für die Beziehung werden. Hat einer zum Beispiel irgendwann das Gefühl in Sachen Liebe zu kurz zu kommen, könnte er, wie bereits beschrieben, schnell dazu übergehen die Kontoauszüge zu kontrollieren und dem anderen Misswirtschaft unterstellen. Außerdem fällt der Kauf einer neuen Hose oder irgendwelcher hübscher, vollkommen unnützer Dinge leichter, wenn der Betrag vom eigenen Konto abgebucht wird.

Ein eigenes Konto ist ein wertvolles Stück Freiheit, das niemand unterschätzen sollte. Für alle, die auf finanzielle Gemeinsamkeit trotzdem nicht ganz verzichten wollen, ist ein drittes, gemeinsames Konto empfehlenswert, auf das beide jeden Monat einen bestimmten Betrag einzahlen. Von diesem Konto gehen dann die laufenden Kosten wie Miete, Strom, Zeitungsabonnements etc. ab.

Wer mehr hat, zahlt mehr

Niemand spielt gern den kleinkarierten Erbsenzähler. Trotzdem sollten Distanzpaare sich die Mühe machen, alle Einnahmen und fixen Ausgaben exakt zusammenzustellen. Danach kann man prozentual errechnen, wer welchen Anteil der laufenden Kosten trägt und wer auf Grund seiner Finanzkraft für das eine oder andere Extra aufkommt. Nach diesem Rechenmanöver kann keiner mehr den Vorwurf erheben, er sei benachteiligt worden. In Krisenzeiten ist man im Nachhinein meist dankbar, dass man seine Hausaufgaben erledigt hat.

Mein Geld ist meine Sache

Nach Abzug aller Fixkosten sollten Sie noch ein paar Euro für den nächsten Urlaub oder fürs neue Auto zurücklegen und genug Geld für Lebensmittel und andere lebensnotwendige Dinge einkalkulieren. Was danach jeden Monat vom Gehalt übrig bleibt, ist Privateigentum. Mit diesem Geld kann jeder machen, was er will, ohne darüber Rechenschaft ablegen zu müssen: Aktien oder Sportequipment kaufen, Essen gehen, Konzertkarten oder die Kosmetikerin bezahlen. Der eine mag jeden Euro hamstern, der andere den gesamten Betrag in einer Stunde verprassen, das geht nur ihn etwas an. Einmischen ist verboten, solange sich keiner für private Wünsche aus der gemeinsamen Kasse bedient, nachdem er sein »Taschengeld« bei einer einzigen Shoppingtour auf den Kopf gehauen hat.

Ziele abstecken
Eine eigene Immobilie, Design fürs Wohnzimmer, ein Fernseher im Schaufensterformat: Steht eine echte Investition an, muss meistens erst mal gespart werden. Wollen Paare sicher gehen, dass beide Partner sich an die Sparvorgabe halten, sollten sie ein extra Sparkonto einrichten, auf das beide jeden Monat einen bestimmten Obolus überweisen. So kommen sie garantiert ans Ziel, ohne das Gefühl zu haben, einer beteilige sich nur mit halbem Einsatz.

Überraschung!
»Schau mal, was ich gekauft habe!« Steht vor der Tür plötzlich ein neues Cabrio oder wedelt der Liebste einem mit Festspielkarten für 250 Euro das Stück vor der Nase herum, könnte die Überraschung nach hinten losgehen. Nicht jeder reagiert entzückt, wenn der Partner größere Beträge umschlägt, ohne vorher Rücksprache zu halten. Vielleicht hatte man die Summe im Geist längst für einen Urlaub oder die lang ersehnte neue Stereoanlage reserviert oder ist für einen Autokauf auf Pump generell nicht aufgeschlossen. In größere Investitionen sollten Sie den Partner der Fairness halber also besser vorher einweihen, es sei denn, das Geld fließt komplett aus Ihrer eigenen Tasche.

Falsche Überredungskunst
Das Angebot kann noch so einmalig sein: Ist der Partner mit dem Kauf des kleinen Bauernhofs im Chiemgau oder der Anschaffung einer Segelyacht nicht einverstanden, sollte man ihn nicht mit aller Macht dazu überreden. Ein abgepresstes Einverständnis nimmt der andere fast sicher übel und schmiert es einem mit dem Satz »Du wolltest es ja unbedingt« noch lange hinterher bei jeder passenden Gelegenheit aufs Butterbrot.

Fairplay
Ob einer einmal mehr zum Kino einlädt oder 100 Euro mehr für Benzin ausgegeben hat, spielt keine Rolle, solange beide Partner das Gefühl haben, beim Geben und Nehmen nicht ins Hintertreffen zu geraten. Dabei geht es nicht nur ums Geld. Wichtiger als das Abrechnen auf Heller und Pfennig ist, dass die Gesamtbilanz in einer Beziehung stimmt. Bei dieser Buchhaltung geht es um das ausgewogene Verhältnis von Geld, Gefühlen und Engagement. Sieht sie zum Beispiel, dass ihr Liebster den Garten des gemeinsamen Hauses in Schuss hält oder er mal wieder die Freizeitaktivitäten am Wochenende organisiert hat, ist sie gerne bereit, als Ausgleich dafür den Weinkeller aufzufüllen oder ihn in ein exklusives Restaurant auszuführen. Manchmal geht er öfter einkaufen und sie kocht dafür. Geht es beiden gut damit, ist nichts gegen solche Arrangements einzuwenden. Wer allerdings glaubt, er könne mit finanziellem Einsatz allein wieder gutmachen, was er auf emotionaler Ebene versäumt hat, der irrt.

Spar-Tipps für Distanzpaare

Zwei Wochen Skiurlaub, ein neuer Anzug von BOSS, die regelmäßigen Essen beim teuren Thailänder: Viele Fernliebende müssen auf einiges verzichten, was vor der räumlichen Trennung locker drin war. Damit die Liste der Dinge, die den Mehrkosten einer Fernbeziehung zum Opfer fallen, nicht zu lang wird, hier ein paar Tipps, wie sich Ausgaben reduzieren lassen.

- *Billiger umziehen*
  Provision und Kaution für die Zweitwohnung, Transportkosten, die neue Einrichtung – ein Umzug frisst viele Euros. Wer aus beruflichen Gründen umzieht, dem kommt das Finanzamt mit Steuereinsparungen entgegen. Was genau Sie von der Steuer absetzen können und an welchen Kosten sich das Finanzamt beteiligt, sollten Sie bei Ihrem Steuerberater erfragen. Für alle, die sich vorher selbst schlau machen wollen: Hilfreiche Informationen zum Thema Steuern sparen stehen in der kostenlosen Broschüre »Umzug und Steuern« vom

Bund der Steuerzahler, zu bestellen unter www.steuerzahler.de und der Broschüre »Geld sparen beim Umzug« vom Mieterbund, erhältlich für 5 Euro unter www. amazon.de.
Keine Lust, keine Zeit selbst Möbel zu schleppen? Wer seinen Hausrat nicht selbst transportieren möchte, fährt mit der Möbel-Mitfahr-Zentrale am günstigsten. Sie nutzt Leerfahrten bei Rück- und Kurierfahrten aus, das spart etwa 20 Prozent im Vergleich zu anderen Speditionen. Infos unter www.moebel-mitfahrzentrale.de.

- *Billiger wohnen*
  »Mehraufwendungen für doppelte Haushaltsführung« lautet das Stichwort für die Steuerklärung von Distanzpaaren. Unter diesem Begriff werden die Kosten addiert, die auf Grund der getrennten Wohnsitze entstehen und von der Steuer abgezogen werden können. Dazu gehören unter anderem die Fahrten, Telefonate, die Miete der Zweitwohnung. Eine doppelte Haushaltsführung liegt vor, wenn der Arbeitnehmer außerhalb des Ortes, in dem er einen eigenen Hausstand unterhält, beschäftigt ist und auch am Beschäftigungsort wohnt, heißt es im Einkommensteuergesetz. Damit man die Kosten (»Mehraufwendungen«) als so genannte Werbungskosten geltend machen kann, muss die doppelte Haushaltsführung aus beruflichem Anlass erfolgen. Dies gilt für Verheiratete und Unverheiratete. Welche Ausgaben sie im Einzelnen tatsächlich von der Steuer absetzen können, lassen Sie am besten von einem erfahrenen Steuerberater überprüfen.
  Man ist nicht allein, und wenn man mal nicht da ist, versorgt jemand die Blumen, leert den Briefkasten und schreckt Einbrecher ab. Wer Miete sparen will und nicht zu empfindlich ist, kann einen Untermieter bei sich aufnehmen. Entweder man vermietet die ganze Wohnung auf Zeit, zum Beispiel, wenn man sich für mehrere Wochen beim Partner einnistet. Oder man vermietet unter der Woche ein Zimmer, zum Beispiel an einen Dozenten oder Unternehmensberater, der nur ein oder zwei Tage die Woche in der Stadt ist. Besser als auf eigene Faust schließt man solche Mietverträge über die Mitwohnzentrale ab. Erstens spart man sich die mühselige Suche

nach einem geeigneten Kandidaten und zweitens ist die Sache weniger riskant. Es gibt Mietverträge, die beide Seiten absichern, was Zahlungen, Versicherungen, Termine, Kautionen und ähnliches betrifft. Die Vermittlungsgebühr zahlt der Untermieter.

- *Billiger fahren*
  Eine Fernbeziehung zu führen ist kein Einzelschicksal. Garantiert nimmt mindestens ein Leidensgenosse jedes Wochenende die gleiche Route wie man selbst. Machen Sie einfach in der Firma einen Aushang oder hören Sie sich im Bekanntenkreis um. Solche Fahrgemeinschaften haben den Vorteil, dass man sich mit dem Fahren abwechseln kann, Unterhaltung hat und Spritkosten spart. Nachteil: Man muss sich an feste Zeiten halten. Wenn einer sich verspätet, hängen alle fest, und wenn man spontan früher aus dem Büro kommt, muss man auf die anderen warten. Zahlende Beifahrer lassen sich auch über Mitfahrzentralen (Adressen und Telefonnummern im örtlichen Telefonbuch) rekrutieren. Die Vermittlungsgebühr zahlt der Mitfahrer.

- *Billiger fliegen*
  Günstige Tickets erwischt man am besten im Internet. Es lohnt sich immer, die Tarife mehrerer Anbieter abzufragen. Auf jeden Fall gilt: früh buchen. Vor allem typische Pendlerstrecken wie Hamburg–München sind gerade zur Ferienzeit oder an Feiertagen auf Wochen im Voraus ausgebucht.

- *Billiger Bahn fahren*
  Bei den Bahntarifen blickt zurzeit kaum einer wirklich durch. Fest steht aber: Zu mehreren wird's billiger. Hat man einen oder mehrere Co-Reisende gefunden, sollte man sich am Bahnhof ausführlich beraten lassen. Tipp für unterwegs: Mitgebrachter Proviant schmeckt besser und ist wesentlich billiger als die Snacks vom Rollwagen.

- *Billiger telefonieren*
  Die Zeiten, in denen vierstellige Telefonrechnungen Fernliebende

an den Rand der Pleite brachten, gehören seit der Öffnung des Telefonmarktes für private Anbieter der Vergangenheit an. Vor allem Ferngespräche sind in den letzten Jahren sehr viel billiger geworden. Wer sich bei den Tarifen auskennt und immer auf dem neusten Stand ist, kann viel sparen. Faustregel: je später die Stunde, desto billiger das Gespräch. Tabellen mit den aktuellen Tarifen werden regelmäßig in den Zeitungen veröffentlicht. Die jeweils günstigste Call-by-Call-Rufnummer für Handy und Festnetz lässt sich auch im Internet herausfinden. Achtung: Die Tarife ändern sich ständig!

Vorsicht, nicht in die Handyfalle tappen! Gespräche mit dem Mobiltelefon können richtig teuer werden. Deshalb: Lassen Sie die Nummer des Partners als so genannte Friend-Number (jede Telefongesellschaft nennt das anders) registrieren. Telefonate mit ihm sind dann im Vergleich zu anderen Nummern besonders günstig. Suchen Sie für jeden Handy-Anruf wie beim Telefonieren übers Festnetz eine billige Vorwahl heraus. Vorsicht, Gespräche ins Ausland sind teurer als Inlandsgespräche. Vor allem zahlt nicht nur der Anrufer, sondern auch der Empfänger. Partner sollten beim gleichen Anbieter im gleichen Netz einen Vertrag haben, das ist oft günstiger. Nachrichten auf der Mailbox im Ausland können teuer sein.

10. Happy End

»Ich war einfach nur froh, als Stefan aus Paris zurückgekommen ist. Die Umstellung auf den Alltag zu zweit ist mir nach den zwei Jahren Fernbeziehung keinen Moment schwer gefallen. Im Gegenteil, ich habe es genossen, nicht mehr allein in unserer Wohnung zu sein. Das Zusammensein mit Stefan genieße ich heute mehr denn je. Jeden Tag freue ich mich, dass er da ist, dass wir zusammen aufwachen, ich sein Lächeln sehe. Egal, ob wir streiten oder uns küssen, mit Stefan zusammen zu sein ist für mich Glück. Daran hat sich durch die Fernbeziehung nichts geändert.«

Adriana, 32

»In zwei Jahren wird es voraussichtlich so weit sein. Dann wollen Vanessa und ich zusammenziehen. Sie ist dann mit dem Studium fertig und kommt nach München. Manchmal spazieren wir durch Schwabing und gucken schon mal, wo wir am liebsten wohnen würden. Eine neue Wohnung brauchen wir auf jeden Fall, meine Studentenbude ist zu klein für zwei. Vanessa verbringt ziemlich viel Zeit bei mir, aber wenn sie in den Semesterferien länger hier ist, wird es schon manchmal eng. Dann gehen wir uns gegenseitig ganz schön auf den Geist. Kein Wunder, wenn man in einem Zimmer zusammengepfercht ist. Wenn wir eine größere Wohnung haben, wird das garantiert anders.«

Jan, 26

»Als Jochen zurückkam, war das sehr schwierig. Er hatte fünf Jahre in den USA an einer Universität gearbeitet und sich in dieser Zeit ziemlich verändert. Wenn man sich so selten trifft wie wir, dann lebt man sich auseinander, auch wenn man sich liebt und sich 100 Prozent sicher ist, dass diese Liebe nichts kaputt machen kann. Wir haben drei, vier Monat nach Jochens Rückkehr gemerkt, dass wir nicht mehr zusammenpassen. Ständig haben wir über die banalsten Dinge gestritten. Wer zuerst die Tageszeitung lesen darf, wer öfter Toilettenpapier kauft, ob der Fernseher aus bleibt oder man auch lesen kann, wenn nebenan einer Nachrichten guckt. Auch unser Lebensrhythmus hat nicht mehr harmoniert. Obwohl wir beide um unsere Beziehung gekämpft haben, haben wir uns schließlich getrennt. Das war sehr schlimm für mich. Ich hatte das Gefühl, gescheitert zu sein, weil meine große Liebe eben doch nicht stark genug war.«

Katharina, 46

Er ist das Ziel all ihrer Träume: Der Tag, an dem Fernliebende endlich (wieder) zusammenziehen. Dann wird sich alles erfüllen, wonach sie sich so lange gesehnt haben und worauf sie die ganze Zeit hingelebt haben. Die Nähe zum geliebten Menschen, Zärtlichkeit, Wärme, innige Gespräche, wann immer einem danach ist, lange Spaziergänge oder ein paar Gläser Wein mit Freunden nach Feierabend …

Welches der Tag X ist, steht für viele Distanzpaare vom ersten Tag der Trennung an fest, weil das angenommene Projekt oder die Auslandsentsendung befristet sind, der Lehrauftrag an einer Universität nach einer bestimmten Zeit ausläuft oder die Restdauer des Studium sich exakt eingrenzen lässt. Andere Long-Distance-Partner treffen die Entscheidung, (wieder) an einem Ort zu leben, relativ spontan, weil sie ab einem bestimmten Punkt das Gefühl haben, langsam auseinander zu driften, weil sie wissen wollen, ob sie es auch sieben Tage die Woche miteinander aushalten, weil sie eine Familie gründen wollen, weil einer das Alleinsein nicht mehr erträgt.

Wird der Traum zum Alptraum?

So groß die Vorfreude auf das Leben zu zweit auch sein mag, ganz frei von Bedenken sind Fernliebende im Hinblick auf den irgendwann (wieder) geteilten Alltag nicht. Wird es noch so sein wie vor der Trennung? Passt mein Partner überhaupt noch in mein Leben? Werde ich es ertragen, meine Freiheit (wieder) ein Stück weit aufgeben zu müssen? Kennen wir uns überhaupt gut genug, um diesen Schritt zu wagen? Werden wir im Alltag miteinander klarkommen? Je mehr Jahre

Fernliebende getrennt an zwei Orten verbracht haben, desto eher schleicht sich die Sorge ein, die (Wieder-)Vereinigung unter einem Dach könnte mit einer großen Enttäuschung enden.

Schönsehen erlaubt

Bis jetzt scheinen die Dinge ja nicht schlecht gelaufen zu sein. Sonst würde man nicht weiter an dem Entschluss festhalten (wieder) zusammenzuziehen. Natürlich sind beide Partner ab und an sauer aufeinander, es gibt Missverständnisse oder einer fühlt sich ungerecht behandelt. Und natürlich nagen in ihrem Innern diese hässlichen kleinen Zweifel, ob das Leben zu zweit tatsächlich so paradiesisch sein wird, wie sie sich das in ihren Träumen ausmalen. Aber die Liebe füreinander ist da.

Ist eine Beziehung grundsätzlich glücklich, raten Paartherapeuten, sich vor allem auf die positiven Aspekte der Partnerschaft zu konzentrieren. Im Fall einer Fernbeziehung heißt das, sich immer wieder vor Augen zu führen, wie glücklich man miteinander ist und wie gut man bislang alle schwierigen Situationen gemeinsam umschifft hat. Den erfreulichen Seiten seiner Liebe mehr Beachtung zu schenken als den unangenehmen, bedeutet nicht, diese mit einer dicken Schicht Makeup zu übertünchen. Dass Schönsehen in Liebesdingen nicht zwingend mit Schönfärberei zu tun haben muss, beweisen die Studien der amerikanischen Psychologin Dorothy Tennov. Diese Untersuchungen belegen, dass Liebende, die im Partner in erster Linie das Gute sehen und vor kleinen Fehlern die Augen verschließen, den anderen trotzdem durchaus realistisch einschätzen. Sie konnten in Befragungen seine Macken und Makel aufzählen, maßen ihnen aber nicht viel Wert bei. Belohnt wurden sie für ihre positive Haltung mit besonders stabilen Beziehungen. Wieder auf eine Distanzliebe übertragen bedeutet das: Die ersten Monate nach dem Zusammenziehen mit dem Partner werden vielleicht nicht ganz reibungslos ablaufen, aber die schönen Momente werden vermutlich überwiegen.

Fernliebende sollten sich die Vorfreude auf den Tag X also nicht nehmen lassen, selbst wenn sie in ihrem persönlichen Umfeld Paare kennen, die den Sprung in die 7-Tage-Zweisamkeit nicht geschafft haben oder selbst schon einmal schlechte Erfahrungen mit einer Distanzbeziehung gemacht haben. Es gibt mindestens genauso viele Fallgeschichten mit Happy End. Wer sich von Negativbeispielen oder seiner Vergangenheit den Glauben an seine Beziehung rauben lässt, sabotiert das eigene Liebesglück.

Der Haushalt und andere Hindernisse auf dem Weg zum Glück

Endlich zusammen an einem Ort, in einem gemeinsamen Alltag. Der heiß ersehnte (Wieder-)Einstieg in die dauerhafte Zweisamkeit schenkt frisch Vereinten allerdings nicht nur Glück und Wonnestunden, sondern hat durchaus seine Tücken: Beim täglichen Miteinander entdecken die Partner neue Seiten oder Angewohnheiten aneinander, mit denen sie sich nicht gleich anfreunden können. Die klassischen Kampfthemen Haushalt und Terminplanung unter der Woche, die während der Fernbeziehung keine Rolle gespielt haben, rücken plötzlich (wieder) ins Blickfeld. An solchen Stolpersteinen können Ex-Fernliebende sich böse Blessuren einfangen. Wenn Sie jedoch mit Toleranz, Geduld und der Bereitschaft, einander entgegenzukommen, an solche Konfliktthemen herangehen, steht dem Genuss eines glücklichen neuen Lebensabschnitts nichts im Weg.

Von Null auf Hundert: keine falschen Erwartungen!

Für die einen ist es das erste Mal, für die anderen die Neuauflage einer bereits bekannten Lebenssituation. Die (zu hohen) Erwartungen aber sind oft die gleichen, wenn aus der Fernbeziehung endlich (wieder) eine Nahbeziehung wird: Das werden herrliche Zeiten! Rund um die Uhr eitel Sonnenschein und ungetrübte Freude. Man hat ja schließlich zum Teil Jahre auf diesen Moment gewartet.

Doch Vorsicht, den Lebensrhythmus und die Bedürfnisse zweier Menschen aufeinander abzustimmen, die bis gestern daran gewöhnt waren, ihr eigenes Programm zu fahren, ist kein Kinderspiel. Je nach

Typ tun Ex-Distanzliebende sich in der ersten Zeit mehr oder weniger schwer damit, permanent Rücksicht auf eine zweite Person nehmen zu müssen. Zum Beispiel nicht mehr jederzeit spontan zu einem Frauenabend oder in Richtung Sportstätte entschwinden zu können, ohne sich vorher kurz mit dem Partner abzusprechen, das lieb gewordene Single-Morgenritual gegen ein partnerschaftstauglicheres auszutauschen oder das Saxophon noch eine Stunde im Instrumentenkoffer ruhen zu lassen, weil die Liebste gerade ein Nickerchen macht. Zur eigenen Überraschung ist es für viele außerdem gewöhnungsbedürftig, plötzlich (wieder) sieben Tage die Wochen einen Menschen um sich zu haben – obwohl man diesen Menschen von ganzem Herzen liebt.

Und wo sind die Schmetterlinge geblieben, die während der Fernbeziehung bei jedem Treffen den Bauch in angenehmen Aufruhr versetzten? Wenn ein Paar zusammenzieht, verändert sich die Beziehung. Der verliebte Prickel, der die Partner bei jedem ihrer Treffen elektrisierte, verschwindet nach ein paar Monaten und macht dem anheimelnden Gefühl von Geborgenheit und Sicherheit Platz. Doch dass etwas Schönes nachwächst, wenn die Schmetterlinge abziehen, realisieren viele Paare im ersten Moment noch nicht und sind erfüllt von Angst, ihre Liebe würde sich gleich mit davonmachen.

Frisch vereinten Liebenden, die bereits früher ein Paar waren, kann außerdem die eigene Fantasie ein Schnippchen schlagen. In der langen Zeit der Trennung haben sie sich bis ins letzte Detail ausgemalt, wie es sein wird, wenn sie mit ihrem oder ihrer Liebsten an die wundervollen alten Zeiten anknüpfen. Nur hat der Partner – oder auch man selbst – sich und seinen Lebensstil in der Zeit der Trennung verändert und passt nicht mehr in das liebevoll angefertigte Bild, das man von ihm im Kopf trägt. Irgendwie ist alles ganz anders, als man sich das zurechtgelegt hatte. Der Partner geht wochentags um zehn plötzlich lieber ins Bett als in abgefahrene Bars, möchte mehr allein unternehmen oder mag keinen Abend von einem lassen oder gibt sich in Diskussionen über die Gestaltung des täglichen Miteinander ungewohnt halsstarrig. Was für eine Enttäuschung!

Vergleichbare Überraschungen können Paare erleben, für die der Einzug in eine gemeinsame Wohnung die Premiere ist. Auch Debüttanten sind manchmal von der Realität enttäuscht, weil der Partner partout nicht dem idealisierten Porträt entsprechen will, das man in der Ferne von ihm gezeichnet hat. Der heitere Sonnenschein verwandelt sich aus so viel Nähe besehen in eine penetrant gut gelaunte Nervensäge, der Philosoph mutiert im Alltag zum maulfaulen Langweiler. Er kocht nicht jeden zweiten Abend ein Lieblingsessen für sie und auch sonst scheinen ihm die romantischen Ideen ausgegangen zu sein. Sie ist keine Elfe, die durch die Räume schwebt und Schönheit verbreitet, sondern müllt den Schlafzimmerfußboden mit Sportklamotten zu und vergisst ständig, die Zimmerpflanzen zu gießen. Warum ist einem das bloß vorher nicht aufgefallen? Was für eine Ernüchterung!

»Jetzt habe ich, was ich wollte. Warum bin ich dann nicht rundum glücklich?« Mit den typischen Umstellungsproblemen bekommt es fast jedes Paar zu tun, das erst kürzlich zusammengezogen ist. Über die Qualität der Beziehung sagt das nicht unbedingt etwas aus, wenn ansonsten alles zwischen den Partnern stimmt. Wie das Wort ›Umstellung‹ bereits ahnen lässt, sind diese Probleme keine Dauergäste. Begegnet man ihnen mit Geduld und Großmut, suchen sie sich schon bald eine neue Bleibe.

Damit die Landung in der Zweisamkeit möglichst weich ausfällt, sollten frisch vereinte Paare nicht gleich in den ersten Wochen von null auf hundert gehen, sich also nicht auf den Partner stürzen wie ein ausgehungerter Löwe, sondern ihm und sich Zeit geben, sich (wieder) an das Zusammenleben zu gewöhnen. Ein großer Fehler wäre, eigene Kontakte und Aktivitäten aufzugeben, die man in der Zeit der Trennung aufgebaut und entdeckt hat. Wer plötzlich alles mit dem Partner teilen will, stellt schnell fest, dass es reichlich eng wird in der Beziehung. Auch in der Wohnung braucht jeder eigene Bereiche und Rückzugsmöglichkeiten. Einen Schreibtisch oder eine Kommode, auf die der Partner kein Zugriffsrecht hat, wenn möglich sogar ein eigenes Zimmer. Bei zu viel Nähe auf einen Schlag fühlt man sich schnell, als bekäme man eine Plastiktüte über den Kopf gestülpt.

Auch viele Alltagskleinigkeiten müssen neu geregelt werden. Sie kann ohne Vollmilch nicht in den Tag starten, er braucht zum Frühstück seinen Joghurt. Besser also, er lässt am Abend die Finger von der fast leeren Milchtüte und sie vergreift sich nicht am letzten Becher Joghurt. Sie kann neuerdings ohne Gute-Nacht-Musik nicht mehr einschlafen und will ihre Stereoanlage deshalb im Schlaf- anstatt im Wohnzimmer stehen haben. Und er reserviert den kleinen Fernseher für sein Zimmer, damit er jederzeit eine Dosis MTV-Clips oder Bundesliga-Ergebnisse konsumieren kann.

Ein bisschen Fremdeln, ein bisschen Streit, ein paar Revierkämpfe – keine Panik! Dass man nicht binnen der ersten Minuten nach dem Einzug zu einer Einheit verschmilzt, hat meistens nichts mit abgekühlter oder verlorener Liebe zu tun, sondern ist nur menschlich. Starten sie nicht mit übersteigerten Erwartungen in die ersten Wochen der neuen Gemeinsamkeit, erwartet die Ex-Fernliebenden eine wunderbare Zeit.

Der Kampf um den Wischmopp

Sie putzt und räumt, er schmutzt und drückt sich – eigentlich kann man es nicht mehr hören. Doch es ist nun einmal Fakt: Teilen ein Mann und eine Frau sich eine Wohnung, gibt es mit sehr hoher Wahrscheinlichkeit irgendwann Krach um den Haushalt. Der Grund wurde wissenschaftlich ermittelt: Frauen verbringen wöchentlich im Schnitt 34 Stunden an der Waschmaschine oder mit dem Wischmopp in der Hand, während Männer gerade mal 17 Stunden ihren hausmännlichen Pflichten nachgehen. So das Ergebnis einer Studie des Soziologen Gerd Pfister für die Universität Würzburg. Andere Untersuchungen haben ergeben, dass nur 20 bis 30 Prozent der Männer ihren Partnerinnen beim Abwasch, Bügeln, Putzen und Waschen helfen. Da die meisten Frauen jedoch heute die Meinung vertreten, wer gemeinsam Dreck macht, sollte ihn auch gemeinsam beseitigen, stehen die Zeichen auf Sturm.

Warum abwarten, bis Sie Ihrem Drückeberger vor Wut den Putzlumpen um die Ohren hauen? Um sich Frust und ewige Streitereien zu ersparen, sollten Sie Ihren Liebsten lieber gleich nach dem Zusammenziehen zu einer Haushaltsdebatte vorladen und die Frage klären ›Wer macht was und wie oft?‹. Hier geht es deshalb nicht ums ›Mithelfen‹, sondern um faire Arbeitsteilung. Und die geht so: Zunächst darf sich jeder die Aufgaben aussuchen, die ihm am wenigsten aus- oder vielleicht sogar Spaß machen. Müll, Papier und Altglas entsorgen, einkaufen, Reifen wechseln, Rasen mähen, Bügeln, Staub wischen, Gäste bekochen … Oft ergänzen sich Vorlieben und Abneigungen ganz gut und am Ende bleiben nur wenige, besonders ungeliebte Jobs auf der Zu-erledigen-Liste stehen. Die kann man dann im Losverfahren vergeben oder an eine Zugehfrau delegieren.

Noch ein Tipp für Frauen: Jeder ist für seine Bereiche im Haushalt allein verantwortlich. Das heißt, niemand funkt dem anderen dazwischen, es sei denn, er wurde ausdrücklich um Rat gebeten. Auch wenn er die T-Shirts anders zusammenlegt als sie, ist das kein Grund, ihm jedes Mal die getrocknete Wäsche zu entreißen und eine Lektion in Sachen Haushaltsführung zu erteilen. Erstens: Es gibt mehr als eine Art, ein T-Shirt in Schrankformat zu bringen. Genauso existieren unterschiedliche Methoden, ein Waschbecken zu putzen, Böden zu wischen oder Bratkartoffeln zuzubereiten. Zweitens: Mit Besserwisserei spielen Frauen Faulpelzen in die Hände. Deren liebste Ausreden sind laut Gerd Pfister nämlich: »Du machst das immer sooo toll!« und »Ich weiß gar nicht, wie das geht …« Reflexhafte Antwort der geschmeichelten Liebsten: »Na dann mach ich's eben selbst …« Reingefallen!

Alltagskrisen

Während der Fernbeziehung gab's die Schokoladenseiten, jetzt bekommt man (wieder) den ganzen Menschen serviert mit all seinen Launen, Macken und Missgeschicken. Viele Ex-Distanzpartner müssen erst (wieder) lernen, Alltagsprobleme im Team anzugehen und den anderen in schlechten Phasen zu ertragen. Wenn's im Job nicht läuft, die Waage zu viele Kilos anzeigt oder dem oder der Liebsten eine nicht identifizierbare Laus über die Leber spaziert, gibt es schon mal miese Stimmung. Über Launen sollte man großmütig hinweggehen. Und wo Not am Mann ist, zum Rettungsdienst antreten und trösten, verwöhnen und unterstützen. Beziehungen sind in solchen Phasen anstrengend, wachsen aber an jeder großen und kleinen Bewährungsprobe.

Happy together!

Gestaltet sich die erste Zeit nach dem Zusammenziehen schwierig oder folgt auf die erste Euphorie eine Phase der Ernüchterung, lassen Sie nicht gleich den Kopf hängen! Eine gesunde Portion Optimismus und der unerschütterliche Glaube an die Partnerschaft helfen, die Zeit zu überstehen, bis die Dinge wieder ins Lot gerückt sind und man sich an die neue Lebenssituation gewöhnt hat.

Es läuft nicht alles nach Wunsch und der Himmel hängt gerade nicht voller Geigen. Trotzdem sollten die Partner vermeiden, sich in die kritischen Punkte ihrer Beziehung zu verbeißen und darüber die schönen Seiten des Zusammenlebens nicht mehr wahrzunehmen.

Jedes Paar muss irgendwann einmal durch eine Talsohle. Aber Probleme müssen einer Partnerschaft nicht schaden. Im Gegenteil: Überstandene Krisen machen eine Beziehung erst richtig stark. So lautet das Ergebnis von Befragungen unter Lebenspartnern, die seit langem glücklich zusammen sind. Natürlich lassen sich nicht alle Probleme lösen, und nicht jedem Paar glückt der Übergang in eine Nahbeziehung. Hat der eine zum Beispiel dem anderen zuliebe einen Auslandsaufenthalt vorzeitig abgebrochen, kann das die Beziehung im Nachhinein schwer belasten. Der Vorwurf »Nur wegen dir …« kann ewig zwischen den Partner stehen bleiben und die Partnerschaft auf Dauer zerstören. Zufriedene Paare jedoch, die weniger rosige Zeiten voller Streit, Stress und Enttäuschungen durchgemacht und gemeistert haben, blicken im Nachhinein oft beinahe stolz auf diese Phasen zurück: »Es war hart, aber wir haben es geschafft!«

Während Ex-Fernliebende sich (wieder) zusammenraufen und daran arbeiten, sich (wieder) in einen gemeinsamen Alltag einzugewöhnen, sollten sie eines nie vergessen: Sie haben bis hierher als Paar ein hindernisreiches Stück Weg zurückgelegt, ihre Liebe über ungezählte Tage des Alleinseins hinübergerettet. Nachdem ihnen das gelungen ist, sollten sie den nächsten Schritt doch auch noch hinbekommen. Außerdem vergeht die vielleicht etwas komplizierte Anfangszeit nach dem Zusammenziehen garantiert schneller als das lange Warten auf den Tag der (Wieder-)Vereinigung. Viel Glück!

Test: Der Fernbeziehungs-TÜV

Bin ich glücklich mit meiner Partnerschaft? Bei einer Liebe auf Distanz lässt sich das manchmal schwer beantworten. Weil die Gefühle selten ruhig und beschaulich dahin fließen, sondern toben und wirbeln wie ein reißender, unberechenbarer Gebirgsbach. Abschiedsschmerz folgt auf Wiedersehensfreude, verzehrende Sehnsuchts-, Eifersuchts- oder Einsamkeitsattacken wechseln sich ab mit rauschhaften Glückszuständen in den wenigen gemeinsamen Stunden – ständig ist das Gefühlsleben im Ausnahmezustand, stürzen Long-Distance-Liebende wie Wellenreiter in emotionale Abgründe, um gleich darauf wieder ganz oben auf einer Welle zu surfen. Doch nicht nur dieses Auf und Ab der Gefühle vernebelt den klaren Blick auf den Zustand der Partnerschaft. Weil sie nicht täglich mit ihnen konfrontiert sind, können Long-Distance-Liebende Beziehungsprobleme leichter als andere Paare unter den Teppich entsorgen. Dort züchten die unerledigten Altlasten womöglich lange Zeit unbemerkt unterschwellige Unzufriedenheit und Aggressionen heran. Missverständnisse können sich durch die seltenen Treffen kaum wahrnehmbar zwischen die Partner schieben oder ihre Lebenswege schleichend auseinander driften. Wer viel allein ist, verliert außerdem leicht das eindeutige Gespür für seine Partnerschaft. Ist man noch ein richtiges Paar oder lebt man nur noch die Illusion einer Beziehung? Ist man wirklich glücklich miteinander oder bildet man sich das in Reminiszenz an die rosarote Vergangenheit nur noch ein?

Um wieder Sicherheit zu gewinnen und zu verhindern, dass Ihre Beziehung sich heimlich auflöst, sollten Sie ab und an innehalten und gemeinsam Bilanz ziehen: Wie geht es uns? Fühlen wir uns noch als Teil einer Partnerschaft oder als Single? Machen die Vorteile der Long-Distance-Liebe die Nachteile noch halbwegs wett? Halten wir die räumliche Trennung noch länger durch oder empfinden wir sie sogar als ausgesprochen positiv für unsere persönliche Entwicklung?

Der Fernbeziehungs-TÜV bietet Hilfestellung bei der Klärung dieser Fragen. Er soll Ihnen bestätigen, was in Ihrer Partnerschaft gut läuft und auf mögliche Probleme und Defizite aufmerksam machen. Ehrgeiz ist bei diesem Test fehl am Platz. Es geht nicht darum, mit den richtigen Antworten sein Wissen oder seine Beziehungskompetenz unter Beweis zu stellen, sondern darum, zu überprüfen, wo der Liebe Gefahr droht. Bekomme ich alles, was ich brauche? Wo besteht Rede- oder Verbesserungsbedarf? Wer seiner Partnerschaft bessere Noten erteilt, als sie verdient, tut sich keinen Gefallen, sondern bringt sich um die Chance, etwas für sein Liebesglück zu tun.

Test-Ablauf

Natürlich kann man den Test auch allein machen. Der optimale Nutzen für die Beziehung wird allerdings nur erzielt, wenn sich beide Partner – zumindest an der Nachbereitung – aktiv beteiligen.

- *Schritt eins:* Jeder bewertet für sich die folgenden Aussagen mit einer Punktzahl von 1 (trifft gar nicht zu) bis 5 (trifft absolut zu). Sinnvoll ist, zu den Aspekten, mit denen man unzufrieden ist, konkrete Beispiele zu notieren. So kann der Partner im anschließenden Gespräch besser nachvollziehen, was genau einen stört, verletzt oder was einem zum Glück fehlt.
- *Schritt zwei:* Addieren Sie die Punkte und blättern Sie zur Auswertung ab Seite 212 weiter.
- *Schritt drei:* Die Auswertung kann nur Anregungen anbieten. Wichtiger ist, den Test nach Möglichkeit gemeinsam mit dem Partner noch einmal durchzugehen und zu schauen, an welchen Stellen die Beurteilung unterschiedlich ausfällt und wo Renovierungsarbeiten an der Beziehung notwendig sind. Je kritischer man seine Partnerschaft sieht und je größer der Punktabstand zwischen den Partnern, desto wichtiger die Auseinandersetzung mit dem Testergebnis. Generell gilt: Verbesserungen lassen sich nur im Team erzielen. Drückt einer der Partner sich vor dem klärenden Gespräch, kann das Paar nur begrenzt vom Fernbeziehungs-TÜV profitieren.

Bei der Nachbereitung des Tests werden sich Diskussionen über den einen oder anderen Punkt nicht vermeiden lassen. Doch auch wenn man weiß, dass der Partner eine bestimmte Forderung, Meinung oder Kritik nicht gern hören wird, sollte man damit nicht hinter dem Berg halten, sondern möglichst offen und aufrichtig seine Standpunkte vertreten. Ziel ist schließlich, etwas zu ändern. Einem Auto nützt es auch wenig, wenn beim TÜV defekte Bremsen festgestellt werden, der Mangel hinterher aber nicht behoben wird. Angst vor einem handfesten Krach? Bevor sensible Themen zur Sprache kommen, sollten Sie lieber kurz zu den Streitregeln ab Seite 120 vorblättern und die Strategien zur Deeskalation nachlesen.

Sind wir ein glückliches Long-Distance-Paar?

Zu jeder Aussage eine Punktzahl zwischen 1 und 5 notieren.

Trifft gar nicht zu	1
Trifft eher nicht zu	2
Weiß nicht recht	3
Trifft eher zu	4
Trifft absolut zu	5

Meine, deine, unsere Welt

Wir haben am Wochenende genug Zeit für uns zwei.

1 2 3 4 5

Ich habe am Wochenende genug Zeit für mich allein.

1 2 3 4 5

Die Eigenarten und Macken meines Partners stören mich nicht weiter.

1 2 3 4 5

Ich erlebe mit meinem Partner den Sex, den ich mir wünsche.

1 2 3 4 5

Ich bekomme genügend Zärtlichkeit.

1 2 3 4 5

In meiner Beziehung fühle ich mich geborgen.

1 2 3 4 5

Ich habe genügend Freiraum für eigene Hobbys, Interessen und Freundschaften.

1 2 3 4 5

Wir sind uns treu.

1 2 3 4 5

Mein Partner gibt mir keinen Anlass zur Eifersucht.

1 2 3 4 5

Für mich hat die Fernbeziehung mehr Vor- als Nachteile.

1 2 3 4 5

Mein Partner schenkt mir genug Aufmerksamkeit.

1 2 3 4 5

Wir sind nicht neidisch oder eifersüchtig auf die Freunde und Bekannten des anderen.

1 2 3 4 5

Wenn wir getrennt sind, denke ich viel an meinen Partner.

1 2 3 4 5

Mein Partner bestärkt mich darin, die Zeit ohne ihn möglichst schön zu gestalten.

1 2 3 4 5

Ich fühle mich meinem Partner stark verbunden, auch wenn wir uns nicht jeden Tag sehen.

1 2 3 4 5

Wir überraschen uns regelmäßig mit kleinen Geschenken, Liebesbotschaften und anderen Aufmerksamkeiten.

1 2 3 4 5

Ich bekomme von meinem Partner genug Anerkennung.

1 2 3 4 5

Wir teilen ähnliche Wertvorstellungen und Ansichten zu wichtigen Themen wie Kindererziehung, Treue, Politik oder Glauben.

1 2 3 4 5

Wenn mein Partner nicht da ist, geht es mir nicht automatisch schlecht.

1 2 3 4 5

Ich fühle mich so geliebt, wie ich bin.

1 2 3 4 5

Ein starkes Team in jeder Lebenslage?

Ich bin mit der Rollenverteilung in meiner Beziehung zufrieden.

1 2 3 4 5

Mein Partner ist immer für mich da, wenn ich ihn brauche.

1 2 3 4 5

Wir treffen alle wichtigen Entscheidungen zusammen.

1 2 3 4 5

Aufgaben und Kosten sind zwischen uns gerecht aufgeteilt.

1 2 3 4 5

Ich bin zufrieden mit unserer Freizeitgestaltung.
1 2 3 4 5

Ernste Probleme lösen wir gemeinsam.
1 2 3 4 5

Wenn einer von uns ein Erfolgserlebnis hat, feiern wir das zusammen.
1 2 3 4 5

Wir sind uns darüber einig, welchen Stellenwert der Beruf in unserem Leben hat.
1 2 3 4 5

Wir unterstützen uns beim Job.
1 2 3 4 5

Wir sind uns in der Kinderfrage einig.
1 2 3 4 5

Mein Partner setzt mich nie unter Druck, sondern motiviert mich.
1 2 3 4 5

Wir gehen rücksichtsvoll miteinander um.
1 2 3 4 5

Wir haben gemeinsame Zukunftsträume und -pläne.
1 2 3 4 5

Mein Partner entlastet mich, wenn ich Stress habe.
1 2 3 4 5

Ich beziehe meinen Partner in alle Zukunftspläne mit ein.
1 2 3 4 5

Wir sind uns einig, dass und wann wir (wieder) zusammenziehen.
1 2 3 4 5

Mein Partner macht sich Gedanken über mein Wohlergehen.
1 2 3 4 5

Wir investieren beide gleich viel Energie in unsere Beziehung.
1 2 3 4 5

Im Urlaub verstehen wir uns sehr gut.
1 2 3 4 5

Ich kann mich auf meinen Partner verlassen.
1 2 3 4 5

Stimmt die Kommunikation?
Wir telefonieren oft genug.
1 2 3 4 5

Ich weiß alle wichtigen Dinge über meinen Partner, obwohl wir uns nicht jeden Tag sehen.
1 2 3 4 5

Mein Partner weiß alle wichtigen Dinge über mich, obwohl wir uns nicht jeden Tag sehen.
1 2 3 4 5

Ich bespreche meine Probleme am liebsten mit meinem Partner.
1 2 3 4 5

Wir verstehen meistens sehr schnell, was der andere meint.
1 2 3 4 5

Mein Partner geht in Gesprächen auf mich ein.

1 2 3 4 5

Wir sprechen oft genug über unsere Wünsche, Gefühle und Träume.

1 2 3 4 5

Mein Partner interessiert sich für meine Meinung und respektiert meine Standpunkte.

1 2 3 4 5

Mir ist dic Meinung meines Partners wichtig.

1 2 3 4 5

Mein Partner hört mir richtig zu.

1 2 3 4 5

Auf einen Streit folgt bei uns immer eine Versöhnung.

1 2 3 4 5

Ich sage meinem Partner, wenn mich etwas ärgert.

1 2 3 4 5

Ich nehme meinem Partner nicht jede Stichelei oder dumme Bemerkung übel.

1 2 3 4 5

Mein Partner bringt seine Freude oder Dankbarkeit deutlich zum Ausdruck, wenn ich ihm einen Gefallen getan oder mir etwas Schönes für ihn ausgedacht habe.

1 2 3 4 5

Wir halten uns gegenseitig über die Situation beim Job und über unsere Freizeitaktivitäten auf dem Laufenden.

1 2 3 4 5

Wie lachen viel miteinander – auch am Telefon oder beim E-Mail-Schreiben.

1 2 3 4 5

Mein Partner muss in Diskussionen nicht immer seinen Kopf durchsetzen.

1 2 3 4 5

Von meinem Partner höre ich mehr Lob als Kritik.

1 2 3 4 5

Mein Partner ist in seiner Kritik immer fair.

1 2 3 4 5

Ich kann mit meinem Partner offen über alles reden.

1 2 3 4 5

Ich fühle mich von meinem Partner verstanden.

1 2 3 4 5

Auswertung

Bis 150 Punkte:
Dieses Testergebnis ist als herzliche Einladung zu verstehen, intensiv an seiner Fernbeziehung zu arbeiten. Es besteht zwar kein Grund zum Feiern, Sie sollten das Resultat jedoch auch nicht zum Anlass nehmen, Ihrem Partner sofort die Koffer vor die Tür zu stellen. Die Mühe einer Grundsanierung der Beziehung könnte sich nämlich durchaus lohnen.

Zunächst einmal gilt es die Details zu analysieren. Wo hakt es? Klappt die Kommunikation mit dem Partner nicht? Sind Sie beide zu sehr mit sich selbst beschäftigt? Fehlt das Vertrauen? Hat einer Angst, sich zu 100 Prozent auf die Beziehung einzulassen? Woran genau lässt sich das im Einzelnen festmachen?

Alle Probleme auf die räumliche Trennung abzuwälzen, wäre der falsche Schluss aus diesem Testergebnis. Sicher, eine Fernbeziehung bringt für die meisten Paare Schwierigkeiten und Belastungen mit sich. In diesem Fall aber steckt mehr hinter Ihrer Unzufriedenheit. Hier stimmen die Voraussetzungen für eine glückliche Partnerschaft nicht. Würden Sie (wieder) zusammenziehen, ansonsten aber alles beim Alten belassen, stünde der Umzugswagen vermutlich schon bald wieder vor der Haustür. Trotzdem kann es ein wichtiger Schritt in Richtung Liebesglück sein, die Phase der Trennung für beendet zu erklären und die Wohnsitze (wieder) zusammenzulegen. Bis ein neuer Job für einen oder beide und die passende Bleibe gefunden sind, kann einige Zeit vergehen. Die sollten Sie nutzen, um eine solide Basis für das künftige Zusammenleben zu schaffen. Dazu sollten Sie sich den Test noch einmal gemeinsam vornehmen und nach heiklen Themen durchforsten. Wo besteht dringender Handlungsbedarf? Was kann jeder tun, um seinen Beitrag zu einer glücklichen Zukunft zu leisten? Anregungen und Tipps finden sich in diesem Buch und in der auf Seite 221 empfohlenen Literatur reichlich.

Wenig rosig sind die Aussichten, wenn Sie bereits seit geraumer Zeit das ungute Gefühl haben, Ihr Partner könnte nicht der Mensch sein, mit dem Sie auf Dauer glücklich werden, und der Test nur einmal mehr die vage Ahnung untermauert, dass die Beziehung schwere Schlagseite hat. Weil Ihr Partner fremdgeht, Sie nicht (mehr) in seine Entscheidungen und Pläne miteinbezieht, bei jeder Kleinigkeit einen Streit vom Zaun bricht, keine Rücksicht auf klar geäußerte Wünsche nimmt oder Sie mit Problemen allein lässt und Sie selbst sich möglicherweise gar nicht mal viel anders verhalten. Wie es zu diesem traurigen Zustand kommen konnte? Entweder haben Sie sich auseinander gelebt oder noch nie wirklich zueinander gepasst. Im ersten Fall hat sich der eine im Laufe der Fernbeziehung zum Beispiel zum karriereorientierten Workaholic entwickelt, während der andere weiterhin möglichst viel Zeit in seine Freizeitaktivitäten investieren möchte – und beide kommen in der Partnerschaft nicht mehr auf ihre Kosten. Vielleicht leben Sie auch in so verschiedenen Welten, dass Sie ganz einfach das Interesse aneinander verloren haben. Im zweiten Fall liegt die Ursache in Ihren grundverschiedenen Persönlichkeiten, Lebenszielen und/oder Weltanschauungen, die bislang nicht zum Tragen kamen, weil Sie noch nie zusammengelebt haben, noch nicht lange ein Paar sind oder einer von beiden als Anpassungskünstler Erstaunliches geleistet hat. Nun aber sind Sie plötzlich genervt voneinander, reden und agieren ständig aneinander vorbei und entdecken, dass Sie unter Begriffen wie Entspannung, Arbeitsteilung, Treue oder Sparsamkeit nicht das Gleiche verstehen, ja, eventuell nicht einmal die gleichen Vorstellungen bezüglich der gemeinsamen Zukunft teilen. Vielleicht fehlt dem einen schon jetzt die Luft zum Atmen, während der andere sich nach noch mehr Nähe und Gemeinsamkeit sehnt. Oder der eine träumt von einer baldigen Hochzeit und einer Großfamilie, beim anderen ist Nachwuchs in seinem Leben als Global Player innerhalb des nächsten Jahrzehnts aber nicht vorgesehen. Lassen sich elementare Wünsche, Bedürfnisse und Ziele nicht vereinbaren, sollten Sie erwägen, einen Schlussstrich unter das gemeinsame Lebenskapitel zu ziehen, bevor Sie noch länger nebeneinanderher leben oder falsche Erwartungen und vergebliche Hoffnungen in die Beziehung legen. Wollen Sie die schwierige Suche nach einem gemeinsamen Weg jedoch trotz widriger Umstände nicht aufgeben, kann die Unterstützung durch einen Experten helfen, neue Perspektiven zu entwickeln (Adressen siehe Seite 222).

151 bis 210 Punkte:

Bei diesem Testergebnis hätte es in der Schule geheißen: Nicht schlecht, aber es könnte besser sein. Im Großen und Ganzen läuft es gut zwischen Ihnen und Ihrem Partner. Das Fundament der Beziehung ist stabil. Trotzdem kommt Ihnen auf die Frage »Bist du glücklich mit deiner Partnerschaft?« ein »Ja« nur unter Vorbehalt, zumindest nicht mit Inbrunst über die Lippen. Die Liebe ist da, aber irgendetwas fehlt. Mangelnder Teamgeist, unausgesprochene Wünsche und Sehnsüchte, zu wenig Spaß – wo im Detail der Schuh drückt und wie dem Liebesglück nachgeholfen werden kann, können Sie herausfinden, indem Sie den Test Punkt für Punkt rekapitulieren und die Schwachstellen ausführlich miteinander besprechen. Wo haben wir wie hoch gepunktet, wo liegen wir in der Beurteilung auseinander? Schneidet unsere Beziehung bei einem der drei Aussagenkomplexe überdurchschnittlich schlecht ab oder bereiten uns eher einzelne Aspekte Kummer?

Es macht einen großen Unterschied, ob die Ursache für die Unzufriedenheit eher in der Partnerschaft selbst liegt oder in den Begleitumständen, die eine Distanzliebe mit sich bringt. Bei der Analyse des Tests heißt es deshalb genau hinschauen. Vielleicht bräuchten Sie einfach nur mehr gemeinsame Zeit, um wirklich zufrieden und glücklich zu sein, vielleicht fühlen Sie sich mit dem Alltag als allein erziehende Mutter überlastet oder Ihr Hauptkritikpunkt ist die mangelnde körperliche Nähe. Solche Probleme hängen eindeutig mit der räumlichen Trennung zusammen und lassen sich langfristig nur durch das Zusammenlegen der beiden Haushalte beheben. Auf Grund der beruflichen Situation ist das nicht immer von heute auf morgen möglich. Oft reicht es jedoch schon, eine feste Frist bis zur Wiedervereinigung abzustecken, um sich mit neuer Zuversicht zu rüsten. Mit einem klaren Ziel vor Augen lässt sich der trennungsbedingte Leidensdruck besser aushalten, und möglicherweise entstandene Zweifel an der Zukunftstauglichkeit der Partnerschaft werden entkräftet.

Die zweite Möglichkeit ist, dass die Unzufriedenheit durch das Verhalten des Partners ausgelöst wird. Hat einer das Gefühl, zu wenig Aufmerksamkeit zu erhalten oder ständig mit seinen Wünschen und Vorstellungen zu kurz zu kommen, muss sich am generellen Umgang miteinander etwas ändern. Viele solcher Glücksstolpersteine lassen sich in einem Gespräch überraschend einfach aus dem Weg räumen: Was will ich? Was willst du? Wo liegt der Kompromiss? Manchmal stellt sich auch heraus, dass nicht der Partner, sondern man selbst die Verantwortung für die eigene Verdrossenheit trägt. Wer eifersüchtig auf die Freunde und Bekannten des anderen ist, sollte sich lieber um eigene Kontakte bemühen, anstatt dem Partner seine Geselligkeit vorzuwerfen. Wenn Sie mit Ihrem Leben zufrieden sind, können Sie dem Partner gegenüber großzügiger sein. Und: Wenn Sie bei bestimmten Aussagen wie etwa »Aufgaben und Kosten sind zwischen uns gerecht aufgeteilt« sehr unterschiedlich gepunktet haben, weist das nicht automatisch auf eine finanzielle Ausbeutung oder den sträflichen Egoismus Ihres Partners hin. Vielleicht haben Sie noch nie konkret und ehrlich über dieses Thema gesprochen und bislang versäumt, die Verteilung von Lasten und Pflichten klar zu regeln.

Dass solche Diskussionen nicht immer angenehm und friedlich verlaufen, liegt auf der Hand und ist vollkommen normal. Doch egal, ob der Liebste sich mit der Enthüllung seines Seelenlebens schwer tut oder zu zersetzender Kritik neigt, der Sex mit ihr keinen Spaß macht oder ihre Launen nerven – darum, sich gegenseitig klipp und klar die Meinung zu sagen und sich nicht um die Schattenseiten der Beziehung und die Schwächen des Partners herumzudrücken, kommt kein Paar herum, soll sich das Klima in der Partnerschaft verbessern.

Ab 211 Punkte

Gratulation! Dieses Ergebnis kürt zwei Partner zu dem, was man gemeinhin als Traumpaar bezeichnet. Sie verstehen sich blendend, haben Spaß miteinander, vertrauen und unterstützen sich, gehen offen und ehrlich miteinander um und sind in jeder Lebenslage ein perfekt funktionierendes Team. Natürlich kennen auch Sie Streit nicht nur aus dem Fernsehen, sind Sie gelegentlich sauer aufeinander oder unzufrieden, doch die wenigen Regentage und Gewitterstürme trüben Ihr Glück nur vorübergehend. Unter der räumlichen Trennung leidet die Partnerschaft kaum bis gar nicht, zumindest stellt sie keine existenzielle Bedrohung für die Beziehung dar – selbst wenn die Liebe auf Distanz langfristig nicht Ihr favorisiertes Lebensmodell ist. Solange sie andauert, legen Sie das Hauptaugenmerk auf die Vorteile wie Karrierechancen, persönliche Freiheit oder den Luxus, das Freizeit- und Kulturangebot von zwei Städten genießen zu können.

Um Ihre gemeinsame Zukunft muss man sich kaum Sorgen machen. Vor Leichtsinn und Nachlässigkeit aber sei gewarnt. Eine Partnerschaft, und sei sie noch so harmonisch und glücksverwöhnt, bedeutet immer auch Arbeit, vor allem, wenn sie auf Distanz geführt wird. Arbeit heißt: Nie aufzuhören, sich intensiv auszutauschen, dem Partner ständig aufs Neue mit Worten und Gesten beweisen, wie sehr man ihn liebt, immer acht- und aufmerksam bleiben, denn was im Moment gut und richtig ist, muss es nicht auf ewig sein. Menschen verändern sich und entwickeln mit der Zeit ihre Interessen und Vorlieben weiter.

Mit diesen Veränderungen muss die Beziehung Schritt halten, sonst fühlen die Partner sich dort nicht mehr wohl und aufgehoben. So können zum Beispiel Rituale ihre positive Wirkung verlieren und müssen durch neue ersetzt werden, sexuelle Bedürfnisse wandeln sich oder das einst perfekte Programm für ein Liebeswochenende wird plötzlich langweilig. Ein- bis zweimal im Jahr den Fernbeziehungs-TÜV zu durchlaufen kann Traumpaaren helfen, ihre Beziehung auch auf Dauer vor Unzufriedenheit und Fremdheit zu schützen.

Fazit: Fernbeziehung – ein Trainingscamp für die Liebe

Nimmt man alle Vor- und Nachteile zusammen, ist eine Fernbeziehung keine leichte Lebensphase für Paare, aber eine große Chance. Für die persönliche Weiterentwicklung beider Partner und für ihre Partnerschaft.

Eine Distanzbeziehung ist eine Art Trainingscamp für die Liebe. Nähe herstellen und erhalten, eine gute Kommunikation, die Verantwortung für das eigene Glück übernehmen, eigene Lebensbereiche aufbauen und pflegen, Toleranz, Vertrauen, Solidarität, Empathie – Kompetenzen wie diese müssen sich Fernliebende unter erschwerten Bedingungen aneignen oder ausbauen, um sich durch die räumliche Trennung nicht zu verlieren. Leben die Partner nicht gemeinsam an einem Ort, müssen sie sich Intimität, Verbundenheit und ein starkes Wir-Gefühl hart erarbeiten, sich ständig bemühen, genug Zeit und Raum für Zweisamkeit zu schaffen. Jedes Versäumnis, jedes Gespräch, das nicht geführt wird, macht sich irgendwann in Form von Entfremdung bemerkbar. Gehen Fernliebende nicht acht- und aufmerksam mit ihrer Liebe um, bleibt sie irgendwo zwischen Frankfurt und Zürich, Berlin und Bonn auf der Strecke.

Was Distanzpaaren viel Kraft raubt, davon profitieren sie ein Beziehungsleben lang, denn was sie jetzt lernen, wird ihnen auch nach dem Zusammenziehen ermöglichen, eine glückliche und zufriedene Partnerschaft zu führen.

10 Regeln für eine glückliche Fernbeziehung

Was Distanzliebende unbedingt beachten sollten, wenn sie ein Happy End erleben wollen.

1. Stress reduzieren
   Eine Fernbeziehung ist für beide anstrengend – also schauen Sie nicht nur auf die eigenen Belastungen. Je besser Sie sich gegenseitig dabei unterstützen, Stress abzubauen, desto stabiler ist Ihre Beziehung. Um zusätzlichen Druck zu vermeiden, sollten Sie die gemeinsamen Wochenenden nicht mit Pflichtterminen überfrachten.

2. Termine einhalten
   Verabredete Treffen sind verbindlich. Lässt man sie öfter ohne triftigen Grund ausfallen, wird die Beziehung zur Nebensache.

3. Im Gespräch bleiben
   Stellen Sie dem Partner Fragen und erzählen Sie viel über sich selbst, sonst wird man sich fremd.

4. Zuneigung zeigen
   Egal wie groß die Liebe ist – vergessen Sie nicht, das dem Partner immer wieder mit liebevollen Worten und Gesten zu beweisen. In der Ferne fühlt man sich schnell einsam und vernachlässigt. Gemeinsame Rituale stärken das Wir-Gefühl und schenken Sicherheit.

5. Erwartungen bremsen
   Stellen Sie nicht zu hohe Erwartungen an die gemeinsame Zeit, sonst entgehen Ihnen viele schöne Momente.

6. Konstruktiv streiten
   Beim Streiten geht es nicht darum, wer Schuld oder wer Recht hat. Bleibt jeder stur bei seinem Standpunkt, gehen am Ende zwei Verlierer vom Platz. Gehen Sie daher lieber auf Kompromisssuche und streben Sie eine Lösung an, die Sie beide zufrieden stellt.

7. Probleme lösen
   Jede Stunde zählt. Trotzdem sollten Sie Konflikte nicht unter den Teppich kehren. Was nicht erledigt wird, arbeitet im Stillen weiter und wächst zum echten Problem heran.

8. Gutes erkennen
   Auch wenn Sie in einsamen Stunden Wut und Zweifel packen: Unterstellen Sie Ihrem Partner immer Gutes und erkennen Sie an, was er alles für Sie tut. Sagen Sie ruhig öfter mal ›danke‹!

9. Aktiv werden
   Sitzen Sie nicht alleine zu Hause und blasen Sie Trübsal, sondern unternehmen Sie etwas gegen den Solo-Blues. Auch der Beziehung tut es gut, wenn Sie ein ausgefülltes Leben haben, obwohl der andere nicht da ist. Pflegen Sie alte Freundschaften und Interessen und seien Sie offen für Neues.

10. Zueinander stehen
    Stress, Streit und allen Fernbeziehungs-Problemen zum Trotz: Verlieren Sie niemals den Glauben an die Beziehung!

Literatur

Alexandra Berger, Andrea Ketterer: Warum nur davon träumen? Was Frauen über Sex wissen wollen, dtv 1997

Alexandra Berger, Andrea Ketterer: Basics for Lovers, Gräfe und Unzer 2002

Guy Bodenmann: Stress in der Partnerschaft. Gemeinsam den Alltag bewältigen, Huber 2001

David M. Buss: Wo warst Du? Vom richtigen und vom falschen Umgang mit der Eifersucht, Heinrich Hugendubel 2001

Tracey Cox: Hot Sex. Auf den Höhe-Punkt gebracht, Mosaik 1999

Tracey Cox: Hot Sex – in jeder Beziehung, Mosaik 2000

Joachim Engl, Franz Thurmaier: Wie redest Du mit mir? Fehler und Möglichkeiten in der Paarkommunikation, Herder 1995

Karin Freymeyer, Manfred Otzelberger: In der Ferne so nah. Lust und Last der Wochenendbeziehung, Ch. Links 2001

John M. Gottman: Die 7 Geheimnisse der glücklichen Ehe, Ullstein 2002

Hans Jellouschek: Wie Partnerschaft gelingt – Spielregeln der Liebe, Herder 1998

Wolf Jordan: Aus Eifersucht kann Liebe werden. Wie Partner zu neuem Vertrauen finden, Herder 2000

Julia Onken: Wenn Du mich wirklich liebst. Die häufigsten Beziehungsfallen und wie wir sie vermeiden, Beck 2001

Franziska Pfeiffer: Zwei Karrieren – eine Liebe. Wenn Paare, die sich lieben, getrennt leben, Herder 2001

Norbert F. Schneider, Ruth Limmer, Kerstin Ruckdeschel: Mobil, flexibel, gebunden. Familie und Beruf in der mobilen Gesellschaft, Campus 2002

Deborah Tannen: Du kannst mich einfach nicht verstehen. Warum Männer und Frauen aneinander vorbeireden, Kabel 1991

Beratung und therapeutische Hilfe

Arbeitsgemeinschaft für katholische Familienbildung (AKF): nennt Beratungsstellen und bietet ein Kommunikationstraining für Paare (EPL) an. Mainzer Str. 47, 53179 Bonn, Tel. 0228/37 18 77 oder www.akf-bonn.de

Deutsche Arbeitsgemeinschaft für Jugend- und Eheberatung (DAJEB): nennt Adressen von Beratungsstellen. Neumarkter Str. 84 c, 81673 München, Tel. 089/436 10 91 oder www.dajeb.de

Pro Familia-Bundesverband (nennt regionale Beratungsstellen), Stresemann-Allee 3 G, 60596 Frankfurt a. M., Tel. 069/63 90 02 oder www.profamilia.de

Bibliografische Information Der Deutschen Bibliothek
Die Deutsche Bibliothek verzeichnet dieses Publikation in der Deutschen Nationalbibliografie; detaillierte bibliografische Daten sind im Internet über http://dnb.ddb.de abrufbar

Ein Unternehmen der Verlagsgruppe Dornier
Postfach 80 06 69, 70506 Stuttgart, Tel: 0711/788030
Sie erreichen uns rund um die Uhr unter www.kreuzverlag.de
Umschlaggestaltung: Eberle und Kaiser Werbeagentur GmbH, Freiburg
Umschlagillustration: Susanne Thurn, Hamburg
Satz: de·te·pe, Aalen
Druck und Bindung: Clausen & Bosse, Leck

ISBN 3-7831-2308-9